Alfons Nossol

Freude an Versöhnung

Deutsch-polnische Brückenschläge

Alfons Nossol

Freude an Versöhnung

Deutsch-polnische Brückenschläge

hrsg. von Krzysztof Zyzik
und Krzysztof Ogiolda

aus dem Polnischen übersetzt
von Winfried Lipscher

eos

Umschlagbild: Erzbischof Alfons Nossol

FUNDACJA WSPÓŁPRACY
POLSKO-NIEMIECKIEJ
STIFTUNG
FÜR DEUTSCH-POLNISCHE
ZUSAMMENARBEIT

*Wydano z finansowym wsparciem
Fundacji Współpracy Polsko-Niemieckiej
Herausgegeben mit finanzieller Unterstützung der
Stiftung für deutsch-polnische Zusammenarbeit*

Deutsche Erstausgabe
1. Auflage 2013

Übersetzt nach der polnischen Ausgabe
"Arcybiskup Nossol. Radość jednania", Opole 2012

mail@eos-verlag.de | www.eos-verlag.de

ISBN 978-3-8306-7640-9

Drukarnia Świętego Krzyża, Opole
Printed in Poland

Vorwort der Herausgeber

„Ich bin in meinem Leben vielen sehr offenen Menschen begegnet. Ein engstirniger Mensch von heute, auch ein engstirniger Priester, kann bei mir keine Begeisterung wecken. Selbst wenn er ein Heiliger wäre, macht er mich hellhörig" – bekennt der Erzbischof, der sein ganzes Leben dem Brückenbau zwischen Menschen gewidmet hat. In diesem Jahr vollendet er sein 80. Lebensjahr, und feiert Jubiläen aus Anlass seiner Priester- und Bischofsweihe.

Alfons Nossol ist ein „österlicher Mensch". Als Schlesier liebt er die Randgebiete. Er ist ein bescheidener Priester aus dem an der Peripherie gelegenen Oppeln, der mit Regierungschefs und bedeutenden Künstlern befreundet ist. In den Jahren als Bischof von Oppeln empfing er aber auch regelmäßig Menschen, die am Rande lebten, oder Suchtkranke. Sie kamen zu ihm sozusagen direkt von der Straße. Unabhängig von ihrer gesellschaftlichen Stellung, oder ihrer Beziehung zur Kirche, verließen sie ihn immer in der Überzeugung, dass sie einen aufmerksamen und entgegen kommenden Zuhörer gefunden hatten. Oftmals war er ihr Berater und ihre Stütze.

Nicht ohne Grund bedient sich der Erzbischof gerne der Worte von Johannes Paul II.: „Der kürzeste Weg des Menschen zu Gott ist der andere Mensch". Und diese „kleine" Versöhnung – von Mensch zu Mensch – war und ist für Alfons Nossol immer das Fundament für die „große" Versöhnung zwischen Kulturen und Völkern. Das betrifft ganz besonders die Versöhnung zwischen dem polnischen und dem deutschen Volk.

Das ist das Thema dieses Buches.

Krzysztof Ogiolda
Krzysztof Zyzik

Inhaltsverzeichnis

TEIL III
Deutsch-polnische Versöhnung. Eine Dokumentation

TEIL I

Gespräche mit Erzbischof Alfons Nossol

1. Mein versöhntes Schlesien

Herr Erzbischof, als Sie 1977 die Bischofsweihe empfingen, herrschte in Polen der reale Sozialismus und nichts deutete darauf hin, dass er seinem Ende entgegen ging. Die Bewohner im schlesischen Oppelner Land waren zweigeteilt, und man sprach etwas abwertend von den „Hanysy" und den „Chadziaje". Mit diesen symbolischen Ausdrücken ging man nicht gerade sparsam um. Konnten Sie vor 35 Jahren, als Sie die Oppelner Kathedrale betraten, vermuten, dass die Überwindung dieser Trennungen zu einem der Hauptgebiete Ihrer Seelsorge werden würde?

Ehrlich gesagt, war ich damals innerlich derart auf Abwehr eingestellt, dass ich daran überhaupt nicht gedacht habe. Erst später, nachdem mir Primas Wyszyński gut zugeredet und mir geraten hatte, in schwierigen Augenblicken in die Kathedrale zu gehen und dem Gesang unserer Menschen zu lauschen, wurde mir bewusst, dass ich schöpferisch in die Zukunft blicken und mich in die Probleme der Leute einfühlen sollte, die infolge der grausamen Kriegsereignisse in dieses Land gekommen waren und nun hier zusammen mit den Einheimischen lebten. Ihre Lebensperspektiven nahmen sich im Kommunismus ziemlich traurig aus.

Am meisten litt ich darunter, dass der Mensch in diesem System verdinglicht wurde, und seine Würde ohne politische und ideologische Begründung nicht zählte. Ich dagegen hatte mich für das Priestertum entschieden, und wollte dem Menschen dienen, diesem Menschen, von dem Gorki einst geschrieben hatte, dass er „stolz klingt". Also dem Menschen, der nach Gottes Ebenbild geschaffen wurde. Natürlich konnte damals niemand ahnen, dass so schnell, noch zu unseren Lebzeiten, Ereignisse eintreten würden, die dann das Etikett „Völkerherbst" erhielten.

Jenes Schlesien, das Sie aus Ihrer Kindheit kannten, hatte sich nach dem Kriege sehr verändert. Ein Teil der Bevölkerung hatte – freiwillig oder unter Zwang – das Land verlassen. An ihre Stelle traten neue Leute ...

Ich erblickte in dieser neuen demografischen Wirklichkeit Schlesiens einen großen Gewinn. Hiesige trafen hier auf Polen, die man aus dem Osten ausgesiedelt hatte sowie auf Zugezogene, die aus Zentralpolen kamen. Die größte Bereicherung bildeten die Menschen weit aus dem Osten. Sie hatten von Anfang an das Schicksal Schlesiens begriffen, denn auch sie hatten ihre Heimat, ihre Kultur und Tradition, aufgeben müssen. Umso mehr bemühten sie sich darum, diese Kultur hier zu pflegen. Ihre Verbundenheit mit dem eigenen Land und den eigenen Bräuchen war der schlesischen Heimatverbundenheit, der Verbundenheit mit Tradition und Mundart, ähnlich. Dass Schlesien aber eine Brücke zwischen Ost und West sein konnte, das wurde mir erst später bewusst. Die Schlesier, die durch die Nahtstelle von Kulturen und Sprachen – nämlich der tschechischen, polnischen und deutschen – geprägt waren, waren imstande, sich gegenüber den Ankömmlingen aus dem Osten im Großen und Ganzen freundlich zu verhalten und nicht selten sogar ihre Wohnungen mit ihnen zu teilen. Indem sie Mitleid mit ihnen hatten, hofften sie im Stillen, andere Menschen würden sich ihrer Landsleute ebenfalls annehmen und sich um sie kümmern, die ihre Heimat hatten verlassen müssen. Frauen nahmen sich ihrer Soldatengräber an in der Hoffnung, dass sich um die Gräber ihrer Angehörigen in Europa oder Afrika auch jemand kümmern und sie nicht in Vergessenheit geraten würden. Das war motiviert durch den christlichen Glauben und die Anhänglichkeit an Ehemänner und Brüder, die auf unseren Friedhöfen keine Gräber hatten, weil sie weit von der Heimat und ihren Häusern entfernt gefallen waren.

Wie reagierten darauf die Ankömmlinge?

Unsere Ostpolen haben das akzeptiert. Manchmal habe ich gesehen, wie sie sogar an den hiesigen Soldatengräbern gebetet haben. Sie empfanden keinen Hass. Eher haben sie sich gewundert, dass die Schlesier in einem so jungen Alter in den Krieg ziehen mussten. Wir erklärten ihnen, dass die jungen Leute sich nicht in den Krieg gedrängt hatten, denn wenn sich jemand geweigert hätte, musste er mit Repressalien bis hin zum Tod durch Erschießen rechnen. Gewöhnlich verstanden sie das. Das hat mich sehr bewegt und mein Interesse an den ostpolnischen Gebieten geweckt. Noch heute erinnere ich mich daran, mit welch einer inneren Bewegung ich das Buch „Nad Niemnem" gelesen habe. Im Vorabitur habe ich über die Landschaftsbeschreibungen in „Nad Niemen" und in „Herr Thaddäus" über zwanzig Seiten geschrieben. Das hat unserer Polonistin sehr gefallen. Ich verglich in meiner Arbeit die ostpolnische Landschaft mit unserer Oder und dem Fluss Osobłoga (deutsch: Hotzenplotz). Um mein Polnisch aufzubessern, habe ich mit der Zeit den ganzen Sienkiewicz gelesen. Ich fühlte mich in diesen wilden Gefilden wohl. Damals herrschte dort Freiheit.

Hatten Sie als Bischof Freunde unter den Ostpolen?

Selbstverständlich. Zu meinem Vater kam immer ein sehr guter Mensch, und mit seinem Sohn – einem Hüne – bin ich zusammen in die Schule gegangen. Sie hatten ihre Landwirtschaft im Osten zurücklassen müssen, ihr ganzes Lebenswerk war dahin, und dieser Mann lernte bei meinem Vater das Schuhmacherhandwerk, denn mein Vater hatte auch eine Prüfung als Schuhmachergeselle gemacht. Mir hat er viel über seine Sehnsucht nach den polnischen Verhältnissen im Osten und von seiner Angst vor der Russifizierung erzählt. Das war so ähnlich wie die Auseinandersetzung zwischen Polen und Deutschen um Schlesien. Seine Angst habe ich deshalb gut verstehen können. Meine Vision von einer versöhnten Vielfalt begann damals, noch ganz zaghaft, zu keimen.

Ist es auch vorgekommen, dass Sie sich drastische Bemerkungen anhören mussten, z.B. „du Hanys“?

Ja, das war vor allem in der Schule der Fall. Manchmal lachte jemand über meinen Vornamen. Menschen, die aus Zentralpolen zugezogen waren, und die sehr vieles von den Deutschen erdulden mussten, hatten oftmals kein Verständnis für unsere schlesische Andersartigkeit. Aber solche direkten Attacken habe ich nur von jungen Leuten gehört. Und gleich nach der Frontzeit von Milizionären. Sie kamen mit weiß-roten Armbinden und haben als „Obrigkeit“ den Menschen Wurst oder Schmalz weggenommen. Solch ein freches Benehmen hat mir immer sehr weh getan.

Und die Volksrepublik Polen war nicht für eine volle Versöhnung?

Sie tat es nicht, weil man über die Schicksalsgemeinschaft nicht reden durfte. Weder über die Vertreibungen aus Schlesien, noch über die Vertreibungen aus Ostpolen. Man bediente sich vielmehr des allgemeinen Begriffs über die Repatriierung.

Offiziell, auch in der Schule, wurde nicht gesagt, dass diese Menschen ja in Polen gelebt hatten, und dass die Sowjetunion erst viel später in diese Gebiete gekommen war. Andererseits muss ich sagen, dass uns unser Lehrer, der aus Lemberg stammte, nicht gerade in übertriebener Weise ideologisierte. Er hat nichts per Zwang gemacht. Dafür sprach er sehr positiv über die polnische Kultur. Und wir lernten ihn besonders schätzen, als eines Tages ein Mensch aus Prudnik (Neustadt) erschien, der für die Hygiene zuständig war und alle Jungen mit etwas längeren Haaren kahl schor. Für uns war das eine schreckliche Demütigung, so sehr, dass wir als Ministranten so lange nicht in die Kirche gingen, bis uns die Harre wieder nachgewachsen waren. Damals hat dieser Lehrer wie eine Mauer hinter uns gestanden. Er zeigte uns Bilder von polnischen Prinzen, die ganz kurze Haare hatten, und er brachte auch sein eigenes Foto von seiner Erstkommunion mit, wo auch er eine „Glatze" hatte. Der „Hygieniker" durfte fortan nicht mehr die Schule betreten.

Herr Erzbischof, wann haben Sie gesehen, dass das Ende des kommunistischen Regimes nahte, und Schlesien – schon ganz offiziell – wieder eine multinationale und multikulturelle Region werden konnte?

In meinem Innern kämpften zwei Richtungen. Einerseits bin ich von Natur aus ein Optimist, also glaubte ich, dass dies einmal kommen würde. Andererseits hatte ich zwei Regime erlebt und wusste, dass sie langlebig sein konnten. Schon in der Schule – ich war damals zehn oder elf Jahre alt – langweilten mich immer Berichte über das heldenhafte Soldatentum. Wenn der Lehrer uns über deutsche Matrosen erzählte, die andere Kriegsschiffe angriffen, fragte ich immer, wie viele Menschen dabei umgekommen waren. Er erklärte dann voller Eifer, dass es sich doch um Feinde gehandelt habe. Schließlich verbot er mir, im Unterricht Fragen zu stellen. Er meinte, ich könnte ja meine Eltern fragen. Doch er brachte uns keine drastischen Lieder bei, die voller Gedankengut der Nazis waren. Vielleicht weil er gleichzeitig auch Religionslehrer und Organist in der Kirche war und uns deshalb vor Hass bewahren wollte.

Demnach hatten Sie sowohl in der deutschen als auch in der polnischen Schule gute Lehrer.

Was Menschen anbetrifft, so hatte ich immer Glück. Ich bin in meinem Leben vielen sehr offenen Menschen begegnet. Ein engstirniger Mensch von heute, auch wenn es ein Priester ist, kann bei mir keine Begeisterung wecken. Selbst wenn er ein Heiliger wäre, aber engstirnig ist, macht er mich hellhörig. Und Lehrer waren für mich – ob nun in der deutschen oder polnischen Schule – Autoritätspersonen. Ich hatte Glück – wie schon gesagt – denn es waren Menschen, die von der Kultur fasziniert waren und uns diese Kultur so in Richtung einer universalen Dimension in unserem Leben näher bringen wollten. Ich meine, dass ich mich deshalb für die Theologie entschieden habe, denn sie schien mir am meisten humanistisch zu sein, die den ganzen Menschen betrifft, die internationalistisch ist – so möchte ich sagen.

Ist es Ihnen gelungen, sich von Ideologen fern zu halten?

Ja, denn solche hat es schon in meiner Familie nicht gegeben. Weder zur Zeit des Faschismus, noch des Kommunismus hat bei uns jemand einer Partei angehört. Obgleich mein Vater ziemlich unter Druck gesetzt wurde. Er lehnte ab, zog die Sache in die Länge, bis schließlich die Front nahte und man ihn in Ruhe ließ. Die Schlesier hielten sich im Allgemeinen von der Politik fern, was auch die Nachkriegszeit betraf. Sie wussten, dass diese Politik nicht zum Glauben passte, und wer sich in der Politik engagiert, der kann auch das Nachsehen haben. Und was meinen Vater betrifft, so hat er während des Krieges immer den Schweizer Rundfunk gehört, der die Wahrheit über die Front sagte. Wenn man ihn dabei ertappt hätte, wäre er ins KZ gekommen. Und auch ich habe heimlich, wenn die Mutter das nicht sah, mein Ohr an dieses Radio geheftet, um zu erfahren, was in der Welt los ist.

Woher nimmt man als Bischof einen solchen Optimismus in einem sozialistischen Land?

Der Durchbruch war das Zweite Vatikanische Konzil, das 1965 zu Ende gegangen war. Mein Doktorvater und Lehrer, Professor Wincenty Granat, ging in seinen Vorlesungen und Seminaren alle Konzilsdokumente der Reihe nach durch. Als die Pastoralkonstitution „Gaudium et spes" (Freude und Hoffnung) über die Kirche erschienen war, zeigte er uns die Weite der katholischen Kirche und die Freude am Glauben auf, das heißt die Freude darüber, ein Christ zu sein. Ihm verdanke ich die Erkenntnis, dass für Gott außer der Wahrheit und das Gute auch die Schönheit zählt. Es ist schön, ein Christ und ein Theologe sein zu können. Und was besonders wichtig ist – das Schöne lässt sich nicht ideologisieren, verfälschen. Der Ausgangspunkt meines Optimismus war also die Schönheit. Es hat mich betroffen, dass das Wesen des Christentums nicht allein in der Befolgung der Gebote besteht, dass nicht der Zwang, sondern die Schönheit der christlichen Freiheit das Ausschlaggebende sind. Als ich mich näher in die Konzilsdokumente vertiefte, verstand ich, dass es nicht darum geht, ideologisch oder kulturell etwas einzuordnen, sondern dass jeder Mensch mit seiner Würde zählt. Ich wusste, dass es keinen absolut bösen Menschen gibt. Ein absolut böser Mensch wäre ja der Satan.

Sogar der Parteisekretär?

Sogar in Herrn Żabiński, dem Parteisekretär in Oppeln, mit dem ich „amtlich“ zu tun hatte, oder in unseren staatlichen „Kirchenreferenten“ bemühte ich mich immer darum, bei ihnen irgend ein Verlangen nach dem Guten zu entdecken, zu verstehen, dass sie einer Pression ausgesetzt waren, so einem Trachten nach Anerkennung oder Geld. Herr Żabiński hat uns übrigens geholfen, eine Blechzuteilung zu erhalten, um das Dach der Kathedrale abdecken zu können. Ich habe sogar mit dem Kattowitzer Parteisekretär, Zdzisław Grudzień, gesprochen.

Sicher war es nicht einfach, bei ihm das Gute zu entdecken.

Das Gespräch war nicht einfach. Ich war zu ihm gefahren, als wir im Gleiwitzer Stadtteil Sikorniki eine Kirche bauen wollten. Man wollte mich überhaupt nicht zu ihm vorlassen. Er empfing mich kühl. Und er erklärte mir, er werde so lange keine Genehmigung für einen Kirchbau erteilen, so lange es an Baumaterial für Arbeiterwohnungen fehle, denn so eine Familie müsse über zehn Jahre auf eine Wohnung warten. Als ich ihm riet, in einer solchen Situation sollte er um so eher seine Zustimmung für einen Kirchbau geben, damit die Arbeiter eine Quelle hätten, wo sie sich Kraft für ihre eigene Geduld holen könnten, um den Sozialismus zu preisen, beendete er das Gespräch und wies mich aus seinem Arbeitszimmer hinaus. Aber nach drei Wochen kam die Genehmigung für den Kirchbau. Offensichtlich hat er über meine Argumente nachgedacht. Wie man sieht, gab es auch bei ihm etwas von einer guten Haltung.

Wie haben Sie als Bischof damals reagiert, als sich die Versöhnung im Oppelner Schlesien abzeichnete, die „Solidar-

nośc" entstand und es 1980–1981 eine 16 Monate lange Freiheit gab?

Wir sind das strategisch angegangen. Im Ordinariat befasste sich Weihbischof Antoni Adamiuk damit, der als Lemberger mehr für Schlesien und die Einheimischen tun konnte. Während des Kriegszustands hatte der Heilige Vater, Johannes Paul II., den Hauptrat der Polnischen Bischofskonferenz in den Vatikan eingeladen. Er ermahnte uns damals, dass wir uns nicht in die politischen Ambitionen und Pläne der „Solidarność" einmischen sollten. Doch gleichzeitig hätten wir daran zu denken, dass die Ideale der Solidarność und ihre Werte aus dem Heiligen Geist kommen. Und diese Werte gelte es zu verteidigen. Nur wie? Eindeutige Verhaltensweisen und Pressionen gab es nicht. Jeder Bischof musste für sich selbst die Frage beantworten, unter welchen Bedingungen er Priestern und Laien in seiner Diözese helfen konnte.

Wenn Funktionäre zu mir kamen und sich darüber beschwerten, dass Bischof Adamiuk über die Vertreibung der Polen aus dem Osten rede, habe ich ihnen geantwortet, sie sollten den Mut haben, dem Bischof das ins Gesicht zu sagen, denn er selbst habe im Osten viel durchgemacht. Bischof Adamiuk hat mich natürlich über sein Vorgehen eingehend informiert. Er hat mir auch die richtige polnische Geschichte beigebracht, über Pilsudski, das Wunder an der Weichsel usw. Er hat uns alle mit seiner großen Vision über das Polentum angesteckt.

Sehr viel hat damals der Kanzler der Kurie, Alojzy Sitek, für die „Solidarność" getan. Er war es, der an jedem 13. eines jeden Monats eine heilige Messe für das Vaterland feierte. In jener schweren Zeit haben wir aber nicht nur gebetet. Mit Hilfe von Paketen und anderen materiellen Maßnahmen bemühten wir uns, den Familien von Internierten zu helfen. Ich selbst hatte mich darauf konzentriert, vor allem Medikamente und andere

Hilfsmittel aus Deutschland zu beschaffen. Der Chef der Caritas für die Länder hinter dem eisernen Vorhang war der aus Oppeln stammende Herr Josef Pawliczek, der uns sehr geholfen hat. Wenn zum Beispiel für jemanden ein Medikament dringend benötigt wurde, das man in Polen nicht bekommen konnte, gab er es den Piloten der Lufthansa nach Polen mit, und so erhielten wir das Medikament. Auf dem Flughafen nahm ein Vertreter der Ponischen Bischofskonferenz es in Empfang und leitete es weiter.

Kam es in der Zeit der „Solidarność“ zu einer Annäherung zwischen den Schlesiern, den Polen aus dem Osten und denen aus Zentralpolen?

Die Polen aus dem Osten haben uns verstanden, mit der Zeit taten das auch die Menschen aus Zentralpolen in der zweiten Generation. Sie begriffen, dass wir in Schlesien in der Mehrheit keine Nazis waren. Das war gerade unser Drama, dass wir zur Nazizeit als zu polnisch galten, und während der sozialistischen Zeit betrachtete man uns als verkappte Deutsche. In der Zeit der „Solidarność“ kamen bei den Zugezogenen unsere positiven schlesischen Charaktereigenschaften zum Tragen: Fleiß, Solidarität, Ehrlichkeit. Das ist eine polnisch-deutsch-tschechische-dreidimensionale Kulturträgerschaft, die alle durchdrungen hatte, denn über eine deutsche Minderheit durfte man ja weiterhin nicht laut sprechen. Die Delegationen dieser Minderheit tauchten erst kurz vor dem Ereignis von Kreisau bei mir auf.

Herr Bischof, hatten Sie keine Sorge vor dem Radikalismus eines Teils der „Solidarność“-Anhänger, die da riefen: „An den Bäumen werden keine Blätter hängen, sondern Kommunisten!“?

Ich muss sagen, dass ich derlei Rufe bei uns nicht gehört habe, vielleicht wollte ich sie auch nicht hören, weil ich extreme Verhaltensweisen nie gebilligt habe. Auch Priestern, die etwas radikaler eingestellt waren, habe ich immer gesagt, dass wir zwar alle frei sein wollen, die Freiheit uns aber nicht vom Himmel fällt, wir müssen sie uns verdienen. Selbst Parolen, die nach den Messen für das Vaterland zu hören waren, habe ich als sich „Luftmachen" betrachtet. Die Leute wollten laut sein, daher riet ich immer, so etwas weder zu unterbinden, noch zu verschärfen. Die Priester, die bei der Messe konzelebrierten, habe ich immer gebeten, die Emotionen nicht anzustacheln, weil man sie womöglich nicht beherrschen könne. Wenn jemand allerdings Schaden nimmt, würden wir ihm helfen. Immer hatte ich die Worte von Kardinal Wyszyński im Sinn, der gesagt hatte, wir brauchen Helden mit Köpfchen, nicht aber ohne Verstand. Bald zu Beginn des Jahres 1982 war es gelungen, die Internierten zu besuchen. Es war kalt, also hörten wir die Beichte in Mänteln, und die Internierten steckten uns Zettel mit Adressen ihrer Angehörigen in die Taschen. Diese Zettel leiteten wir dann nach unserer Rückkehr ins Ordinariat an die Familienangehörigen weiter.

Wie haben Sie von der Verhängung des Kriegsrechts erfahren?

Am Sonntag, den 13. Dezember, polterte nach der Frühmesse um 7 Uhr jemand an die Eingangstür des Ordinariats. Es waren drei Offiziere, davon einer im Rang eines Obersts, der aus Litauen stammte. Er setzte mich davon in Kenntnis, dass um Mitternacht der Kriegszustand verhängt worden war. Er sagte, er wisse, dass ich als Bischof die Maßnahme nicht akzeptiere, doch er bat, dass ich mich für die Jugend einsetze, denn junge Leute würden das Leben nicht schätzen und sich einer Sache gerne hingeben. Es wäre doch so schade um sie. Schließlich griff er in seine Uniformtasche und zog einen Rosenkranz hervor. Er versicherte, dass er zwar kein eifriger Kirchgänger, aber ein gläubiger Mensch sei und meine Haltung verstehe.

War er ehrlich, oder zog er für den Bischof diese Szene ab?

Ich denke, dass das wirklich ehrlich war. So ähnlich wie seine Bitte, die fast flehentlich war, die Stimmung der Jugend zu dämpfen. Übrigens dauerte es nicht lange, und er musste seinen Posten verlassen. Vielleicht hat er die Wohltaten des Kriegsrechts mit zu wenig Nachdruck verteidigt? In diesem ersten Gespräch habe ich ihm gesagt, wir würden zum Blutvergießen nicht ermuntern, aber mit Nachdruck machte ich ihm auch klar, dass wir nicht beabsichtigten, den Kriegszustand zu billigen. Am Nachmittag fand im Priesterseminar eine Adventfeier statt und die Priesteramtskandidaten fuhren nach Hause. Der Kommissar versicherte mir, ich könnte nach Neiße fahren und sie würden ihre Heimatwohnungen sicher erreichen.

Wer hat Ihnen hier im Oppelner Land am meisten bei der Versöhnung zwischen den Schlesiern und den neu Zugezogenen geholfen?

Bischof Adamiuk, der immer versicherte, dass man sich auf die Leute aus dem Osten verlassen könne. Er war dabei behilflich, dass wir einander besser kennen lernten und akzeptierten. Zusammen mit den älteren Priestern war er bemüht, uns die Ähnlichkeiten von Faschismus und Kommunismus aufzuzeigen, das heißt auch die Ähnlichkeiten in den Erfahrungen von Schlesiern und Zugezogenen. Ich selbst fühlte mich in meinem Schlesiersein akzeptiert. Zunächst durch den Rektor des Priesterseminars, Tomaszewski, der selbst ein Lemberger war, und für den das Schlesiersein schon an sich ein Plus war. Diese Akzeptanz fühlte ich auch bei Primas Wyszyński und Kardinal Wojtyła. Mein Studium an der Katholischen Universität verlieh mir – in ihren Augen – die integrale polnische Staatsbürgerschaft. Für uns Schlesier war das Polentum ja nichts Fremdes. Und nach dem Kriege haben wir das Polnischsein noch zusätzlich gelernt, wozu auch die polnische Frömmigkeit gehört. Der Glaube der Schlesier war ohnehin sehr tief, deshalb waren sie gegen Ideologie und Partei widerstandsfähig. Mit der Zeit durchdrangen sich diese verschiedenen Traditionen, zum Beispiel in der Liturgie, gegenseitig, so dass wir einander immer näher kamen und so auch immer versöhnter wurden.

Herr Bischof, was ist für Sie Versöhnung?

Das ist mehr als Verständigung, die ein eher horizontales Ereignis ist. Versöhnung dagegen ist – als Ereignis genommen – immer etwas Vertikales, etwas Übernatürliches, weil es auf der Gnade beruht. Die Versöhnung können wir niemals selbst schaffen. Bei der Verständigung reichen die menschlichen Bemühungen meistens aus. Versöhnung dagegen bedarf der Beteiligung „von oben", der Gnade der Versöhnung. So verstanden hat sie vier Dimensionen: die Versöhnung mit Gott, die Versöhnung mit sich selbst (denn wer sich selbst nicht liebt, kann auch andere Menschen nicht lieben), die Versöhnung mit den anderen und schließlich mit der gesamten Schöpfung, was auch das ökologische Element beinhaltet, das wir über viele Jahre vernachlässigt haben. Damit eine solche Versöhnung stattfinden kann, muss man die apriorischen Vorurteile überwinden, sich von Ideologien befreien, seine Gedanken entgiften und schließlich sein eigenes Erinnerungsvermögen heilen, damit es zu einer Vergebung und dem Willen zum Verstehen kommen kann. Die Vergebung hat aber nichts mit Vergessen zu tun, denn wir brauchen das Erinnern. Jener Mensch, der als erster vergibt, ist Sieger. Wir erinnern uns immer daran, wenn wir das „Gebet des Herrn“ sprechen. „Und vergib uns unsere Schuld, wie auch wir vergeben unseren Schuldigern“. Für die echte europäische Einheit brauchen wir Mut, Demut und Langmut. Daraus erwachsen Toleranz, Akzeptanz und das Bejahen des Andersseins, sowie gemeinsame Initiativen und die echte Zusammenarbeit zum gegenseitigen Wohle aller.

Ein Ausdruck dieser Zusammenarbeit war die legale Zulassung der deutschen Minderheit. Welche Erinnerungen haben Sie daran?

Für mich begann dieser Prozess im Januar 1989. Papst Johannes Paul II. erließ damals zum Neuen Jahr eine Friedensbotschaft, die den Titel trug: „Die Achtung der Minderheiten ist ein Weg zum Frieden“. Ich hatte die Gelegenheit, dieses Dokument schon vorab kennen zu lernen, als es noch unter einer Sperrfrist stand. Vor seiner Veröffentlichung fragte mich der Heilige Vater nach meiner Meinung dazu. Ich sagte ihm, dass es mir sehr gefällt, dass es aber nicht leicht sein werde, es bei uns in die Praxis umzusetzen. Denn eine Minderheit zu akzeptieren, dass bedeutet für uns in Oppeln auch die Anerkennung und Zulassung einer deutschen Minderheit. Warum nicht? – sagte der Papst. Aber das würde ja bedeuten, die heilige Messe auch in deutscher Sprache zu feiern. Warum nicht? – wiederholte der Papst. Man muss damit anfangen, auch wenn es Schwierigkeiten gibt. Der Heilige Vater erinnerte daran, dass er noch als Erzbischof von Krakau von Einwohnern eines Dorfes gebeten wurde, die heilige Messe in Slowakisch zu feiern, weil zwei Drittel der Einwohner dieses Dorfes Slowaken waren. Die staatlichen Behörden verboten es, weil sie meinten, dies sei eine Diversion.

Auf diese Weise durch den Heiligen Vater ermutigt, trug ich die Angelegenheit bei der Vollversammlung der Polnischen Bischofskonferenz vor, die damals in Zakopane tagte. Ich sagte ganz direkt, dass wir 1989 mit liturgischen Feiern auch in deutscher Sprache beginnen würden. Eine große Zustimmung bekam ich nicht. Die Bischöfe meinten, wenn man einmal damit anfange, dann würden andere Minderheiten dies auch wollen. Damals waren zum Beispiel die Beziehungen zwischen Polen und Ukrainern noch ziemlich angespannt. Die Bischöfe waren offenbar der Ansicht, dass das Klima für Messen in den Sprachen der Minderheiten noch nicht reif genug war. Ehrlich gesagt, war ich darüber betrübt, denn so ganz direkt hatte mich keiner unterstützt. Etwa um Mitternacht kam Primas Józef Glemp zu mir, sein Zimmer lag neben meinem. Und er erklärte mir, dass es ihm leid täte, dass meine, aber eigentlich doch die päpstliche Initiative, keinen Widerhall gefunden hatte. Hör mal, der Heilige Vater ist eine Autorität, fang einfach mit den Messen in deutscher Sprache an, und wenn jemand fragt, dann sagst du, dies sei mit mir abgestimmt. Wir müssen die Vorgaben des Papstes Ernst nehmen – sagte der Primas. Diese seine Einschätzung stand im Gegensatz zu der üblichen Meinung, der Primas sei antideutsch eingestellt. Er hat mir damals sehr geholfen, denn durch seine Unterstützung hatte ich in meinen Entscheidungen mehr Bewegungsfreiheit. Mir lag daran, dass diese Entscheidung, die sich ja aus dem päpstlichen Wunsch nach Achtung von Minderheiten ergab, dazu beiträgt, den wahren Frieden in der Welt anzustreben, über den seinerzeit sogar Kant schon geschrieben hatte. Die Voraussetzung für einen wahren Frieden – betonte der von mir sehr geschätzte Dichter Reinhold Schneider – sei nur dann möglich, wenn er aus der Wahrheit hervor gehe, die in Liebe getan werde. Wenn das gelingt, dann werde ein solcher Friede eintreten, den es in der bisherigen Geschichte noch nie gegeben habe. Wir müssen lernen, das Töten zu töten. Und das bedeutet – wie uns der Heilige Vater lehrt – andere Völker so zu lieben wie das eigene Volk. Die Welt muss endlich verstehen, dass der Friede nicht erkämpft werden könne, es sei denn, es gehe um den Friedhofsfrieden.

Der Friede ist eine Frucht der Gerechtigkeit. Und wie uns die Päpste des 20. und 21. Jahrhunderts lehren, gibt es keine echte Gerechtigkeit ohne Vergebung, das heißt ohne Liebe. Und wer Liebe säht, der erntet Freude! Und noch eins muss hier hinzugefügt werden: Wer als erster vergibt, der ist Sieger.

2. In Richtung freies Polen

Bevor Gorbatschow 1989 in der UdSSR die Macht übernahm, machte sich in Polen eine Atmosphäre der Freiheit bemerkbar. Herr Erzbischof, welches waren damals Ihre Erwartungen?

Ich habe Gorbatschow bewundert, besonders für seinen Mut in Sachen *Perestrojka und Glasnost,* die er in Gang gesetzt hat, aber ich habe ihn auch etwas bemitleidet. Ich dachte, na, na, da willst du etwas Unmögliches versuchen. Du versuchst, ein derart unmenschliches System zu reformieren, dass sich nicht verbessern lässt. Es war eine *felix culpa* von Gorbatschow, dass er daran geglaubt hat, der Kommunismus lasse sich reformieren, und schließlich hat er ihn zu Grunde gerichtet. Dieser Glaube gehörte zu einer Reihe von unvorhersehbaren Faktoren, die den Weg in Richtung Zusammenbruch des Kommunismus bestimmt haben.

Den Anfang für diesen Prozess in Mittel-Osteuropa hat ganz sicher Papst Johannes Paul II. gemacht. Ohne seine Unterstützung und Fürsorge hätte es die „Solidarność" nicht gegeben. Der Papst war wie eine Mauer, an der sich die „Solidarność" abstützen konnte. Und dann fielen die berühmten, geschichtsträchtigen Worte in der Predigt auf dem Siegesplatz in Warschau: „Der Heilige Geist komme und erneuere das Antlitz der Erde. Dieser Erde".

Haben Sie damals gespürt, dass sich vor unseren Augen, am 2. Juni 1979, europäische Geschichte ereignete?

Nein, das habe ich nicht gespürt. Die Worte des Papstes haben mir sehr gefallen, aber sie schienen mir eine schöne, jedoch rhetorische Formulierung zu sein. Aber nach diesen Worten begann die „Solidarność“ ihr Leben im Verborgenen und entstand zunächst in manchen Köpfen und Herzen von Menschen, bevor sie Strukturen bekam. Erst nachdem die „Solidarność“ entstanden war, und die Polnische Bischofskonferenz im Vatikan tagte, sagte der Papst ganz direkt: Ihr werdet sehen, der Kommunismus ist dem Ende nahe. Kardinal Meisner, der damalige Bischof von Berlin, fragte mich im Vertrauen um Rat, ob er das Bistum Köln übernehmen sollte. Ich war der Meinung, er sollte in Berlin bleiben. Schließlich hatte er Menschen dazu überredet, Berlin nicht zu verlassen, und sogar den eigenen Verwandten verbot er, wegzugehen. Ich war damals der Meinung, dieser Bischof habe schon über die Mentalität von Menschen hinter dem eisernen Vorhang verfügt, und würde in der westlichen Kirche, die ja seit vielen Jahren unter freiheitlichen Bedingungen lebte, nicht verstanden werden. Kardinal Meisner antwortete mir, er habe das alles auch schon dem Papst gesagt, doch der Heilige Vater meinte, geh' nach Köln und hab keine Angst, in Kürze werden alle Leute nach Westen fahren können. Johannes Paul II. hat somit den Niedergang des Kommunismus geahnt. Der Papst wusste natürlich mehr als wir. Er hatte ein ausgezeichnetes politisches Gespür und war äußert gut unterrichtet. Er verfolgte die europäische Politik überaus aufmerksam. Bei einem Abendessen sagte er einmal zu mir, dass er von allen Politikern am meisten Helmut Kohl schätze. Er sagte, Kohl sei der bedeutendste Politiker der westlichen Welt. Der Papst, der Kohl mehrfach empfangen hatte, war sich dessen bewusst, dass er von ihm am meisten über die realen Perspektiven Europas gelernt hatte. Denn Kohl war Realist, er war frei von einem Wunschdenken, doch er hatte eine Vision über Europa und die Welt. Darüber hinaus ist Kohl ein authentischer christlicher Politiker. Unter den polnischen Bischöfen, die an den Zusammenbruch des Kommunismus glaubten, war zu Beginn der 80er Jahre der Bischof von Przemyśl, Ignacy Tokarczuk, wohl der einzige, der das genauso sah. Er versicherte uns immer wieder, dass der Kommunismus am Ende sei. Mir schienen seine Vorahnungen damals irrational zu sein, die vorwiegend auf Emotionen basierten. Ich war sogar etwas ungehalten gegenüber seiner Meinung. Doch ich hatte nicht recht.

Inwieweit ist in Deutschland das Bewusstsein vorhanden, dass Johannes Paul II. den Umbruch in Europa initiiert hat?

Ich denke, dass ist ganz deutlich vorhanden. Joachim Jauer, der ehemalige ZDF-Korrespondent und Verfasser des berühmten Buches „Urbi et Gorbi“ schreibt ganz deutlich, dass der Papst den ersten Stein aus der Berliner Mauer herausgelöst und damit ihren Einsturz bewirkt hat, und Gorbatschow hat das zugelassen. Jauer ist sich auch dessen bewusst, dass der Briefwechsel der polnischen und deutschen Bischöfe mit den historischen Worten „Wir vergeben und bitten um Vergebung“ ebenfalls zum Einsturz der Berliner Mauer beigetragen hat. Er hat mir diese Worte sogar als Widmung in sein Buch hineingeschrieben.

Als ich den Brief seinerzeit las, erlebte ich etwas Sonderbares. Ich war und bin bis heute davon überzeugt, dass die erste Inspiration zu diesem Brief vom Heiligen Geist kam, der ja beim Zweiten Vatikanischen Konzil gewirkt hat. Die Bischöfe mussten wissen, dass sie die Kirche Angriffen und Verfolgungen, vor allem seitens des damaligen Anführers der kommunistischen Partei, Władysław Gomułka, aussetzen würden. Sie mussten auch damit rechen, dass viele Gläubige über den Brief nicht begeistert sein würden. Selbst unter den Priestern gab es solche, die da meinten, der Brief sei nicht nötig gewesen. Einige meinten, man habe die Obrigkeit unnötig gereizt und die Menschen dadurch auch gegen die Kirche aufgebracht. Und für wenige war die Vergebung gegenüber den Deutschen so etwas wie eine schwere Sünde. Und dennoch haben die Bischöfe mit ihrem unerschrockenen Primas Wyszyński an der Spitze diesen Mut besessen. Ich war damals Zeuge dessen, als der Primas schon nach den Angriffen die Menschenmassen auf Jasna Góra fragte: Ich berufe mich auf euren Glauben und frage euch: Vergeben wir? Ich hatte damals Angst um den Primas. Ich war mir dessen bewusst, dass er damit ein großes Risiko einging. Unter den Menschenmassen hätte sich ein Verrückter befinden können, der gerufen hätte: Wir vergeben nicht. Weg mit Wyszyński! Stattdessen trat nach der Frage des Primas Stille ein, und danach kam wie ein Gewitter das Skandieren: „Wir vergeben, wir vergeben". Somit endete die Aktion des Hasses von Gomułka mit einem Fiasko. Die Nation hat wieder einmal ihren Hirten vertraut.

Kehren wir zu den Jahren 1988–1989 zurück. Waren die Veränderungen in Europa damals ein Werk der Bevölkerungen oder der Eliten?

Ich bin überzeugt, dass wir den Umbruch von 1989 im Großen und Ganzen den Christen zu verdanken haben. Und sie befanden sich sowohl unter den Eliten als auch unter den einfachen Leuten. Deshalb war es ja auch ein unblutiger Umbruch. Unsere „Solidarność" war ja eine Bewegung, die vom christlichen Gedankengut inspiriert war, und gegen Ende der 80er Jahre folgten die Christen in der DDR, denen die „Solidarność" Mut gemacht hatte. Die dortige katholische Kirche war eher vorsichtig und verängstigt. Die evangelischen Proteste äußerten sich in den sog. Lichterprozessionen, die in Dresden, in Leipzig und in vielen anderen Orten der östlichen Länder von einer Kirche zur anderen zogen. Jauer hat das schön eingefangen, indem er schreibt, jemand, der in einer Hand eine brennende Kerze trage, und mit der anderen Hand die Flamme schütze, habe beide Hände besetzt und könne daher nicht mit Steinen nach anderen Menschen werfen.

Aus einer solchen friedlichen Haltung heraus haben sich in Polen die Gespräche am „runden Tisch“ ergeben. Aber heute – 20 Jahre danach – sind die Polen darüber durchaus unterschiedlicher Meinung. Für die einen waren die Gespräche ein Segen, weil wir beim Verlassen des Sozialismus Blutvergießen vermieden haben, für andere waren die Gespräche ein nationaler Verrat, eine Absprache zwischen „Roten“ und „Rosaroten“. Wie sieht das der Erzbischof?

Wir müssen doch ehrlich zugeben, dass wir vor 1989 über Jahrzehnte in Unterdrückung gelebt haben und alle derart verängstigt waren, dass niemand an eine echte Wende und die Entstehung einer neuen polnischen Wirklichkeit geglaubt hat. Wenn ich aus dieser Perspektive auf die Ereignisse vom Frühjahr 1989 blicke, dann habe ich den Eindruck, dass es überhaupt keine andere, wirksamere Möglichkeit gegeben hat, als den Versuch zu unternehmen, den wir heute den „runden Tisch“ nennen. Unter den damaligen Gegebenheiten handelte es sich um einen äußerst realistischen Schritt. Jeder andere revolutionäre Schritt wäre mit Blutvergießen verbunden gewesen. Sofern wir also Blutvergießen verhindern wollten, mussten beide Seiten auf einander zugehen. Und wenn heute, nach über 20 Jahren, jemand behauptet, das sei ein nationaler Verrat gewesen, verkennt er die damaligen Realitäten, unter denen wir gelebt haben. Die Tatsache nämlich, dass Vertreter der kommunistischen Regierung und Vertreter der Gesellschaft, die ein anderes Leben als in der Unterdrückung haben wollten, an einem Tisch sitzen konnten, überstieg jedes Vorstellungsvermögen. Der „runde Tisch" war deshalb ein erster Schritt. Natürlich hätte man sich mehr vorstellen können, z. B. dass die Straße die ganze Macht an sicht reißt, aber das wären Träume gewesen. Wir waren damals doch kein freies Land. Die sowjetischen Streitkräfte stationierten in Polen. Angesichts dieser Sachlage haben die Leute von „Solidarność" versucht, der herrschenden Obrigkeit so viel an Freiheit und Normalität zu entreißen wie nur möglich. Ich meine, dass man unter den damaligen Gegebenheiten, nicht mehr erreichen konnte. Nach den langen Jahren des realen Sozialismus mit seiner Verlogenheit, waren beide Seiten zu einem echten Dialog noch nicht fähig.

Man kann aber doch nicht leugnen, dass viele Kreise – zum Beispiel die Bediensteten der landwirtschaftlichen Produktionsgenossenschaften – von den Veränderungen des Jahres 1989 nichts gehabt haben. Ehemaligen Geheimdienstlern ist dagegen kein Haar gekrümmt worden, und die Nomenklatura der Partei hat vieles an sich gerissen und ist ins Geschäftleben gegangen.

Das war gewiss eine Ungerechtigkeit. Und man muss sie beim Namen nennen. Warum ist es dazu gekommen? Die Leute von „Solidarność" hatten keine entsprechenden Erfahrungen, und haben wohl auch oft durch Naivität gesündigt, denn sie wussten zu wenig. Es gab ja keinerlei Verhaltensmaßregeln, wie man aus einem System der gesellschaftlichen Ungerechtigkeit aussteigt. Deshalb würde ich die Teilnehmer am runden Tisch nicht verurteilen. Sie konnten nicht alles voraus sehen.

Herr Erzbischof, ist Ihrer Meinung nach jetzt die richtige Zeit, um ehemalige Geheimdienstler zur Rechenschaft zu ziehen, zum Beispiel General Jaruzelski?

Personen, die das damalige Böse zu verantworten haben, kann man schwerlich dadurch entschuldigen, dass es noch schlimmer hätte kommen können, und sie es womöglich verhindert haben. So denken manche, die die anderen dafür schelten, dass sie am „runden Tisch" die Macht abgegeben, und sich nicht mit der Waffe in der Hand verteidigt haben. Andererseits habe ich Zweifel, ob es sinnvoll ist, diese Leute heute vor Gericht zu zerren. Das ist eine der Schwierigkeiten bei der Lustration, die ihre Aufgabe immer dort erfüllt, wo es darum geht, den Unterdrückungsapparat, d. h. seine Übergriffe und Verbrechen aufzuzeigen. Dagegen weiß ich nicht, ob es durch die Lustration möglich ist, jedes menschliche Verhalten richtig zu beurteilen und das Schicksal von Menschen gerecht einzuordnen.

Ich selbst blicke auf solche Dinge aus der Perspektive von älteren Priestern, die in den 50er Jahren im Oppelner Land dazu gezwungen wurden, für die Nutzung von ehemaligen deutschen Pfarrhäusern drakonische Mieten zu zahlen. Die einen leisteten Widerstand, liefen vor den Beamten weg und bezahlten das mit der Zeit mit ihrer Gesundheit, nicht selten sogar mit dem Tode. Andere wurden schwach und zahlten. Ich kann sie heute nicht verurteilen, obgleich sie formal nicht hätten zahlen sollen. Aus der Sicht der Lustration betrachtet, sind sie also schwach geworden, und man kann sie heute leicht verurteilen.

Aber gegenwärtig werden doch eher solche Priester und Laien lustriert und öffentlich gebrandmarkt, die den Erpressungen des Geheimdienstes erlegen waren, und jene, die Repressalien angewandt haben, müssen sich vor einer Verantwor-

tung nicht fürchten; sie treten gewöhnlich als Zeugen und nicht als Beschuldigte auf.

Das ist das eigentümliche Gekicher der Geheimen aus dem Jenseits. Sie fühlen sich ohne Schuld. Doch weiß ich nicht, wie man dem Problem beikommen könnte. Sie selbst sagen oft, dass sie ausschließlich auf Weisung gehandelt haben. Aber das ist ebenfalls keine Entschuldigung. Derartige Ausreden führten auch die NS-Funktionäre direkt vor das Gericht in Nürnberg. Schließlich ist ja niemand zur Arbeit beim Geheimdienst gezwungen worden. Solche Leute erlagen eher dem Angebot von mehr Geld, einer besseren Wohnung, einem besseren Leben usw. Es ist eine schreiende Ungerechtigkeit, dass es heute kaum möglich ist, den ehemaligen Funktionären gerichtlich zweifelsfrei etwas nachzuweisen, denn das Prinzip der vermuteten Unschuld wirkt sich zu ihren Gunsten aus. Aus diesem Grunde bleibt ihr Vergehen meistens straflos.

Herr Bischof, wie beurteilen Sie aus dieser nicht gerade leichten Perspektive von 20 Jahren im freien Polen die Frage, wie wir die erkämpfte, aber auch geschenkte Freiheit genutzt haben?

Unsere Mitgliedschaft in der Europäischen Union ist ganz sicher unsere größte Errungenschaft, trotz der gegenwärtigen Probleme. Dazu gehört auch, dass wir uns bei Gerichten von europäischer Qualität beschweren können. Von diesem Weg sollte es für uns kein Zurück geben. Wir selbst sind politisch nicht so reif, dass wir unsere Zukunft wie auf einer einsamen Insel alleine gestalten könnten.

Fürchten Sie sich nicht davor, dass wir es heute in Europa mit einer anderen, nämlich korporativen Unterwerfung zu tun haben? Der Mensch zählt nicht mehr. Er ist nur noch ein materieller Roboter. Die Wohltaten dieser Welt gehören heute nur wenigen Prozent der Menschen. Im Grunde genommen gibt es keinen Kapitalismus alten Stils mehr, und es gibt auch keinen Markt mehr, weil er von großen Konzernen beherrscht wird, und wir durch Billigware aus Asien überschwemmt werden. Was erwartet uns in einer solchen Welt, die von Wirtschaftskrisen geschüttelt wird?

Wenn wir bestehen wollen, müssen wir dem gesellschaftlichen, politischen und wirtschaftlichen Leben die ethische Dimension zurück geben. Diese ethische Dimension hat in den letzten Jahren an Stil verloren. Der Gewinn ist zum einzigen Maßstab geworden, und das ist sehr gefährlich. Der Mensch wird gänzlich verdinglicht. Das ist eine Aufgabe, die auf die Kirche und die Welt zukommt, damit der Mensch seine Würde wieder zurück bekommt. Der Ruf nach Menschen mit einem Gewissen ist dramatisch, denn wenn das fehlt, werfen wir den Menschen zum Fraß von Clans und irgendwelchen Gruppierungen vor. Ein solcher Ruf nach Menschen des Gewissens, ist ein Ruf nach dem Christentum, ein Ruf nach der Würde des Menschen, die sich auf das Evangelium stützt. Wenn die Ethik nicht zu Wort kommt, droht den Menschen langfristig die Selbstzerstörung.

Aber die Mächtigen dieser Welt beschäftigen sich nur sehr wenig mit ethischen Fragen. Sie lassen sich zwar gerne mit dem Papst fotografieren, hören ihm aufmerksam zu, aber dann machen sie doch, was sie wollen.

Manche der gegenwärtigen europäischen Staatsmänner können einfach nicht Ernst genommen werden. Es muss zum Wohle aller gearbeitet werden, denn die Menschen wählen die

Politiker. Leider ist es so, dass manchmal solche gewählt werden, die besser aussehen oder viel Einfluss auf die Medien haben. Uns fehlt das Denken in gewissen Kategorien, die universale, wirtschaftliche Güter versprechen: das Schöne, Gute und Wahre. Sie müssen zum Fundament der Politik gemacht werden. Sie müssen die Kriterien von Wirtschaft und von Strategien zur Marktbeherrschung sein. Ohne Ethik wird der alleinige Kampf um die Hegemonie in einer Tragödie enden. Hier hätte die so genannte vierte Macht, nämlich die Medien, eine Rolle zu spielen, denn sie prägen die menschliche Vorstellungskraft von der Welt.

3. Kreisau – wie ich es in Erinnerung habe

Vor über zwanzig Jahren haben sich am 12. November 1989 Bundeskanzler Helmut Kohl und der polnische Ministerpräsident Tadeusz Mazowiecki die Hände gereicht und während der Versöhnungsmesse in Kreisau den Friedengruß ausgetauscht. Diese Geste ist in die deutsch-polnische Versöhnungsgeschichte als Symbol eingegangen, so ähnlich wie der Brief zwischen den polnischen und deutschen Bischöfen während des Konzils. Herr Erzbischof, Sie gehören zu den wichtigsten nicht politischen Ideengebern jener Begegnung. Können Sie uns etwas darüber sagen, wie es zu dieser Idee gekommen ist?

Alles begann mit der Ankündigung, dass Helmut Kohl nach Polen kommen werde, um mit den polnischen Regierungsvertretern über den deutsch-polnischen Vertrag über gute Nachbarschaft zu verhandeln. Zur selben Zeit hatte Hans Urs von Balthasar im Johannes Verlag mein Buch *Der Mensch braucht Theologie* herausgegeben. Dort hatte ich unter anderem über die polnische Theologie und den Beitrag unserer Kirche für die Ökumene und die Zivilisation der Liebe geschrieben. Der Bischof von Mainz, Kardinal Lehmann, der das Buch kannte, schickte es dem Bundeskanzler. Und als der Kardinal davon erfuhr, dass Helmut Kohl vor seinem Besuch etwas mehr über die jüngste Geschichte Polens erfahren wollte, veranlasste er ein Treffen zwischen Helmut Kohl und mir, damit ich den Bundeskanzler ausführlicher darüber informieren konnte.

Und da wurde die Idee von Kreisau geboren?

Während des Gesprächs im Bundeskanzleramt in Bonn, wohin man mich aus Mainz hingebracht hatte, erzählte ich Herrn Kohl, dass wir schon seit dem 4. Juni 1989 auf dem Annaberg an jedem Sonntag um 15 Uhr die heilige Messe in der „Sprache des Herzens" feiern. Ich berichtete dem Bundeskanzler, was uns die Sprache des Herzens bedeutet und erinnerte daran, dass sich Kardinal Adolf Bertram vor dem Kriege sehr um die Seelsorge der Minderheiten in Schlesien gekümmert hat. Damals handelte es sich vor allem um die polnische Minderheit, der diese Seelsorge galt. Ganz spontan sagte ich plötzlich, Helmut Kohl sei ja als Katholik verpflichtet, die Sonntagmesse zu besuchen, daher würden wir ihn zur Teilnahme an einer solchen Messe auf dem Annaberg einladen.

Der Bundeskanzler wollte wirklich nach Oppeln kommen?

Er meinte, dies sei eine ausgezeichnete Idee und er wollte tatsächlich den Annaberg aufsuchen, über den er – wie sich herausstellte – schon einiges gehört hatte und manches wusste. Alles schien auf gutem Wege zu sein. Doch manche politischen Mitarbeiter des Ministerpräsidenten schienen dagegen zu sein. Der inzwischen schon verstorbene Mieczysław Pszon, ein ausgewiesener Kenner deutscher Fragen und Publizist bei „Tygodnik Powszechny", der damals Berater von Tadeusz Mazowiecki war, rief bei mir an und riet ganz entschieden vom Annaberg ab. Im Namen des Ministerpräsidenten sagte er, dass es für eine solche Geste an diesem Ort zu früh sei. Die Messe könnte vor allem seitens der Nationalisten ausgenutzt werden. Wir würden nicht nur ausgepfiffen werden, sondern es könnte sogar zu Zwischenfällen kommen, die nicht einmal durch die Autorität der Kirche zu verhindern wären. Herr Pszon argumentierte sehr entschlossen und sagte, dadurch könnten alle Ergebnisse der Begegnung zwischen Kohl und Mazowiecki zunichte gemacht werden. Die deutsch-polnischen Beziehungen würden sich erneut verschlechtern statt verbessern. Man musste also einen Ausweg suchen.

Hatten Sie sofort eine andere Idee?

Sofort dachte ich, dass wir einen anderen Ort suchen mussten, der ebenfalls eine Synthese bildete und eine symbolische Dimension ausstrahlte. Während einer Begegnung mit Mieczysław Pszon im Amt des Ministerpräsidenten kam uns gemeinsam der Gedanke, die Messe unter Beteiligung der beiden Regierungschefs in Kreisau zu organisieren, sofern schon der Annaberg für diese deutsch-polnische Begegnung nicht in Frage kam.

Und warum gerade dort?

Das war ein ganz besonderer Ort. Hier trafen sich unter Vorsitz von Helmuth James von Moltke, der der Kopf der ganzen Gruppe war, Katholiken, Protestanten und Agnostiker mit ökumenischem Einschlag, aber was noch viel wichtiger war – hier trafen sich die Leute des Widerstandes gegen das Naziregime, nämlich der Keisauer Kreis. Die Mitglieder des Kreisauer Kreises arbeiten an einer Vision für das Nachkriegsdeutschland, das frei von den Einflüssen des Nationalsozialismus sein und sich auf das Evangelium stützen sollte. Von Moltke war ein derart radikaler Christ, dass er sogar gegenüber Hitler keine Gewaltanwendung in Gestalt eines „Tyrannenmordes" akzeptieren wollte.

Wie wir wissen, hat dann Claus von Stauffenberg im Juli 1944 den Versuch unternommen, Hitler zu beseitigen. Nach dem misslungenen Attentat haben die Nazis James von Moltke und zahlreiche andere Oppositionelle umgebracht; dazu gehörte noch einen Monat vor Kriegsende auch der bedeutende protestantische Theologe Dietrich Bonhoeffer, der in Breslau geboren war.

Weshalb lag der polnischen Regierung an Kreisau?

Herrn Pszon, und demnach wohl auch Ministerpräsident Mazowiecki „lag" Kreisau, weil man diesen Ort stark mit der Widerstandsbewegung assoziierte. Es ging darum, zu Beginn eines neuen gemeinsamen deutsch-polnischen Weges daran zu erinnern und zu betonen, dass nicht alle Deutschen Nazis waren. Doch es war Eile geboten, denn der Besuch sollte bald stattfinden. Letztlich mussten die Pläne für den historischen Besuch von Helmut Kohl bis zum letzten Augenblick mehrfach verändert werden.

Haben Sie Tadeusz Mazowiecki über diese Veränderungen informiert?

Natürlich, und ich hatte den Eindruck, dass ihm ein Stein vom Herzen fiel. Man gestattete mir, direkt vom Büro des Ministerpräsidenten bei Kardinal Lehmann anzurufen. Jetzt musste ich diesem erklären, weshalb wir nicht auf dem Annaberg beharren sollten und darauf hoffen, dass er den Bundeskanzler überzeugen würde. Man wusste ja nicht, ob Kommunisten vielleicht irgendwelche nationale Stimmungen anheizen würden, um der neuen Regierung von „Solidarność" zu schaden.

Wir waren aber alle einer Meinung, dass Kreisau mit Rücksicht auf die besondere Symbolik der geeignete Ort für die Messe war, doch machten wir uns auch Sorgen, denn das Gutshaus befand sich in einem sehr schlechten Zustand, und kein einziges Fenster war ganz. Als die Entscheidung über die Versöhnungsmesse gefallen war, schaffte man es nur noch, die Außenwände provisorisch anzustreichen, damit das Haus nicht so gespenstisch aussah, und die Fenster wurden mit Pappe zugehängt. Soldaten brachten den Platz in Ordnung und errichteten in Eile einen Feldaltar. Wenn man einmal von den Altären absieht, die für die Besuche des Papstes gebaut wurden, so war es sicher der erste Altar dieser Art nach dem Kriege. Der Bundeskanzler war über den „Plan Kreisau“ sehr zufrieden.

Die Messfeier wurde aber noch durch die Kälte im November zusätzlich behindert...

Das Wetter war so schlecht, dass Helmut Kohl aus Warschau nicht per Hubschrauber nach Breslau fliegen konnte. Man fuhr per Bus. Aber das hatte auch positive Seiten. Die Strecke zwischen Breslau und Kreisau war mit Fähnchen in polnischen und deutschen Farben geschmückt – vermutlich das erste Mal nach 1945. Der Bundeskanzler und viele Gäste konnten das aus der Nähe sehen. Als wir dann aus Kreisau nach Oppeln zurückfuhren, sah ich mit Verwunderung, dass die Menschen sich diese Fähnchen als Andenken mitnahmen. Ich habe selbst eine polnische und eine deutsche Fahne mitgenommen, um mich daran zu erinnern, an welch einem Ereignis wir an diesem Tage teilgenommen hatten.

Kommen wir noch einmal auf die Messe der Versöhnung zurück. Wie haben Sie die letzten Stunden vor diesem Ereignis erlebt?

Der Platz war mit Menschen gefüllt. Trotz der Kälte waren viele Leute aus Niederschlesien angereist, und die deutsche Minderheit aus dem Oppelner Land war auch zum ersten Mal anwesend und gab sich aus Anlass des Besuches erstmals als solche öffentlich zu erkennen. Viele Gruppen führten Transparente mit sich. Über den Köpfen wehten polnische und deutsche Fahnen. Unter zahlreichen Schriftzügen in deutscher Sprache fiel einer besonders auf, der von Herrn Richard Urban aus Jemielnica (Himmelwitz) ausgedacht war: „Helmut, du bist auch unser Kanzler". Erst später erfuhr ich, dass wohl alle Fernsehstationen dieses Transparent bei den Übertragungen gezeigt hatten. Und ich fror schrecklich, denn ich war für die hl. Messe ja nur mit dem Messgewand bekleidet. Ich hatte das Gefühl, das die Temperatur unter Null gefallen war. Der Herr Ministerpräsident, der auch nur einen leichten Mantel trug, hat vermutlich ebenfalls sehr gefroren.

Aber mehr als das kalte Wetter machte uns die Stimmung auf dem Platz Sorgen. Ich hatte das Gefühl, dass sie noch kälter war als die Luft. Nach der Feier berichtete mir einer der Berater von Kohl – es war Johannes Ludwig, der für Wirtschaftsfragen zuständig war – dass die Mitglieder der deutschen Delegation, die einerseits die Menschenmassen, die Fahnen und Transparente sahen, andererseits aber die Kälte, vielleicht sogar Hass, zumindest aber Ablehnung spürten, die von den umstehenden Geheimen ausging, die ja direkt aus dem Sicherheitsdienst der Volksrepublik stammten, fürchteten, ob sie aus Kreisau überhaupt heil wieder herauskommen würden.

Haben Sie selbst auch Angst gehabt?

Todesangst habe ich sicher nicht gehabt, aber die Kälte und die Distanz, die uns umgab, habe ich schon gespürt. Vor allem in den ersten Reihen, wo die ganzen Offiziellen saßen, konnte man keinerlei Lächeln ausmachen. Und die Menschenmassen, die vermutlich in ihrem Inneren begeistert waren, befanden sich ja etwas abseits.

Zusätzlich kamen etwa eine Stunde vor Beginn der Messe noch Funktionäre zu mir, die vermutlich Sicherheitsleute von General Kiszczak waren, sich aber nicht vorstellten, und fragten, ob man bei der Messe unbedingt den Friedensgruß austauschen müsse. Vielleicht könnte man ihn weglassen? – schlugen sie ohne Umschweife vor.

Und was hat der Bischof ihnen darauf geantwortet?

Ich sagte ihnen, dass ich ohne Einverständnis des Heiligen Stuhls die Liturgie nicht verändern könne, weil es sich beim Friedensgruß um einen integralen Bestandteil der Messe handele. Sofern die Versöhnungsmesse von der Regierung und von Staatspräsident Jaruzelski genehmigt sei – so sagte ich – und die Messe vom Fernsehen in alle Welt übertragen werde, gehe es nicht an, den Ablauf der Messe zu verändern. Als Antwort meinten sie, dass „diese" doch nur auf die eine Geste warteten. Wer sind „diese" fragte ich. Na, diese, das sind doch die Deutschen, das wissen wir doch. Den Deutschen würde an der Messe überhaupt nichts liegen, sie wollten nur diese politische Geste sehen. Und ihr, wollt das auch sehen? – fragte ich. Und ich erklärte, dass die Versöhnungsmesse lange vorbereitet worden sei und viel Mühe gekostet habe, was man jetzt unter gar keinen Umständen zerstören dürfe. Ich sagte ihnen, dass ich schon als Kind gelernt hätte, dass wenn wir von Gott etwas erbitten wollen – und wir wollen ja doch um eine echte Versöhnung bitten – dann gebe es keine bessere oder wertvollere Maßnahme als die heilige Messe, die Eucharistie. Und ich versicherte den Herren, dass es weder von katholischer noch von evangelischer Seite irgendwelche politischen Provokationen beim Gottesdienst geben würde. Das könne ich zusichern. Nur könne ich für andere Teilnehmer nicht garantieren. Ich glaube, sie verstanden die Anspielung und gaben nach. Aber nicht ganz, denn einer der Funktionäre kam noch einmal zurück, doch ich blieb hart.

Zum Glück hat sich nichts Schlimmes ereignet, es gab keine Provokation.

Als der Gesang vor der Messe begann, dachte ich immer nur daran, wie man die Menschenmassen im Griff halten und die Stimmung ein wenig beeinflussen konnte. Schließlich bat ich die Leute, man sollte, da die Messe beginne, die ja das größte Gut des Himmels sei, die Transparente und Fahnen einrollen. Die Menschen befolgten das, und Ministerpräsident Mazowiecki wunderte sich darüber. Gesagt hat er das aber erst nach der Messe. Zunächst begann ich *In nomine Patris* – die Messe auf Lateinisch, wechselte dann ins Deutsche über und machte auf Polnisch weiter. Und so bediente ich mich während der langen Liturgie im Wechsel dieser drei Sprachen. Wir waren uns ja bewusst, dass die meisten der Teilnehmer weder auf lateinisch noch auf deutsch beten konnten. Der für die Liturgie in der Oppelner Diözese verantwortliche Priester Professor Helmut Sobeczko, hatte ein kleines „Büchlein“ für die Liturgie vorbereitet. Mit Hilfe von Essigmatritzen zogen wir 700 Exemplare davon auf primitive Weise ab (Kopierer gab es bei uns damals noch nicht), die wir an die Leute verteilten, um ihnen das Beten zu erleichtern. Leider reichte es nicht für alle.

Und die Predigt war zweisprachig ...

Ich hatte überlegt, wie ich beginnen sollte. Die polnische Gastfreundschaft hätte eigentlich verlangt, auf Deutsch zu beginnen. Doch dann dachte ich nach und beschloss, zunächst Polnisch zu sprechen. So ähnlich machte ich es beim Friedensgruß, den ich zunächst Mazowiecki gab und anschließend Kohl.

Dann traten Kohl und Mazowiecki vor ihre Kniebänke und tauschten einen herzlichen Gruß aus. Kohl war viel größer und mächtiger, ich fürchtete, er würde den Ministerpräsidenten mit seiner Umarmung erdrücken. Aber diese Geste von Kohl war wirklich herzlich. Das war ein echter Neubeginn.

Was haben Sie damals empfunden?

Ganz sicher Freude, aber noch größer war die Angst. Worauf hatten wir alle uns da eingelassen. Immer überlegte ich, ob wir alle Folgen bedacht hatten, die sich aus dem Ereignis ergeben konnten, an dem wir beteiligt waren. Schließlich sagte ich mir: Das ist ein neuer Anfang. Wir müssen das Risiko eingehen und das Ende abwarten. Gegen Ende der Messe wurde das Klima etwas freundlicher, aber eine echte Begeisterung war noch nicht aufgekommen. Für eine echte Freude braucht man die volle Freiheit, aber wir lernten erst noch, frei zu sein.

Herr Erzbischof, hatten Sie anschließend Gelegenheit zum Gespräch mit Helmut Kohl und Tadeusz Mazowiecki?

Kohl wollte sofort nach seiner Ankunft in Kreisau mit mir sprechen. Vielleicht deshalb, weil ich schon zuvor darüber informiert wurde, dass er mir unbedingt etwas schenken wollte. Mehrfach rief die Botschaft bei mir an, dass der Bundeskanzler auf dem Geschenk bestehe und ich mir etwas wünschen sollte. Somit fragte ich unsere Kardiologen im Krankenhaus am Kopernikusplatz in Oppeln, was sie brauchten. Sie entschieden sich für das modernste Ultraschallgerät. Es war damals das erste Gerät dieser Art in unserer Gegend. Mir persönlich brachte der Bundeskanzler eine mehrbändige Propyläen Kunstgeschichte mit. Anschließend erhielt ich über mehrere Jahre weitere Bände dieses Werkes. Heute sind es über zwanzig Bände. Während des Gesprächs hatte ich den Eindruck, dass Helmut Kohl von der heiligen Messe sehr ergriffen war und sich freute. Das traf auch auf Tadeusz Mazowiecki zu. Beide dankten mir für diese Begegnung. Ganz sicher waren sie sich dessen bewusst, welche Bedeutung dieses Ereignis hatte, an dem sie beteiligt waren.

Wie war Ihre Rückfahrt nach Oppeln?

Ich war gegen Abend zu Hause und habe im Fernsehen nochmals die Berichterstattung aus Kreisau angeschaut. Als ich auf dem Bildschirm die Menschenmassen und die Transparente sah, habe ich Gott nochmals dafür gedankt, dass die eucharistische Gemeinschaft durch nichts gestört worden war.

Waren Sie sich dessen bewusst, dass Sie an einem historischen Ereignis teilgenommen hatten?

Vor allem war ich fix und fertig. Noch vor dem Treffen habe ich bis spät in der Nacht an der Predigt gearbeitet. Ich habe den Text mehrfach geändert, um niemandem zu nahe zu treten, aber um gleichzeitig auch mit dem Evangelium in Übereinstimmung zu sein. Als ich nach Hause kam, wich die Spannung noch nicht.

Und wie reagierte Ihre Umgebung?

Eine große Zustimmung habe ich nicht gespürt. Als ich am nächsten Tag auf dem Sebastiansplatz und dem Freiheitsplatz in Oppeln spazieren ging, haben Jugendliche, die angetrunken waren, vor mir ausgespuckt. Hinter meinem Rücken zischte jemand: Verräter, Nazi. Das ging eine Woche lang so. Immer wenn ich in die Stadt ging, war ich Anfeindungen ausgesetzt. Die Priester im Ordinariat akzeptierten das, was ich tat, aber sie hatten eher Mitleid mit mir. Ein Teil der älteren Priester – Professoren meinte wohl, ich hätte mich zu „weit vorgewagt", deshalb schwiegen sie höflich. Am meisten verteidigt haben mich die jüngeren Priester wie Professor Helmut J. Sobeczko und Dr. Andrzej Hanich. Sie hielten die Medien von mir fern, die damals noch kaum Verständnis für meine Initiative hatten. Man gab mir zu verstehen, dass ein Bischof, der den Bundeskanzler zur Messe einlädt, aus der Reihe tanzt, und dass dies nicht seine Aufgabe sei. Hanich erklärte, dass ich Helmut Kohl nicht als deutschen Bundeskanzler, sondern als Katholiken eingeladen hatte. Ehrlich gesagt, war ich mir darüber im Klaren, dass ich allgemein Einbußen an meiner Popularität würde hinnehmen müssen. Denn wenn man sich bemüht, die Wahrheit zu sagen, wenn man sich um eine authentische, nicht verlogene Versöhnung bemüht, ist man immer der „Verlierer".

Hat sich jemand von der „frisch" entstandenen deutschen Minderheit telefonisch bei Ihnen gemeldet?

Wohl nicht, ich kann mich an so etwas nicht erinnern. Diese Kreise hatten damals ihre eigenen Minderheitenprobleme. Diese Bewegung war erst im Entstehen begriffen und hat sich mit mir nicht beschäftigt. In gewissem Sinne hat man das wohl auch als Selbstverständlichkeit empfunden, dass der Bischof da war und die Messe feierte.

Und wie haben die anderen polnischen Bischöfe reagiert?

Ich kann nicht sagen, dass sie von der Idee besonders begeistert waren. Wenngleich es eine allgemeine Akzeptanz gab. Primas Glemp hat mir sogar gedankt, dass ich im Namen der polnischen Bischofskonferenz gesprochen hatte. Der Primas sagte, die Messe in Kreisau habe nur jemand feiern können, der die deutsche Sprache beherrscht und der sie gut beherrscht, denn dort zählte jedes Wort. Allgemein kann man nach Jahren sagen, dass Kreisau im Westen, sogar jenseits des Ozeans, ein größeres Echo gefunden hat als in Polen. Bei uns hat sich das Bewusstsein über dieses historische Ereignis erst langsam entwickelt.

War man in der Bundesrepublik stärker beigeistert?

So habe ich das damals empfunden. Aber auch in Deutschland wurde ich von manchen schief angesehen, zum Beispiel von den Landsmannschaften. Sie haben mir verübelt, dass ich den Bundeskanzler dazu überredet hatte, auf den Annaberg zu verzichten. Das, was für mich die Rettung war, verstanden sie als Kapitulation und Feigheit, und so präsentierten verschiedene Leute das auch in ihren Äußerungen. Zum Glück hatte Kardinal Lehmann mich verstanden. Und er war es, der nach Ludwigshafen fuhr und Kohl überzeugte, er möge nicht auf den Annaberg fahren, jedoch auf die Begegnung nicht gänzlich verzichten, sondern nach Kreisau gehen.

Der Bundeskanzler ist ernsthaft krank, so wird der Annaberg für ihn sicher ein Wunsch bleiben.

Ich hoffe, dass er sich bald so gut fühlen wird, um in Kürze – nach so vielen Jahren seit der Versöhnungsmesse – auf den Annaberg zu kommen. Er hat mir das oft gesagt, dass er gegenüber dem Annaberg eine Schuld verspüre. Und er wiederholte das auch, als wir mit einer Delegation der Woiwodschaft Oppeln bei ihm waren, um ihm die Auszeichnung der „Goldenen Dialogbrücke“ zu überreichen. Wenn er sich für den Besuch entschließt, werden wir ihn, zusammen mit seiner Frau, bis vor die Lourdesgrotte bringen und genau vor den Eingang der St. Anna Basilika.

Helmut Kohl musste 1989 seinen Besuch in Polen unterbrechen und nach Deutschland fahren, als die Berliner Mauer fiel.

Das hat ihm niemand verübelt. Alle hatten dafür Verständnis, dass das der erste Schritt zur deutschen Einheit war und der Kanzler vor Ort sein musste.

4. Ein Deutscher – eines Polen Bruder

Die Versöhnungsmesse in Kreisau stellt in gewissem Sinne die Zäsur zwischen den Erfahrungen aus der Zeit der Volksrepublik und der Schaffung einer Bürgergesellschaft im schon freien Polen dar. Erinnern wir noch einmal daran, wie die Arbeit einer deutsch-polnischen Versöhnung in der Zeit Volkspolens aussah, als die Deutschen die amtlichen Feinde waren, und die offizielle Propaganda die Verbrechen der Deutschen desto stärker betonte, je mehr sie von den sowjetischen Verbrechen ablenken wollte?

Es scheint, dass wir diesen Prozess in drei Etappen einteilen können: Zunächst standen Polen und Deutsche gegen einander, dann neben einander und schließlich stehen die einen für die anderen ein. Dabei dürfen wir nicht vergessen, dass die Ursache und in gewissem Sinne der Höhepunkt des „Gegeneinander" das Jahr 1939 und der Beginn jenes mörderischen Krieges war. Doch die Tendenzen bezüglich des Lebensraums waren in einer Atmosphäre von Streit und Konflikt schon viel früher aufgekommen, das heißt mit dem Augenblick, als die Nazis in Deutschland an die Macht kamen. Eine normale internationale Politik und ordnungsgemäße Beziehungen zwischen Ländern und Völkern erwies sich – in einem Klima des Hasses – als im Grunde genommen unmöglich. Der Mythos von Rasse und Blut, den man an die Stelle von Religion setzen wollte, wurde zu einem Versuch, den Hass zu entschuldigen. Das Endstadium dieser Haltung waren die Konzentrationslager, in denen der Mensch zur Nummer degradiert, und seine Würde mit Füßen getreten wurde.

Herr Erzbischof, damals als man die Fundamente einer deutsch-polnischen Eintracht zerstörte, waren Sie ein junger Mann. Was war in Ihrem Leben dafür entscheidend, dass Sie selbst dieser Tendenz nicht erlegen sind?

Als ich vier Klassen der Volksschule hinter mir hatte, las ich, obgleich mir philosophische Begriffe und das historische Wissen fehlten, den „Mythos des 20. Jahrhunderts" von Alfred Rosenberg. Bei uns zu Hause hatte das Buch niemand gelesen, aber ich machte mich daran. Das war eine schwere Lektüre. Und ich habe es nicht geschafft, das Buch bis zu Ende zu lesen. Immerhin hatte ich aber so viel gelesen, um vom Mythen der Nazis über Rasse und Blut abgestoßen zu werden.

Ein solches Denken, dass den Hass besonders gegenüber dem jüdischen Volk begründen sollte, war mir gänzlich fremd. Der Minister, der für die Propaganda verantwortlich war, wollte um jeden Preis diesen Hass begründen. Zum Glück hat bei uns zu Hause niemand so gedacht.

Und rings herum tobte der Hass.

Von der „Kristallnacht" erfuhr ich, als ich in der „Oberglogauer Zeitung" Aufnahmen von der brennenden Synagoge sah. Ich bin nie zuvor in einer Synagoge gewesen, die nächste befand sich in Oppeln, aber als ich erfuhr, dass man den Rabbiner gezwungen hatte, die Synagoge eigenhändig anzuzünden, war ich empört. Und ich fragte mich, was ich wohl empfinden würde, wenn man den Bischof zwingen wollte, die Kathedrale in Brand zu stecken und unsere Kirche somit gebrannt hätte. So etwas konnte ich nicht akzeptieren. Umso mehr, als ich in meiner Umgebung auf keinerlei Feindseligkeit gestoßen war. Das einzige „Feindbild“ das ich kannte, verband ich mit unserem Nachbarn. Dieser prügelte seine Frau, sie hatten vier Kinder, und diese Frau versteckte sich bei uns, wenn sie den Schmerz und die Erniedrigung nicht mehr aushalten konnte. Als ich schon Priester war, habe ich ihm das vorgehalten. Er gab zu, dass sein Verhalten sehr dumm war, und es tat ihm herzlich leid.

Haben Sie sich einmal gefragt, weshalb die Deutschen, dieses Volk der Philosophen und Komponisten, sich derart von einem Wahnsinnigen hat einlullen lassen?

Es war die Propaganda, und teilweise die Schule, die erklärte, weshalb die Deutschen den *Lebensraum* angeblich brauchten, um sich entwickeln und ihre zivilisatorischen Leistungen weiter verbreiten zu können. Der wahre Grund für diese Einlullung war natürlich nicht der Wunsch nach mehr Lebensraum. Der wahre Grund war die Ideologie, die zu einem bestimmten Zeitpunkt dazu diente, das Geschichtsverständnis und die Wirklichkeit kurzfristigen Zielen unterzuordnen, zum Beispiel die Wissenschaft und die Wirklichkeitswahrnehmung. Hitler hat den Deutschen nicht nur eingeredet, was sie im Verhältnis zur übrigen Menschheit nicht sind, aber was noch schlimmer ist, was sie noch werden sollten. Sehr viele haben sich verführen lassen. Ein beträchtlicher Teil von ihnen hat das dann begriffen, aber ein offener Widerstand – unter Kriegsbedingungen – galt als Hochverrat. Deshalb liefen sie mit, und wussten letztlich kaum noch, dass sie an Verbrechen beteiligt waren. Unter den Nazis hat die Ideologie so ähnlich wie im Sozialismus gewirkt. Die Wirklichkeit wurde auf ähnliche Weise verfälscht.

Womit hat in der Volksrepublik Polen die Aktivität für die deutsch-polnische Versöhnung begonnen?

Als ich schon als Priester an der Katholischen Universität in Lublin studierte, kamen zahlreiche Delegationen aus dem Westen zu Besuch und der Rektor bat mich, ich sollte mit diesen Gästen nach Majdanek fahren. Dort stand ich unter den Gästen vor der Überschrift „Menschen haben Menschen dieses Schicksal bereitet“, und ich erzählte ihnen über das Buch „Die Medaillons“ von Zofia Nałkowska. Wir betrachteten die Asche verbrannter Menschen, Überreste dessen, was aus den Krematorien übrig geblieben war. Wenn Franzosen oder Amerikaner zu Besuch kamen, fand sich gewöhnlich recht schnell ein Fremdenführer. Die Deutschen begleitete ich meistens selbst. Ich bemühte mich immer, möglichst viel zu erfahren, und wir überlegten gemeinsam, wie diese Verbrechen möglich waren.

Wie haben die Deutschen das damals erlebt?

Es machte auf sie immer einen erschütternden Eindruck. Denn es ist etwas anderes, über die Vernichtung etwas zu wissen, und wieder ist es etwas anderes, die Spuren dieser Vernichtung mit eigenen Augen zu betrachten. Konzentrationslager gab es in vielen Orten in Deutschland, aber Vernichtungslager, das heißt die richtigen Todesfabriken, gab es eigentlich in Deutschland nicht. Das sahen sie erst hier. Man konnte sehen, wie erschüttert sie waren. Sie stellten viele Fragen, und ich wusste über dieses Thema etwas zu wenig Bescheid. Erst große Gestalten der Versöhnung ließen mich erneut über die Frage der Versöhnung, besonders der deutsch-polnischen Versöhnung, nachdenken.

An wen denken Sie?

Ich denke an Maximilian Kolbe, über den ich schon 1947 etwas gelesen hatte. Dann an Edith Stein, die ihr Leben in der Gaskammer verloren hat. Sie hatte mich schon lange bevor sie zur Ehre der Altäre gelangte und zu einer der Schutzheiligen Europas erklärt wurde fasziniert. Und während seiner vierten Pilgerreise nach Polen hat Papst Johannes Paul II. in der evangelischen Trinitatiskirche in Warschau dazu aufgerufen, andere Völker nicht durch ein bestimmtes Schema zu betrachten. Er sah das damals ökumenisch. Er sagte, wir müssten aufhören, die Wirklichkeit zu vereinfachen, und nicht jeden Polen als Katholiken, jeden Deutschen als Protestanten und jeden Russen als Orthodoxen betrachten. Der Papst betonte, dass die Besatzungsmächte solche Stereotypen angestachelt hätten, das Christentum aber universal sei.

Der Papst erinnerte an bedeutende Polen und Patrioten, die keine Katholiken, sondern evangelisch waren: an den Warschauer Bischof Juliusz Bursche und seinen Hilfsbischof Michelis. Kardinal Karol Wojtyła hatte beide persönlich gekannt. Beide waren Häftlinge in Konzentrationslagern, der erstere von ihnen wurde dort ermordet. Alle diese Personen haben mir geholfen, die Vergangenheit und auch die Zukunft beider Völker erneut zu überdenken, das heißt ohne Schemata und Vereinfachungen, eben christlich.

Inwieweit haben die in Deutschland entstandenen Vereinigungen, die einen Kontakt mit den Polen suchten, zum Werk der Versöhnung beigetragen?

Unter den Bewegungen, die die gegenseitige Wahrnehmung beider Völker schrittweise veränderten, würde ich an erster Stelle die Gründer von Aktion Sühnezeichen nennen. Ihr Gründer war der evangelische Pastor Lothar Kreysing. Als ihr Mitbegründer, der Katholik Günter Särchen, nach Polen kam und unsere Sprache noch nicht beherrschte, kutschierte ihn unser Priester Wolfgang Globisch durch Polen, der später über viele Jahre der Seelsorger der deutschen Minderheit wurde und heute schon im Ruhestand lebt. Durch ihn hat Särchen viele Kontakte in Polen geknüpft. Als ich erfuhr, dass ganze Gruppen junger Deutscher nach Polen kamen, um im Rahmen von Aktion Sühnezeichen in Vernichtungslagern zu arbeiten, war ich sehr berührt. Mir wurde bewusst, dass sich durch diese Menschen das vereinfachende Schema langsam überwinden lassen würde, wonach jeder Deutsche ein böser Mensch sei und als solcher verdammt werden müsse. Viele Polen nahmen wahr, dass auch Deutsche ebenfalls richtig gute Menschen sein können. Eine andere Sache war es allerdings, dass man derlei Diskussionen in Lublin nicht anzetteln sollte. Davon konnte ich mich selbst überzeugen. Ich verfügte damals auch noch nicht über genügend geistige und theologische Argumente. Überall herrschte ein allgemein begründeter Hass. Das trat vor allem in Situationen zutage, die dazu angetan waren, Emotionen zu wecken. Ich erinnere mich noch daran, dass ich Anfang der 60er Jahre mit einem Kollegen der Universität ein Fußballspiel Polen – Bundesrepublik anschaute. Als ein Tor für die Deutschen fiel, wurden die Deutschen laut beschimpft. Die Folge davon war, dass ich mir bei der nächsten Gelegenheit das Fußballspiel vor einem Schaufenster eines Ladens anschaute, der Fernseher verkaufte. Ich stand draußen im Regen und schaute mir das laufende Spiel durch die Scheibe an.

War das Ihren Kollegen nicht peinlich, denn sie kannten doch Ihre schlesischen Wurzeln?

Das haben sie nicht berücksichtigt, und deshalb fühlte ich mich in Lublin anfangs ganz fremd. Die ideologischen Prinzipien der sozialistischen Machthaber, wonach alles Deutsche zu schmähen sei, um von der Ideologie und den Verbrechen des Kommunismus abzulenken, verfehlten ihre Wirkung leider nicht. Umso größere Bedeutung hatten solche Initiativen wie die von Aktion Sühnezeichen oder auch die Denkschrift der EKD. Für die Evangelischen – und das muss man objektiv anerkennen – gehörte die Verbesserung der Beziehungen zu Polen zu den wichtigsten Prioritäten.

Erst danach kam das Bensberger Memorandum von 1968, das auch Professor Joseph Ratzinger, der heutige Benedikt XVI., unterschrieben hat. Solche Gesten haben den Weg zu einer echten Versöhnung geebnet. Und ich habe viele Leute aus diesen Kreisen gekannt, und mich mit ihnen getroffen, denn ich vertrat ja die Theologen der systematischen Theologie der Katholischen Universität Lublin bei internationalen Fachkongressen und sah, wie sehr ihnen an einer Versöhnung mit Polen lag. Man bedenke, dass solche Gesten, wie die Arbeiten junger Deutscher in den Vernichtungslagern, durch solche Dokumente ihre theoretische Begründung erfuhren und einen wichtigen Unterbau erhielten.

Ist es gelungen, jemanden von ihren Priesterkollegen in Lublin zu „bekehren“ und auf eine herzlichere – sagen wir – christlichere Sichtweise der westlichen Nachbarn einzustimmen?

Das gelang dadurch, dass deutsche Professorenkollegen an die KUL kamen, die zur Spitze der Theologie gehörten. Ich habe ihre Vorträge übersetzt. Besonders als Herr Wincenty Granat Rektor war. Er sagte mir ganz direkt: Sie können einladen wen Sie wollen, sofern Sie sich nur um die Gäste kümmern. Er gestattete sogar, Professor Hans Küng einzuladen (der heute als sehr kontrovers gilt und dem die Lehrerlaubnis der Kirche entzogen wurde). Obgleich der Rektor für diese Idee angegriffen wurde, sind fast alle bedeutenden Theologen bei uns zu Gast gewesen. Und sie interessierten sich nicht für Politik, also fielen sie nicht negativ auf. Eine Ausnahme war Johann Baptist Metz, der Begründer der politischen Theologie. Doch er betonte mit der Zeit die Politik zu sehr, so dass seine Theologie manchmal als Ideologie erscheinen konnte. Zum Glück war Metz damals eine Ausnahme. Bei seinem Vortrag in Lublin bat ich ihn sogar, den Begriff „politische Theologie“ zu meiden, was er natürlich nicht tat. Aber an dieser Stelle übersetzte ich ihn einfach „kreativ“.

Generell kann man sagen, dass die wissenschaftlichen Besuche, Vorträge, Gespräche und das alles dazu beigetragen haben, dass wir immerhin neben einander lebten. Die heilige Messe in Kreisau war ein gutes Beispiel für eine solche Haltung. Wir hatten uns bereits so weit angenähert, dass wir schon gemeinsam beten konnten, aber ein voller Dialog war das noch nicht.

Was meinen Sie – weshalb wurden die deutschen Professoren akzeptiert?

Weil sie echte Wissenschaftler waren, und als solche waren sie bescheiden, die nie zeigten, dass sie nicht lernfähig waren, was auch unseren polnischen Volkskatholizismus betrifft. Das bedeutet nicht, dass es keine Schwierigkeiten gab. Ich erinnere mich, wie aus Anlass des Besuches von Professor Karl Rahner der Studentenseelsorger der KUL vorschlug, die Studenten beider Lubliner Hochschulen zu einer Messe einzuladen, die von Rahner zelebriert wurde. Rahner sprach gewöhnlich sehr schwierig, und es war nicht einfach, ihn zu dolmetschen, denn er bediente sich seiner eigenen, Rahnerschen Terminologie. Doch die damalige Ansprache hielt er – weil er wusste, dass er nicht nur zu Theologen sprach – ganz schlicht und einfach, eben schön. Aber ein Teil der Priester nahm Anstoß daran, dass wir mit einer Predigt auf Deutsch einverstanden waren. Damals assoziierten sie diese Sprache nicht mit dem Gebet und der Lehre der Kirche.

Welche Bedeutung für die Annäherung von Polen und Deutschen hatte die deutsche Hilfeleistung für Polen während des Kriegsrechts?

Diese Bedeutung war riesig. Die Spenden kamen natürlich aus ganz Europa, aber das meiste brachten die Deutschen. Auf dem Platz um die Kathedrale standen manchmal Dutzende von Lastwagen mit Hilfsgütern. Wichtig war, dass sie ununterbrochen kamen. Sie brachten gerne Lebensmittel und Medikamente zu uns, denn Oppeln liegt nicht weit von der Grenze entfernt, und sie konnten sich bei uns gewöhnlich mühelos verständigen. Und ich habe viele von ihnen dazu animiert, weiter nach Warschau, Krakau oder Lublin zu fahren, denn die Stereotypen über „den bösen Deutschen" musste man vor allem dort überwinden.

Unsere Schwestern im Ordinariat haben die Fahrer mit belegten Brötchen versorgt, und sie fuhren dann weiter. Bischof Pylak nahm sie in Lublin sehr herzlich auf. Das hatte eine entscheidende Bedeutung, denn diese Geste zeigte, dass es auch gute Deutsche gibt, die zahlreich sind, und die sich an die Brust schlagen und über die Schuld ihrer Väter Bescheid wissen und ernsthaft die Absicht haben, das durch die Deutschen während des Krieges verursachte Unrecht wieder gut zu machen. Die Überzeugung, dass ein guter Deutscher ein toter Deutscher sei, und die Deutschen in ihrer Mehrzahl böse Menschen seien, wie es Churchill formulierte, wich der Erfahrung über gute Erlebnisse. Denn ohne die eigene Erfahrung sind die besten Argumente wertlos (*contra experientiam nulla argumenta*).

Herr Erzbischof, haben Sie Menschen kennen gelernt, die unter dem Eindruck dieser Hilfeleistung ihre Ansicht über die Deutschen geändert haben?

Ich habe einen Professor unserer Pädagogischen Hochschule in Oppeln vor Augen, der Angesichts der großen Lastwagen mit deutschen Spenden vor der Kathedrale mir gegenüber einmal äußerte, dass er über die Deutschen trotzdem keine gute Meinung habe. Die Deutschen – so war seine Meinung - wüssten sicher ganz genau, dass sie bei uns nicht willkommen seien, und wenn er selbst an ihrer Stelle wäre, würde er nicht mit Spenden nach Polen fahren. Ich versuchte, ihm klar zu machen, dass vor allem jüngere Leute mit diesen Spenden kämen, die keine Erinnerungen an den Krieg mehr hätten und von diesen vereinfachten Schemata frei seien, wonach jeder Pole ein Feind, und jeder Deutsche immer ein Gegner der Polen sein müsse. Schließlich verwies ich ihn auf die Heilige Hedwig, die Schutzpatronin der deutsch-polnischen Versöhnung. Sie war aus Andechs in Bayern an den Hof der schlesischen Piasten gekommen und hat polnisch gelernt, um sich mit ihren Untertanen verständigen zu können. Sie behandelte Kranke, unterstützte die Armen und vermittelte zwischen den verfeindeten schlesischen und masowischen Piasten. Zu diesem Zweck ging sie sogar zu Fuß von Liegnitz nach Płock. Kurzum: Ich zeigte auf, dass das alte Schlagwort vom Deutschen, der kein Bruder eines Polen sein könne, nicht die einzige Lösung sei und seine Begründung in der Geschichte habe. Der Herr Professor ließ sich langsam überzeugen. Und ich glaube, von solchen Menschen gab es ziemlich viele.

Und wann hat die dritte Phase der Versöhnung eingesetzt, wonach die einen für die anderen einstehen?

Den Durchbruch stellt gewiss die Anerkennung der polnischen Grenzen durch die deutsche Regierung dar sowie der Vertrag über Freundschaft und gute Nachbarschaft. Die Krönung dieses Prozesses war der Beitritt Polens zur Europäischen Union. Beide Länder arbeiten jetzt eng zusammen. Ich bin auch davon überzeugt, dass die Gemeinschaft der Union die beste Medizin gegen immer wieder auftauchende – und das auf beiden Seiten – Chauvinismen und für die Errichtung einer gemeinsamen europäischen Zukunft ist.

Seit die Grenzen offen sind, fahren junge Polen nicht nur aus Stettin und aus anderen grenznahen Orten zu Hauf in das Nachbarland, zum Beispiel um Konzerte zu besuchen oder auch nur auf ein Bier. Deutschland ist kein fremdes und entferntes Land mehr.

Und solche Kontakte sind etwas ganz Normales, so wie es bei Besuchen von Deutschen in Polen ist. Es gibt bestimmt keinen Grund für die Befürchtung, dass junge Deutsche massenhaft bei uns einfallen werden, um uns Häuser oder Land wegzunehmen, das einst ihren Eltern oder Großeltern gehört hatte. Diese jungen Leute stehen heute unter globalen Einflüssen und haben ziemlich wenig Lokalpatriotismus, besonders bezüglich der Heimat ihrer Vorfahren, bewahrt. Ethnische Bindungen gibt es auch auf deutscher Seite, aber das sind nun wirklich Randerscheinungen und die haben keinen Rückhalt in der Bevölkerung. Ich denke, eine viel größere Gefahr für die deutsch-polnischen Beziehungen ist die Gleichgültigkeit gegenüber polnischen Fragen sowie die Gleichgültigkeit für das nachbarschaftliche Verhältnis, denn wie der Revolutionsdichter Bruno Jasieński schon geschrieben hat: „Ich fürchte mich nicht vor Verrätern, denn ein Verräter kann lediglich verraten, ich fürchte mich nicht vor Mördern, denn ein Mörder kann lediglich töten, doch ich fürchte mich vor den Gleichgültigen, denn durch ihr schweigendes Einverständnis kommt es zu Verrat und Mord". Ich fürchte somit, dass eben jene Gleichgültigkeit die häufigste und gefährlichste Krankheit unserer Tage ist.

Welche Persönlichkeiten würden Sie auf polnischer Seite nennen, die das Erfordernis einer deutsch-polnischen Versöhnung verstanden und sich dafür eingesetzt haben?

An erster Stelle würde ich ganz sicher Jerzy Buzek nennen. Der ehemalige Präsident des Europäischen Parlaments, mit dem ich oft gesprochen habe, ist ein Mensch mit einer großen Offenheit und immer dialogbereit. Wir hatten viele gemeinsame Themen, allein schon wegen seines Interesses an der Ökumene. Ich habe ihn immer dafür geschätzt, dass er aufrichtig war. Als ich ihn aufsuchte, um ihn zu bitten, er möge sich für die Beibehaltung der Woiwodschaft Oppeln einsetzen, verhehlte er nicht, dass er kein Befürworter einer eigenen Oppelner Region war. Trotzdem habe ich ihm dreizehn Gründe vorgetragen, die unseres Erachtens für die Woiwodschaft Oppeln sprachen. Beim achten Grund sagte er, dass ich ihn persönlich vielleicht überzeugt habe, die Regierung aber einen anderen Standpunkt vertrete. Ich gab nicht nach. Ich führte an, dass wir bei uns zweierlei Arten von Schlesiern haben, die einen mit der pro deutschen Option und die anderen mit einer pro polnischen Option. Hinzu kämen noch die Menschen aus Ostpolen sowie aus Zentralpolen. Wer hier nicht geboren wurde und aufgewachsen ist, sei auch kein Kind dieses Landes und kenne nicht die Komplexität und die Notwendigkeit einer gegenseitigen Akzeptanz. So einer werde nie begreifen, dass das Anderssein kein Grund für eine Feindschaft sei und auch nicht sein dürfe. Es handle sich vielmehr um eine Bereicherung. Ich beschwor ihn, dass wir gerade aus dem Grunde unsere eigene Woiwodschaft haben wollen, damit über die Menschen dieses Landes nie mehr „wir" und „ihr" gesagt werde, sondern nur noch „wir", die wir ja zum gemeinsamen Wohl beitragen. Der Ministerpräsident hat das verstanden. Ich denke, er hat die Besonderheit unseres Oppelner Landes durch das Prisma des ihm gut bekannten Teschener Gebiets gesehen, das ebenfalls von einer multinationalen Bevölkerung und einer multikulturellen Besonderheit geprägt ist. Von ihm hing also viel ab. Und wenn er damit nicht einverstanden gewesen wäre, hätten wir unsere Region heute nicht und bildeten keinen Brückenschlag zwischen Ost und West in dem Maße, wie das heute der Fall ist.

Da wir gerade beim Brückenschlag zwischen Ost und West im geistigen Bereich und den anderen Werten sind, weshalb gelingt das so wenig im wirtschaftlichen Bereich?

Wir sind heute eine versöhnte Region, und diese Versöhntheit teilen wir mit anderen, doch es fehlt uns an natürlichen Ressourcen, wir verfügen über keine bedeutende Industrie, ohne die man heute in der Wirtschaft nicht weit kommt. Wir bemühen uns, im Bereich von Dienstleistungen und im Fremdenverkehr aktiv zu sein, aber wir müssen viel mehr tun, um nicht nur unsere Besonderheit zu betonen, sondern auch wirtschaftlich zu begründen. Wenn das nicht gelingt, wird es immer wieder Stimmen geben, die – unterschiedlich ideologisch motiviert – die „Beseitigung" einer eigenständigen Woiwodschaft Oppeln fordern werden.

Wer außer Jerzy Buzek war Ihr Gesprächspartner im Bereich der Versöhnung von Polen und Deutschen?

In dieser Hinsicht gibt es in unserer Region immer mehr realistisch und zutiefst versöhnend denkende Menschen, jedoch allgemein habe ich auch eine sehr gute Meinung vom ehemaligen Parlamentspräsidenten Maciej Płażyński. Ich bedauere es etwas, dass er von der politischen Bühne fast verschwunden war und keine besondere Rolle mehr gespielt hat, und dann gehörte er ja zu den Opfern der Katastrophe von Smoleńsk. Er hatte eine Vision von einem integrierten Europa. Seine Vision war universal und übernational. Ich betone dies besonders, weil mich die Ausrichtung der polnischen Politik nach nur einer Partei und die Unterordnung des staatlichen Wohls unter parteiliche Belange sehr schmerzt. Aus diesem Grund gibt es bei uns häufig keinen Platz für das gemeinsame Wohl. Und in den letzten Jahren sind diesbezüglich weitere Ausgrenzungen, Konflikte und Abneigungen hinzu gekommen, die ganz menschlich betrachtet, kaum zu überwinden sind.

Herr Erzbischof, schmerzt es Sie, dass man mit den deutsch-polnischen Beziehungen bei uns häufig ein Spiel treibt und sie für den laufenden Wahlkampf benutzt? Kehren die antideutschen Ängste bei jeder Wahl wieder?

Mir tun die Menschen sehr leid, die wegen ihrer engen Bindungen im Grunde ihres Herzens leiden müssen. Wenn sie sich öffnen könnten, hätten sie viel mehr Freude an der Mitgestaltung des – ich sage dies bewusst – gemeinsamen Wohls der Heimat. Es macht mich traurig, wenn jemand Ängste schürt, um daraus sein Parteikapital zu schlagen. Das ist gefährlich und kann zu Separierungen in Polen führen. Das, was antipolnisch und antieuropäisch ist, ist in gewissem Sinne auch antimenschlich. Wir müssen diese Kleingeister und jenen Teil unserer Bevölkerung, der diese Ängste mit ihnen teilt, geduldig überzeugen. Denn heutige Menschen müssen offen sein. Das habe ich auch gegenüber dem verstorbenen Präsidenten Lech Kaczyński betont, als er unsere Region besuchte. Ich erinnerte ihn daran, dass wir in Schlesien ebenfalls Patrioten sind, aber dieser Patriotismus ist für uns eine Form der Liebe, nicht des Hasses, so wie es uns Johannes Paul II. gelehrt hat.

Beunruhigen Sie die antideutschen und antieuropäischen Ängste, die von christlichen Parteien ausgenutzt werden, und die sich zu christlichen Werten bekennen?

Menschen, die solche Ängste schüren, sind für mich letztlich keine echten Katholiken. Denn der Katholizismus ist gemäß der griechischen Wurzel dieses Wortes allumfassend und universal. Jahrhunderte lang wurde Polen durch seine Nachbarn eingeschränkt, und jetzt, da wir uns zur Unabhängigkeit aufgeschwungen haben, schränken wir uns selbst ein.

Man muss aber auch zugeben, dass Äußerungen mancher deutscher Politiker ebenfalls Ängste hervorrufen können.

Ja, aber doch nur bei jemandem, der den Geist der Freiheit zu schwach empfindet und in diesem Geiste nicht funktionieren kann. Die hier und da aufkommenden kontroversen Meinungen, sind schließlich private Äußerungen von freien Menschen, aber es handelt sich dabei keineswegs um Visionen der deutschen Regierung, und auch nicht der ganzen deutschen Gesellschaft. So lange wir das nicht verstehen, werden wir in einer selbst gemachter Unfreiheit verharren.

Die Geste von Willy Brandt, der im Dezember 1970 vor dem Gettodenkmal niedergekniet war, ist zu einem Symbol in der Wende der Beziehungen zwischen Polen und Deutschen geworden. Wie sehen Sie nach Jahren die Bedeutung dieser Geste?

Die Geste von Willy Brandt war ein wichtiger Augenblick in der Geschichte des deutsch-polnischen Dialogs. Diese Geste darf nicht vergessen werden. Erstens, weil es sich um das Getto handelte, zweitens weil der Bundeskanzler diese schweigende Geste auf Knien, das heißt als deutscher Regierungschef, getan hat. Die Geste eines knienden Menschen ist immer ein starker Ausdruck. Die Worte von bedeutenden Reden, Zusicherungen und Versprechen verfliegen oft, aber Gesten behalten ihren festen Platz in der Geschichte. Besonders wir Christen sind ja davon überzeugt, dass der Mensch dann am größten ist, wenn er kniet. Alles, was ein Mensch sagt oder tut, muss man, wenn er kniet, aus der Sicht des Glaubens betrachten. In diesem Fall hat der Regierungschef und Vorsitzende der Sozialdemokratischen Partei etwas so Ausdrucksstarkes und für jeden Menschen Verständliches getan, und zwar unabhängig von politischen Grenzen und Zugehörigkeiten. Das war eine internationale Geste, die bei uns von vielen auch als religiöses Zeichen empfunden wurde. Das Knien ist ein Ausdruck eines starken Bedauerns und Schmerzes, was sich mit Worten nicht sagen lässt.

Wie haben Sie selbst diese Geste als Mensch verstanden, der im Kreis der deutschen Kultur und Literatur aufgewachsen ist. War es eine Demutsgeste?

Der Bundeskanzler selbst hat das vermutlich so gesehen. Brandt war von seiner Herkunft her Protestant, und in der evangelischen Kirche ist das Knien ein seltenes Phänomen. Außer beim Empfang des Abendmahls kommt so etwas eigentlich nicht vor. Umso größer ist die Bedeutung von Brandts Geste. Brandt hat eindeutig zu verstehen gegeben – und das schon 1970 – dass die Deutschen die Verursacher des Krieges sind und das bedauern müssen. Heute wird den Deutschen in einem übertriebenen Sinne vorgeworfen, sie wollten die Geschichte revidieren und ihre Verantwortung für den Krieg und seine Folgen minimalisieren. Ich rate hier zur Vorsicht, denn wer davon überzeugt ist, dass die Wahrheit nur auf der einen Seite ist, muss mit einer falschen Einschätzung der Wirklichkeit rechnen, und ihm droht dann, dass er die andere Seite falscher Dinge bezichtigt und ungerechte Urteile fällt. Jene Geste ließ keinen Zweifel zu. Sie war demütig und enthielt das entschlossene Eingeständnis von Schuld und die Bitte um Vergebung.

Da wir über Symbole aus dem Bereich der deutsch-polnischen Versöhnung sprechen, muss auch ein andere symbolische Geste erwähnt werden, bei der Sie als Bischof zugegen waren. Wir denken da an die Anwesenheit des deutschen Papstes, Benedikt XVI. in der Zelle von Maximilian Kolbe in Auschwitz und im Lager Birkenau.

Jeder Besuch in einem Konzentrationslager ist schwierig. Denn er erinnert an die grausamsten menschlichen Verbrechen und zwingt uns, das Böse zu betrachten, das im Menschen schlummert. Ich erinnere mich noch an meine Erschütterung, als ich in Majdanek die Aufschrift las: Menschen haben Menschen dieses Schicksal bereitet. Als erster Papst war Johannes Paul II. nach Auschwitz, in diese Fabrik von Mord und Tod, gekommen, aber er hatte es leichter, denn er gehörte dem Volk der Opfer an.

Benedikt XVI. gehört aber zu dem Volk, das Auschwitz eingerichtet hat, und deshalb hatte der Besuch nicht nur für den Papst selbst, sondern auch für seine ganze Pilgerreise nach Polen eine besondere Bedeutung. Alle Menschen guten Willens haben sein Verhalten ganz eindeutig empfunden. Würdiger, ausdruckvoller, edler und eindeutiger konnte er sich nicht verhalten. Die ganze Haltung des Papstes zielte in eine Richtung, um die Verbrechen und die Todesfabrik aus der Sicht des Glaubens zu betrachten. Nichts wurde aus politischer oder ideologischer Perspektive betrachtet, sondern einzig und allein aus christlicher Sicht. Der Papst stellte direkt die Frage: Wo war damals Gott, als diese Verbrechen verübt wurden? Und er gab eine eindeutige Antwort: Gott war damals am Kreuz. Und wenn das so war, dann ist jede Antwort überflüssig.

Manche Kommentatoren haben das anders verstanden. Für sie hat der Papst nicht genug sowohl über den Holocaust als auch über die deutsche Schuld und Verantwortung für die Vernichtung gesprochen.

Das war vor allem für Politiker zu wenig, für Ideologen, für die die Dimensionen des Glaubens keine besondere Bedeutung haben. Sie waren es, die nach einer eindeutigen Benennung der deutschen Schuld für den Holocaust verlangten. Dagegen hat sich Benedikt XVI. ohne Umschweife zu seiner Zugehörigkeit zu dem Volk bekannt, das den Holocaust verursachte, aber er ließ sich nicht in Verallgemeinerungen verwickeln, und versuchte nicht, die Vorgänge ideologisch zu erklären. Er hat die Dinge beim Namen genannt und blickte ausschließlich aus der Perspektive dessen auf sie, was sich zwischen Mensch und Gott ereignet. Und genau aus dieser Sicht zeigte er die ganze entsetzliche Wahrheit über den Holocaust auf. Sofern Gott damals am Kreuz hing, gibt es kein größeres Verbrechen als Gott zu töten. Indem der Papst die Würde, diese Würde von erschaffenen Menschen hervorhob, die ja Gottes Ebenbild sind, haben die Täter dieses Verbrechens Gott erneut gekreuzigt. Man muss auch zugeben, dass die polnischen Kommentare der päpstlichen Ansprache voller Verständnis für seine Intentionen waren. Man versuchte, sich in die Lage von Benedikt XVI. hinein zu versetzen und seine Absicht zu verstehen, der ja nichts erklären oder entschuldigen wollte, denn hier gab es nichts zu erklären. Mann kann diese Verbrechen nur insgesamt betrachten und als abstoßend an andere weitergeben, und genau das hat der Heilige Vater zu tun versucht.

Wie haben Sie die Begegnung des deutschen Papstes mit den ehemaligen Häftlingen empfunden?

Ich war so nahe dran, dass mich Teile dieser Gespräche erreichen konnten. Einen großen Eindruck machte die Tatsache, dass sich die ehemaligen Häftlinge, mit Ausnahme von wenigen, die mit dem Papst Englisch sprachen, für die deutsche Sprache entschieden hatten. Das war sehr beeindruckend, denn das Sprechen in der Sprache der ehemaligen Verfolger war für sie gewiss schwierig. Und der Heilige Vater hat mit großem Einfühlungs- und Taktgefühl keines dieser Gespräche von sich aus begonnen. Er wartete den ersten Satz seines Gesprächspartners ab. Und dann erst wechselte er mit jedem einige Worte. Menschen guten Willens haben sofort bemerkt, dass dies vom Papst aus sehr aufrichtig und nicht gestellt war. Er ist auch nicht jemand, der sich in der Welt von Symbolen, Zeichen und Gesten besonders wohl fühlt. Es liegt ihm nicht, sie zu benutzen. Ein Mensch von Symbolen und Gesten war sicher Johannes Paul II. Benedikt XVI. ist ein Mensch des Wortes. Wenn er spricht, ist es ungemein präzise. Bei ihm zählt jedes Wort, er spricht kein Wort für den Wind aus. Für den Papst ist das Wort ein tiefgreifender Ausdruck gegenüber der Wirklichkeit und ein Ausdruck des Gefühls. Und genau das ist auch in Auschwitz zum Tragen gekommen. Natürlich hat auch Johannes Paul II. seine Worte nicht in den Wind gesprochen, aber er war nicht so stark um Präzision bemüht. Doch der Theologe Joseph Ratzinger ist auch Philosoph, ein Denker, ein Mensch des Wortes, und wenn er spricht, ist er in der Lage, auch den größten Philosophen unserer Zeit gerecht zu werden.

5. Europa als Gemeinschaft des Geistes

Herr Erzbischof, Sie haben nie verhehlt, dass Sie ein Befürworter des polnischen Beitritts zur Europäischen Union sind. Die Brücke zu diesem Beitritt war Deutschland. Ist das – Ihrer Meinung nach – ein guter Weg gewesen?

Ich bin fest davon überzeugt, und bei der Findung dieser Auffassung hat mir der Heilige Vater, Johannes Paul II. sehr geholfen. Wir hatten im Vatikan eine besondere Sitzung der Polnischen Bischofskonferenz mit dem Vertreter des Staatssekretariats, der für die ständigen Kontakte des Heiligen Stuhls mit der Europäischen Kommission zuständig ist. Damals hat uns der Papst ganz deutlich gesagt, wir sollten vor dem vereinigten Europa keine Angst haben. Und er erinnerte daran, wie viel uns Europa auf dem Weg zur Freiheit moralisch und materiell geholfen hatte. Der Heilige Vater sprach das nicht konkret an, aber ich wusste, wie viel uns gerade die deutschen Nachbarn in der damaligen Notlage und in unserer Verlassenheit geholfen hatten. Der Papst sagte jedoch, dass wir diesem Europa für diese Hilfe deshalb etwas schuldig seien. Ich hatte das immer so verstanden, dass es darum ging, unsere Dankbarkeit dadurch zu zeigen, dass wir uns nach Europa als der Gemeinschaft des Geistes, d.h. der Kultur und der Werte einbringen sollten. Denn eine so verstandene Einheit Europas habe sehr viel mit der christlichen Vision von der Einheit sowie mit dem Zusammenschluss des Kontinents zu einer großen Gemeinschaft zu tun.

Wir müssten darauf acht geben, dass die europäische Gemeinschaft ihre Seele nicht verliere, und dass sie immer an ihre Wurzeln denke. Es sind die Wurzelen – was schon an anderer Stelle betont wurde – die auf drei Hügeln gewachsen sind: auf der Akropolis, dem Kapitol und auf Golgota.

So ganz ist das aber nicht gelungen, denn in der Präambel zum Europavertrag fehlt die Erwähnung Gottes und ein Bezug auf die religiösen und geistigen Werte.

Dieser Bezug auf Gott und die religiösen und geistigen Werte fehlt in der Tat in der Präambel, aber er muss ja in unserem Leben überhaupt nicht fehlen, und das muss unsere Aufgabe sein. Selbst wenn es diese Erwähnungen schriftlich gegeben hätte, so erledigen sie von sich aus nicht alles. Denken wir nur daran, wie viele herrliche schriftliche Bezüge wir im Evangelium haben. Befolgen wir diese immer? Somit kann statt einer trockenen schriftlichen Formulierung das beispielgebende christliche Leben viel mehr bedeuten. Und hier können und sollten wir Europa ein Beispiel geben. Um so mehr, als wir damals, als wir keine eigene Staatlichkeit hatten, die nationale Substanz und Würde auf die Kirche gestützt bewahrt haben.

Eine schöne Idee, nur hält sie mit dem Leben nicht Schritt – im Augenblick jedenfalls – sieht es nicht gut aus. Das Beispiel von Rocco Buttiglione zeigt deutlich, dass ein Bekenntnis zum Christentum in der Europäischen Union ein wirksames Mittel ist, um sich die eigene Karriere zu verbauen.

Das ist ein Übergangsstadium. Ich bin davon überzeugt, dass Europa da heraus kommt und das Verständnis dafür die Oberhand gewinnt, dass wir ohne geistige Werte nicht fertig werden. Andernfalls wird Europa keine Gemeinschaft sein und geht unter.

Gegenwärtig jedenfalls stößt das Kreuz einen Teil der Europäer ab. Für viele europäische Entscheidungsträger lässt sich das Kreuz weder mit den Rechten der Moslems, noch mit den Rechten der sexuellen Minderheiten vereinbaren, das heißt mit der umfassend verstandenen Toleranz. Man kann sich des Eindrucks nicht erwehren, dass die Welt sich in diese Richtung bewegt.

Alle gleich behandeln zu wollen, wird sich langfristig als Ideologie erweisen. Man darf Europa nicht von seinen Wurzeln trennen. Wer im Kreuz ausschließlich ein Zeichen der Separation, des Hasses und der Provokation sehen möchte, wird nie ein Europäer sein.

Aber so denkende Menschen stehen heute an der Spitze der Union.

Das stimmt nicht. Das sind die Stimmen der heutigen Kritikaster.

Nicht nur. Schließlich haben die Spanier erst vor einigen Jahren die Regierung Zapatero gewählt, die sich mit aller Entschiedenheit gegen die kirchliche Lehre stellt.

Aber aus der Distanz einiger Jahre sieht man schon, dass es sich dabei um eine Übergangszeit handelt. Es ist ein momentaner Pendelausschlag. Vielleicht ist es auch ein weit entferntes Echo auf die Zeiten Francos, als das Pendel von den Machthabern in die entgegen gesetzte Richtung gezogen wurde. Spanien leidet. Man hat versucht, das Land kommunistisch zu machen, und Franco versuchte dann, diesen Zustand mit Hilfe einer Diktatur zu beheben, wobei er sämtliche freiheitliche Bewegungen unterdrückte. Weder in Spanien noch in Europa lässt sich eine glückliche, kultivierte Zukunft errichten, indem man am ideologischen Pendel endlos zerrt. Es muss zu einer Abkühlung dieser Verwegenheit kommen, um dann in die Tiefe zu steigen. Dafür braucht man allerdings viel Geduld und Zeit. Sofern wir die Tatsache in Rechnung stellen, dass das kollektive europäische Bewusstsein ausschließlich auf dem Fundament von allgemein akzeptierten Grundwerten errichtet werden kann, wozu auf essentielle Weise die christlichen Werte gehören, so hat wohl Jacques Delors mit seiner Befürchtung Recht, dass wir auf der politisch – rechtlichen Ebene den „Kampf um Europa" als Gemeinschaft des Geistes verloren haben. Aber vergessen wir nicht, dass sich das Ringen um die Seele eines neuen Europa letztlich im Bereich des individuellen Gewissens abspielt, das heißt auf der Ebene unserer persönlichen, christlichen und religiös motivierten sowie moralisch souverän getroffenen Entscheidungen.

Der wahnsinnige Konsumdrang wird nicht alle menschlichen Bedürfnisse befriedigen können. Aber muss denn eine Rückkehr zur Spiritualität eine Rückkehr zum Christentum bedeuten? Vielleicht erwartet uns etwas, was wir in seinen Ansätzen schon jetzt in Europa haben: eine geistige multikulti Gesellschaft mit der modischen Ausrichtung auf New Age, Buddhismus und vielen andere Bewegungen und Trends.

Diese Moden werden sich zeitweise sicher behaupten, aber sie werden eben nicht mehr als eine Mode sein. Das sind aber keine Systeme, auf denen man das menschliche Leben errichten kann. Das Christentum war während der Zeit seines Bestehens von zweitausend Jahren von zahlreichen gewaltigen politischen und ethischen Systemen begleitet. Wo sind sie heute? Die ideologischen Internationalen sind alle verschwunden. Das Christentum dagegen ist die einzige „Internationale“, die Bestand hat. Sie existiert in dem Geiste, den wir aus dem Brief des Völkerapostels Paulus an die Galater kennen: „Denn ihr alle seid schließlich Kinder Gottes in Christus Jesus. Denn ihr alle, die ihr in Jesus getauft wurdet, habt Christus angezogen. Es gibt weder Juden noch Heiden, weder Sklaven noch Freie, weder Männer noch Frauen. Ihr alle seid einer in Christus“. Alle Feminismen, Antisemitismen und überhaupt alle „Ismen“ müssen angesichts dieser Perspektive verlieren. Es zählt nur der Mensch, das heißt der konkrete Mensch, und es zählt der Gott – Mensch: Jesus Christus, in dem wir verankert sind. Und diese Auffassung bestätigt sich im 20. Jahrhundert wirklich.

Aber im 21. Jahrhundert findet man in Europa wenige Menschen in den Kirchen, und es werden immer weniger. Sogar in Polen gehen am Sonntag nur 40 Prozent der Menschen in die Kirche.

Selbst wenn die Leute auf Knien heute nicht ins Auge fallen, bedeutet das nicht, dass die Lebenspraxis in Europa von allen Bestandteilen des christlichen Glaubens abgekoppelt werden kann.

Herr Erzbischof, beunruhigt Sie die Tatsache nicht, dass die einzigen Gotteshäuser in Westeuropa, die voller Beter sind, und die auch die einzigen sind, die neu gebaut werden, Moscheen sind, und im französischen Fernsehen in den Nachrichten nichts mehr über den Beginn der Fastenzeit gesagt wird, weil das intolerant wäre. Dafür verkündet man aber den Beginn des Ramadans, weil man sich gegenüber Moslems gastlich zeigen möchte?

Neuheiten reißen mit und begeistern, haben aber keine Tragekraft. Eine solche Neuheit ist in Europa heute der Islam. Für die Kirche in Europa gab es in der Vergangenheit erheblich abstoßendere und schwierigere Zeiten, zum Beispiel die Aufklärung. Aber danach kam es in der Zeit der Romantik zur Reinigung und Belebung des Christentums, zur Versachlichung des christlichen Glaubens. Darauf gründet mein Optimismus, dass im Glauben etwas Wahres enthalten ist, ewige Werte, die keinerlei Strömungen der Zeit Platz machen.

Diesen Optimismus kann man wohl leichter auf die ursprünglichen Europäer beziehen, die mit der Zeit vielleicht ihren Weg zur Kirche finden. Doch diese ursprünglichen Völker werden immer weniger. In 50 Jahren werden die ethnischen Europäer in Europa zahlenmäßig mit den Zuwanderern gleich auf liegen, und dann werden wir in Europa selbst zur Minderheit. Lange wird es dann nicht mehr dauern, bis kaum noch jemand zum Christentum zurückkehren will, denn mit den Moslems kann man ja wohl nicht rechnen.

Die Moslems in Europa haben eine Sache vergessen, nämlich dass das Leben seine eigenen Gesetzmäßigkeiten hat. Ohne Anpassung, ohne Integration, nur im Kampf mit den Gastländern, die die Emigranten aufgenommen haben, lässt sich langfristig nicht leben. Denken Sie daran, dass sich viele Türken in Deutschland europäisieren, und der europäische Islam anders aussieht, als wir ihn zum Beispiel aus Saudi Arabien oder Afghanistan kennen. Gegenwärtig verteidigen die Moslems noch ihre Tradition, und es kommt vor, dass sie in Verbindung mit dem Gewohnheitsrecht auch Gewalt akzeptieren. Das hat jedoch keine Zukunft. Bei den nächsten Generationen wird sich die Bereitschaft zur Gewalt verringern – davon bin ich überzeugt. Der Islam europäisiert sich und wird sein Schwert der Gewalt langsam stumpf werden lassen. Es sieht danach aus, dass der türkische Islam am wenigsten politisch und ideologisch ausgerichtet ist und sich von daher am besten als potentieller Partner für den interkulturellen und interreligiösen Dialog eignet. Denn die Zukunft Europas beruht auf der friedlichen Koexistenz von Christen und Mohammedanern. Auf unserem Kontinent erleben wir so etwas wie eine „Rationalisierung" des christlichen Glaubens. Dafür wird auch für den Islam die Zeit kommen.

Kann diese Koexistenz, aber auch die Konfrontation mit den Moslems mit der Zeit dazu führen, dass sich neue christliche Haltungen herauskristallisieren?

Ganz sicher. Ein größerer christliche Eifer wird von dem Bewusstsein begleitet sein – und das auf beiden Seiten – was wir einander alles verdanken. Ohne die arabischen Schriften hätten wir heute vielleicht überhaupt nicht die Philosophie eines Aristoteles. Denn diese hat gerade dort überdauert. Die Logik des Dialogs – davon bin ich überzeugt – wird schließlich auf allen Seiten die Oberhand gewinnen. Für eine Logik ethnischer Säuberungen darf es keinen Platz mehr geben. Wenn wir eine solche Logik nicht aufgeben, droht uns der Untergang, weil die Anzahl der Nuklearmächte wächst.

Und wie wird die Kirche in Europa mit der Globalisierung fertig werden?

Vor allem ohne übertriebene Angst. In Polen demonstrieren wir gerne unsere Abneigung gegenüber der Globalisierung, und vergessen dabei, dass unser universales Christentum in gewissem Sinne ja ebenfalls global ist. Sofern die Globalisierung zur Humanisierung des menschlichen Lebens beiträgt, ist sie vom göttlichen Heilsplan gedeckt.

Die Annahme des Vertrages von Lissabon durch alle Länder Europas bedeutet nicht nur eine wirtschaftliche, sondern auch eine politische Integration mit einem europäischen Präsidenten und einem Außenminister. Wie beurteilen Sie diesen Prozess?

Eine politische Einheit wäre wünschenswert unter der Bedingung, dass nicht allen die gleiche Schablone aufgezwungen wird, und dann Naturrechte und menschliche Würde verletzt werden. Diese Würde beinhaltet nämlich auch eine patriotische Dimension. Auch ein Nationalismus – allerdings nicht als Chauvinismus verstanden – hat im positiven Sinne seine Existenzberechtigung. Nationale Werte müssen einander ergänzen und den Weg zum Universalismus bahnen.

Menschen, die kritisch auf die Union blicken, sagen häufig: Was die Einheit im wirtschaftlichen, auch monetären Bereich betrifft, einverstanden, aber politisch sollte doch die polnische, deutsche oder französische Autonomie usw. beibehalten werden.

In einem gewissen Maße wird die Autonomie von nationalen Kulturen bestehen bleiben müssen. Ohne sie würden wir verarmen. Die Nation war immer ein Wert und soll es bleiben. Gefährlich ist nur eine Nation, die einer Ideologie huldigt, denn das führt häufig zu Chauvinismus, und von dort ist der Weg zu einem Krieg nicht mehr weit. Aber die Völker müssen in der Europäischen Union erhalten bleiben, denn nur auf diese Weise kann sich eine gegenseitige Bereicherung vollziehen. Fiele das weg, wäre die Union eine große, globale Langeweile. Eine Monokultur wäre für die Welt tödlich. Die Zukunft der Welt liegt in der versöhnten Vielfalt, ohne für sein eigenes Volk durch Krieg Rechte zu erwirken. Solche Rechte müssen durch Dialog erarbeitet werden, denn der Dialog ist schließlich die Muttersprache der Menschheit. Für heute genommen kennt die arabische Welt, die absolutistisch denkt, keinen kulturellen Dialog. Aber das wird sich ändern – ich sagte das schon. Denn diese Überzeugungen lassen sich in einer globalen Welt nicht aufrecht erhalten. Mit Rücksicht auf den Wert, den ein Volk darstellt, habe ich keine Sorge vor einem Europa als Vaterland der Vaterländer. Das wichtigste ist, dass hier Menschen leben, die für humanistische Werte offen sind. Und eine radikalere Begründung für den Humanismus als das Christentum gibt es nicht. Ich will nicht darüber streiten, ob ein Europa der Regionen besser ist als ein Europa der Vaterländer. Viel wichtiger ist, womit wir dieses Modell ausfüllen wollen.

Sollte sich die Kirche, die ja auf religiösem Gebiet in Europa in der Defensive ist, nicht mehr für die Ausbildung von Eliten einsetzen, vor allem unter den Laien an Universitäten oder Hochschulen, damit sie künftig in der Lage wären, auch das politische Leben zu bestimmen?

Ganz gewiss haben wir davon zu wenige. Solche Impulse finden wir schon in den Lehren des II. Vatikanischen Konzils – zum Beispiel im Dokument über die Laien. Denn sie sollen eigentlich die Träger des Evangeliums sein, die Laien haben die Glaubwürdigkeit des christlichen Denken und Tuns mit ihrem Leben zu bezeugen. Die Kirche - das sind nicht nur Priester und Bischöfe, sondern die ganze Gemeinschaft des Volkes Gottes. Wir sind leider noch nicht ganz reif für die vollkommene Umsetzung der Konzilsdokumente. Durch die Gegenwart gläubiger Menschen verstärkt sich der Humanismus in der globalen Welt. Ein Humanismus ohne überirdische Fundamente wird nicht bestehen können, weil der verdinglichte Mensch zur bloßen Idee wird, und die Idee will man sodann um jeden Preis retten, auch um den Preis des Menschen.

Die ideelle Leere betrifft ja nicht nur die Gesellschaften, sondern auch Politiker, die diese Gesellschaften regieren. Heute sind Individualitäten wie Helmut Kohl oder Francois Mitterand schwer auszumachen, ganz zu schweigen von solchen Größen wie die Gründer der Europäischen Union Schumann oder Adenauer. Werden wir denn immer auf Politiker angewiesen sein, die nur durch Papiere funktionieren, von Konferenz zu Konferenz reisen und zwischen den Fernsehstationen pendeln?

Wir befinden uns in der Phase des Postmodernismus und sind auf der Suche nach Wegen, um den Wesenskern freizulegen. Das betrifft auch die Suche nach bedeutenden Persönlichkeiten unter Politikern. Ich bin in dieser Sache, wie auch in der Betrachtungsweise der Zukunft der Europäischen Union, ein Optimist.

6. „Ich bin Bischof im Ruhestand"

Herr Erzbischof, nun sind drei Jahre vergangen, seit Sie den Hirtenstab ihrem Nachfolger übergeben haben. Fehlt Ihnen die Leitung der Diözese nicht?

Das weitere Schicksal der Diözese Oppeln ist mir natürlich nicht gleichgültig. Aber wie schon oft gesagt, habe ich diesen Dienst unter großen Schmerzen und mit einer inneren Zerrissenheit angetreten. Dank meiner Mitarbeiter, angefangen bei den Weihbischöfen und den Mitarbeitern des Ordinariats und vielen Personen von außen, habe ich in meinem Dienst einen Sinn erblickt, und im Einklang mit diesem Sinn habe ich mich bemüht, meiner Aufgabe gerecht zu werden. Dass ich aber ein glücklicher Ordinarius und ein überaus freudiger Bischof war, kann ich nicht sagen. Ich sage es aus tiefster Überzeugung: Ich war immer ein glücklicher Priester, aber ein glücklicher Bischof bin ich bis zum Schluss nicht geworden. Das muss ich immerfort lernen, und einen Weg zu diesem Ziel immerfort suchen. Es ist mir auch deshalb nicht schwer gefallen, abzutreten, weil ich mich mit dem Erreichen der sog. kanonischen Altersgrenze darum bemüht habe, mich auf die Situation einzustellen. Ich bin davon überzeugt, dass mein Nachfolger – Professor Andrzej Czaja – der doch jünger ist als ich, und der mit dem zeitgemäßen Dienst als Bischof besser zurecht kommt, und auch besser ausgebildet ist, die spezifischen Bedürfnisse des Oppelner Landes – dieser Region des denkenden Herzens und liebenden Verstandes – ganz sicher auf eine kreative Weise angehen wird.

Ist es Ihnen gelungen, alle Ihre Pläne und Vorhaben zu verwirklichen?

Ich habe meinen Dienst unter Schmerzen begonnen, aber ich habe ihn mit Freude abgeschlossen, weil ich sehe, dass die Diözese gut da steht. Und das Gebiet des Oppelner Schlesien bleibt eine Brücke zwischen Ost und West. Auf die Jahre meines Dienstes für das Evangelium blicke ich voller Dankbarkeit zurück. Aber ich verstehe dies nicht in den Kategorien von etwas Erreichtem. Denn ich bin mir dessen bewusst, dass wer an Gott glaubt, von der Einbildung frei ist, selbst die Erlösung bewirken zu können. Diese kommt nämlich von DEM, zu dem wir hinstreben, dem am Wohle des Einzelnen liegt, und der zum Wohle der Gesellschaft und der Kirche wirkt. Meinem Nachfolger wünsche ich inständig, er möge seine Arbeit so gestalten, wie sie hier vonnöten ist. Und er möge ein mehr froher und glücklicherer Bischof sein als ich es war. Ich wünsche, dass mein Nachfolger, genauso wie ich, gute Mitarbeiter im bischöflichen Ordinariat und darüber hinaus tüchtige Laien finden wird, um uns alle zusammen zum Glück führen zu können. Dies ist mein ständiger Wunsch für ihn und unsere Diözese.

Herr Erzbischof, was hätten Sie aus der Distanz Ihres Ruhestandes Ihren früheren Diözesanen zu sagen? Den Schlesiern, den Menschen aus Ostpolen und auch den Zugezogenen aus anderen Gegenden Polens? Jenen, die Sie als offene Menschen akzeptieren und dies immer taten, aber auch jenen, die an den Mauern den Schriftzug „Nossol nach Berlin“ angebracht haben?

Nur im Rahmen der Kirche, die auf einem authentischen Glauben basiert, kann sogar das Böse in etwas Gutes verwandelt werden. So war es auch mit diesen Aufschriften. Für viele waren sie ein Impuls dafür, dass man helfen muss, sowohl durch medizinisches Gerät als auch durch Lebensmittelspenden. Als diese Schriftzüge an den Mauern des Ordinariats auftauchten, dachte ich mir: lass es. Aber es tat mir weh, dass es diese Schriftzüge auch an dem Mauern um die Kirche und in meinem Heimatdorf gab, denn die dortigen Bewohner litten ebenfalls darunter. Lob hatte ich nicht erwartet, denn der Bischof muss etwas verlangen und seine Anforderungen auf das Evangelium stützen können. Aber das Evangelium ist ohne Kreuz nicht zu haben. Man muss sich auf das Kreuz stützen, und dann schöpferisch der Auferstehung zustreben.

Für mich ist diese Zeit des Ruhestandes in gewissem Sinne als die österliche Zeit angebrochen. Meinem Nachfolger und der ganzen Diözese versichere ich die Kraft meines Gebets. Denn mir liegt sehr viel am Wohlergehen unserer lokalen, heimatlichen und universalen Kirche. Ich bin davon überzeugt, dass alle unsere menschlichen Höheflüge in Gott selbst gründen.

Trotz aller Distanz der Jahre wird der Nachfolger Vergleichen nicht ausweichen können.

Natürlich nicht, aber er soll das fortsetzen, was gut ist, und das, was zu ändern ist, mutig ändern. In diesem Zusammenhang möchte ich versprechen, dass er immer zu mir kommen kann, falls er einen Rat wünscht, ich bin für solche Begegnungen völlig offen. Das ist schließlich meine Pflicht. Ich habe Oppeln in den letzten Jahren gemieden, nicht weil ich fliehen will, sondern damit mein Nachfolger seinen Dienst mit seinem eigenen Leben ausfüllen kann, um seinen Weg, seinen way of life zu finden. Er braucht ja seinen eigenen, unnachahmlichen

Stil, um nicht immerfort mit mir konfrontiert zu werden, oder sich mit mir vergleichen zu müssen, weil ich ihm diese oder jene „Vorgaben" mache. Ich bin kein Bischof Senior und möchte auch nicht so genannt werden. Bischof in einer Diözese kann immer nur einer sein. Ich dagegen bin Bischof im Ruhestand.

Im Jahre 2009 haben Sie schon als Emeritus an einem festlichen Abendessen des Bundespräsidenten zu Ehren des „Kanzlers der Einheit", Helmut Kohl teilgenommen. In welcher Verfassung war der ehemalige Bundeskanzler und Ihr Freund damals?

Zwanzig Jahre nach dem Fall der Berliner Mauer, die Europa geteilt hatte, war Helmut Kohl in einer ausgezeichneten Verfassung und sehr herzlich. Über eine viertel Stunde lang sprach er fließend ohne Vorlage, woraus man schließen kann, dass seine Gesundheit sich voll regeneriert. Er erinnerte an den Weg Deutschlands zur Einheit und dankte Vertretern aus zahlreichen Ländern, die ihn damals beim Werk der Wiedervereinigung unterstützt hatten – von Polen und Ungarn bis Spanien. Ich denke, diese Begegnung war für ihn und auch für mich eine große Freude. Bei dem Abendessen waren die Mitarbeiter des Bundeskanzlers aus der Zeit der Wiedervereinigung zugegen sowie die Botschafter jener Länder, die damals Flüchtlinge aus der DDR aufgenommen hatten. Polen war durch Herrn Władysław Bartoszewski als Berater des Ministerpräsidenten für deutsche Fragen vertreten. Jeder der Teilnehmer hatte Gelegenheit, seine Gedanken zu äußern.

Worüber haben Sie gesprochen?

Da es zahlreiche Wortmeldungen gab, habe ich mich bemüht, einen geschlossenen Gedanken vorzutragen und habe die deutsch-polnische Versöhnung mit dem deutsch-französischen Dialog verbunden. Ich erinnerte daran, dass aus Anlass des zwanzigsten Jahrestages der heiligen Messe von Kreisau die dortige Stiftung eine Publikation mit dem Titel: „Der Friedensgruß in Kreisau und der Händedruck von Verdun" herausgegeben hatte. An diesen beiden Gesten – mit Ministerpräsident Tadeusz Mazowiecki und François Mitterand – war Helmut Kohl beteiligt. Ich erinnerte daran, dass er die Versöhnungspolitik von Konrad Adenauer auf diese Weise fortgesetzt und sie durch die Anerkennung der Grenze und den deutsch-polnischen Vertrag über Freundschaft und gute Nachbarschaft im Jahre 1991 gekrönt hat. Im Jahre 1989 war es für eine solche Geste noch zu früh. Die Einheit Deutschlands war noch nicht geklärt. Und es musste nach einer Möglichkeit für das friedliche Verlassen der sowjetischen Soldaten aus der DDR gesucht werden. Der deutsche Bundeskanzler hat sich persönlich dafür eingesetzt, dass diese Soldaten in Russland eine Wohnung und eine neue Aufgabe für ihren Dienst finden konnten. Sie sollten ja wegen der deutschen Einheit persönlich nicht benachteiligt werden. Ich sagte auch, dass Bundeskanzler Kohl für mich in Sachen Versöhnung und Verständigung ein Vorbild gewesen sei. Auch scheute ich mich nicht, an die Worte von Johannes Paul II. zu erinnern: Fürchtet euch nicht. Nach Kreisau gelangte ich zu der Überzeugung, dass sich jede Wahrheit über die Versöhnung in drei Etappen verwirklichen müsse. Der erste Schritt ist immer der Mut, um außer der Reihe tanzen zu können. Diesen Mut aufzubringen ist schwierig, weil man sich damit Hassausbrüche einhandelt. Zum Mut muss Demut hinzu kommen. Hier geht es um das Bewusstsein, dass ich nicht alles weiß, sondern lernen muss, um niemanden zu kränken. Die letzte Stufe ist Langmut, denn weder Krakau noch Berlin sind im Handumdrehen erbaut worden. Man muss somit ein Klima für die Versöhnung schaffen und auf ihre Früchte warten können. Dank Bundeskanzler Kohl weiß ich – sagte ich abschließend – dass diese drei Stufen im Versöhnungswerk noch zu wenig sind. Wir brauchen noch einen vierten Schritt, nämlich außer Mut, Demut und Langmaut, brauchen wir noch Helmut. Ohne ihn hätte die deutsch-polnische Versöhnung nicht gelingen können.

Wie hat man sich bei dieser Begegnung an den Prozess der deutschen Einheit erinnert?

Vor allem als an ein nicht leichtes, jedoch von Erfolg gekröntes Werk von Helmut Kohl. Ihm war es zugefallen, die Distanz zu verringern, die es seitens der Regierungschefs von Groß Britannien, Frankreich und Italien in dieser Sache gab. Von Giulio Andreotti ist der Satz in die Geschichte eingegangen, dass er die Deutschen so sehr liebe, dass es sie in Europa durchaus doppelt geben könne. Entscheidend war schließlich die Haltung Gorbatschows. Er war ein so kluger Mann und dazu ein großer Humanist, um verstehen zu können, dass dieser Prozess ohne Blutvergießen nicht aufgehalten werden konnte.

Hatten Sie Gelegenheit, mit dem Bundeskanzler persönlich zu sprechen?

Ja, und das sogar mehrfach. Nach dem Abendessen und den offiziellen Reden hatten wir Gelegenheit zu einem längeren, sehr aufrichtigen und direkten Gespräch. Als ich mich entfernen wollte, um anderen Gesprächspartnern Platz zu machen, hielt der Bundeskanzler mich an der Hand fest. Er fragte nach vielen Einzelheiten des Oppelner Landes. Er interessierte sich dafür, wie viele Berufungen wir im Priesterseminar haben und wollte wissen, wie sich unsere Oppelner Universität entwickelt. Ich hatte Helmut Kohl schon bei anderen Gelegenheiten gesagt, dass die Universität neben der Kirche die wichtigste Institution in Oppeln sei, die die Integration und den Zusammenhalt der Menschen betreibe. Und wir kehrten im Gespräch auch zu der Messe in Kreisau zurück, die wir am 20. Jahrestag der historischen Versöhnungsmesse gefeiert hatten. Ich habe Helmut Kohl versichert, wie sehr er uns an dem Tage gefehlt hatte. Auch ihm tat das leid, aber die Krankheit erwies sich als stärker. Aus allen Äußerungen von Helmut Kohl schien seine Liebe zu Polen immer durch.

An dem Tage, als Bundespräsident Horst Köhler für Helmut Kohl das Abendessen gab, hat er Ihnen auch eine der höchsten deutschen Auszeichnungen überreicht, nämlich das Große Bundesverdienstkreuz mit Stern. Was bedeutet Ihnen diese Auszeichnung.

Das ist ein Ausdruck der Anerkennung für meinen Beitrag zur deutsch-polnischen Versöhnung. Erstmals erhielt ich eine derartige Auszeichnung vor zwei Jahren in Form eines Preises der Außenministerien von Polen und Deutschland. Das Bundesverdienstkreuz ist die Bestätigung jenes Preises durch den Bundespräsidenten. Ich sehe darin aber keinerlei politische Geste. Es ist eher eine moralische Unterstützung durch den Bundespräsidenten, der ja bekanntlich auch ein engagierter Christ ist.

Sie haben 2009 von den Präsidenten in Polen und Deutschland hohe Auszeichnungen erhalten. Das ist doch ein schönes Symbol, das Ihren Beitrag für die Versöhnung zusammenfasst.

Ich gestehe, dass ich ohne die polnische Auszeichnung die deutsche wohl nicht hätte annehmen können. Denn andernfalls wäre sie politisch missdeutet worden. Beide Auszeichnungen sind natürlich ein Grund zur Freude, doch muss ich auch sagen, dass ich an solchen äußeren Zeichen nicht hänge. Wichtiger ist der innere Einsatz für den Dialog, für den Geist der Versöhnung. Dies trage ich in meinem Inneren. Das habe ich in der Ökumene und im interreligiösen Dialog gelernt. Eine so verstandene Versöhnung hat Tiefgang. Der politische Dialog ist oft vorübergehend, wie eine Fahne im Wind. Die Ökumene dagegen ist – wie es Papst Johannes Paul II. es ausgedrückt hat – der Imperativ des christlichen Gewissens und der Weg der Kirche. Und in diesem Geiste habe ich meine Versöhnungsarbeit immer betrieben. Vor allem im deutsch-polnischen Bereich. Seit langem war ich der Überzeugung, dass es ohne diese deutsch-polnische Versöhnung keine Einheit Europas als Einheit des Geistes, der Werte und der Kultur geben könne. Nur vor dem Hintergrund einer gegenseitigen vertieften Zivilisation der Liebe und des Lebens kann so etwas verwirklicht werden und von Dauer sein.

Im Oktober 2011 erhielt Helmut Kohl von einer Delegation der Oppelner – und Sie waren dabei der Laudator – die Ehrung „Goldene Dialogbrücke“ – ein Preis für die deutsch-polnische Versöhnung und die Einheit Europas. War er glücklich?

Ich bin davon überzeugt. In den Augen von Helmut Kohl sah ich Freudentränen. Noch nie zuvor hatte Helmut Kohl eine so große Delegation in seinem Privathaus in Ludwigshafen empfangen. Der Bundeskanzler und seine Frau Maike empfingen uns im Wohnzimmer. Für jedes Delegationsmitglied hatte er einen Händedruck und ein paar freundliche Worte parat. Er sprach flüssig, klar und mit einem Leuchten in den Augen, wobei er seine körperliche Schwäche nicht versteckte, zum Beispiel dass er sich im Rollstuhl bewegte.

Inwieweit ist dieser Oppelner Preis für den Bundeskanzler im Ruhestand wichtig?

Die Ehrung „Goldene Dialogbrücke“ wurde ihm vom Vorsitzenden (Marschall) des Oppelner Regionalparlaments, Józef Sebesta, und dem Abgeordneten der deutschen Minderheit Ryszard Galla, zusammen mit der Vorsitzenden des Kapitels dieses Preises überreicht. Der Geehrte dankte für diese Auszeichnung und betonte, dass der Preis im Kontext der wechselvollen Geschichte von Deutschen und Polen keine Selbstverständlichkeit sei, und er ihn deshalb mit einer umso größeren Freude und Dankbarkeit entgegen nehme. Ich denke, dass er bei diesen Worten äußerst ehrlich war.

Herr Erzbischof, was ist aus der Distanz betrachtet für Sie die größte Leistung von Helmut Kohl?

Ich bin fest davon überzeugt, dass die Krönung der Politik von Helmut Kohl sowohl in der Verwirklichung der deutschen Einheit zu sehen ist, als auch im Zusammenwirken mit Tadeusz Mazowiecki bei der deutsch-polnischen Versöhnung. Der Friedensgruß in Kreisau ist die direkte Fortsetzung des Händedrucks zwischen Bundeskanzler Kohl und Präsident Mitterand an den Gräbern von Verdun, wo die deutsch-französischen Konflikte symbolisch abgeschlossen wurden. In Kreisau wollten beide Regierungschefs die Gräben zuschütten, die Polen und Deutsche seit dem Ende des Krieges trennten.

Helmut Kohl wird durch ein vier Meter hohes Stück der Berliner Mauer an sein größtes politisches Werk erinnert, das in seinem Garten aufgestellt wurde. Der ehemalige Bundeskanzler blickt täglich aus seinem Wohnzimmer durch das Fenster nach draußen auf dieses Mauerstück, das von der einen Seite mit Graffiti bemalt ist. Helmut Kohl empfindet sich ganz sicher als einen der Mitgestalter der deutschen Einheit. Als wir uns am Vortage des Besuchs der ganzen Oppelner Delegation trafen, bat er, dass wir zum Kaffee – schon nach dem Besuch in seinem

Hause – zum Platz der deutschen Einheit nach Ludwigshafen fahren.

Herr Erzbischof, Sie hatten als langjähriger Freund des Bundeskanzlers sicher Gelegenheit zu einem ganz besonderen Gespräch mit ihm ...

Ja, und während dieses Gesprächs hat Helmut Kohl seine innere Bewegung nicht versteckt. Das kam besonders im zweiten Teil der Begegnung zum Ausdruck. Zunächst hatte er vor, die schon vorher schriftlich fertig gestellte Ansprache zu verlesen, doch zum Erstaunen der Anwesenden griff er nach meiner Hand. Indem er sie festhielt sprach er einige Minuten lang von sich aus ganz spontan, ohne den Text zu benutzen. In diesem Augenblick sah ich Tränen in seinen Augen, als er nicht mehr sprach, sondern sein Herz sprechen ließ, wobei er besonders für diese Würdigung dankte, die er aus unserer Region in Polen erfahren hatte. Das war eine ehrliche Dankbarkeit für die Anerkennung und das Verständnis, das ihm seine eigenen Landleute heute nicht immer entgegen bringen. Bei uns hat er diese Anerkennung jedenfalls erfahren, das war für ihn ein Tag der Erinnerungen und ein Tag einer großen Freude.

Und der Besuch des Bundeskanzlers bei uns war wieder Gesprächsstoff ...

Der Marschall der Woiwodschaf Oppeln, Józef Sebesta, und ich haben Helmut Kohl erneut zum Besuch auf dem Annaberg eingeladen. Er versprach, diesen Besuch nachzuholen, sobald die Umstände es erlauben würden. Sein Standort wäre dann das Heilwassersanatorium in Groß Stein. Von hier aus würde er zum Annaberg fahren. Er hat auch den Wunsch geäußert, das Grab der Heiligen Hedwig von Schlesien aufzusuchen, dieser

Schutzherrin der deutsch-polnischen Versöhnung, die in Trebnitz in Niederschlesien bestattet ist. Ich hoffe, die Pläne lassen sich verwirklichen.

Ihr Ruhestand dauert jetzt schon eine Weile. Was füllt Sie aus, womit werden Sie sich weiterhin beschäftigen?

In das Sanatorium „Sebastianeum Silesaicum", wo ich jetzt wohne, habe ich lediglich meinen einzigen privaten Besitz mitgenommen, das sind meine Bücher. Das hat ein wenig gedauert, aber im Parterre des Schlosses in Groß Stein wurde die Bibliothek untergebracht, geordnet und katalogisiert. Sie wird abschließend über 35 tausend Bände zählen. Dort ist ihr bester Platz. Ich bemühe mich, jeden Tag vom Sanatorium durch den Park in die Bibliothek, zu meinem Arbeitsplatz, zu gehen. Ich schreibe und möchte auch weiterhin schreiben. Ich denke an weitere theologische Werke, aber auch an Meditationen über Schlesien. Der Arbeitstitel dafür lautet: „Aus dem Land des denkenden Herzens und liebenden Verstandes". Ich bemühe mich, immer dran zu arbeiten, damit der Text langsam Gestalt annimmt. Ich möchte auch ein Buch über die Theologie des Sterbens und des Todes schreiben, einschließlich des Problems der Euthanasie. Wenn meine Gesundheit es zulässt.

Über die Gesundheit müssen Sie glücklicherweise nicht klagen ...

Ich bin voller Dankbarkeit gegenüber Gott für die 35 Jahre seit meiner Bischofsweihe. Obgleich ich auf dem gesundheitlichen Gebiet kein Heros war und man auch manchmal wie ein Bergmann unter Tage „Baggern" musste, so bin ich doch immer fertig geworden. Geholfen hat mir dabei sehr, dass die Ärzte immer viel Verständnis für mich gezeigt haben. Jedes Krankenhaus in Oppeln war in gewisser Weise ja auch mein Krankenhaus, einschließlich der Gynäkologie (Gelächter). Überall durfte ich mit der freundlichen Hilfe der Ärzte und der Direktoren rechnen. Besonders lange habe ich mich in den Krankenhäusern nie aufgehalten, aber ich konnte vielen Menschen helfen, für die ich um Aufnahme bat, besonders wenn es wie bei Hamlet darum ging: Sein oder nicht sein. Ich wurde nie abgewiesen. Und dafür bin ich dankbar. Mit ähnlicher Dankbarkeit denke ich an unsere Hochschulen, in denen ich mich nie fremd fühlte. Und das Sanatorium, in dem ich jetzt wohne, ist natürlich besonders dazu geeignet, sich um die Gesundheit zu kümmern. Hier fehlt es nicht an Möglichkeiten für Bewegung, Gymnastik, Schwimmen usw. Und es fehlt auch nicht an Gelegenheiten, Menschen zu begegnen, Gespräche zu führen. Ich bin bemüht, niemanden abzuweisen, um auch selbst immer auf dem Laufenden zu sein und zu wissen, was die Menschen und die Welt bewegt.

Und gerade so hat man sich mitten im Leben langsam auch schon „eschatologisch einzurichten“. Freudvoll erklingt dabei im stillen die christliche Glaubensüberzeugung: Im Tode fallen wir nicht tiefer als in die weit ausgebreiteten Arme der barmherzigen Liebe Gottes, indem wir unsere ewige Versöhnung erreichen.

7. Die Abdankung des Papstes war ein Akt des Mutes und der Demut

Die ganze Welt schien vom Rücktritt Benedikts XVI. überrascht zu sein. Sie auch?

Ich erfuhr es von unserem Seelsorger des „Sebastianeum Silesiacum“ in Groß Stein, wo ich als Emeritus wohne. Er hatte laufend alle Nachrichten verfolgt. Dann habe auch ich den Fernseher eingeschaltet und hatte ebenfalls den Eindruck, dass die große Überraschung im Prinzip weltweit war. Damit hatte niemand gerechnet. Ich wusste von Anfang an, dass dieser Papst zum Rücktritt bereit war, falls dies notwendig werden sollte. Ich erinnere mich noch daran, dass ich nach der Wahl von Joseph Ratzinger zum Papst vor unserer Kathedrale Fragen von Journalisten beantwortete. Einer von ihnen fragte mich, was man denn Originelles von diesem Papst erwarten könne. Die Frage hat mich sogar etwas geärgert, weil ich meinte, sie sei dem Augenblick nicht angemessen. Deshalb antwortete ich, dass der Papst es auch fertig brächte, zurückzutreten. Nun ist es geschehen.

Herr Erzbischof, woher nehmen Sie diese Einschätzung?

Ich kannte die Mentalität und die absolute Aufrichtigkeit dieses Papstes. Er ist wirklich in seinem Denken rückhaltlos ehrlich. Im Rahmen dieser Ehrlichkeit ist er in gewissem Sinne auch hilflos. Die Wahl der Kardinäle hat er aus Liebe zur Kirche akzeptiert, und aus derselben Liebe zur Kirche ist er auch zurückgetreten. Vielleicht war er der Auffassung, er sei nicht in der Lage, mit seiner ganzen Person den Herausforderungen der Gegenwart zu begegnen. Und wenn er nicht im Stande ist, seinen Verpflichtungen voll und ganz nachzukommen, dann ist der Verzicht die einfache Konsequenz daraus. Ich war überrascht, dass der Rücktritt so schnell erfolgte, doch die Tatsache selbst hat mich nicht überrascht. Mir tat es nur etwas leid, dass wir seine vierte Enzyklika nun nicht mehr zu lesen bekommen werden, denn sie war ja weitgehend fertig. Ich kann nicht ganz nachvollziehen, dass er mitten in dem von ihm persönlich proklamierten Jahr des Glaubens zurückgetreten ist. Aber dieser Rücktritt zeigt auch, wie ernst wir die Fragen des Glaubens nehmen sollten. Und dass man aufrichtig sein muss, besonders gegenüber sich selbst.

Diese Aufrichtigkeit wurde dem Papst in der letzten Zeit nicht gerade erleichtert. So demonstrierte man z.B. die Anwesenheit des Papstes auf Twitter...

Das war äußerst künstlich. Man sah, dass ihm das nicht liegt. Der neue Papst wird die elektronischen Medien sicher benutzen müssen, aber im Falle von Benedikt XVI. war das wenig authentisch. Er war dabei nicht er selbst. Und er konnte es auch nicht sein, zumal er sein ganzes Leben lang seine Werke handschriftlich mit seiner charakteristischen winzigen Schrift verfasste. Er sagte, dass er beim handschriftlichen Schreiben besser denken könne.

Viele Vatikanbeobachter verbinden den Rücktritt des Papstes nicht nur mit seinem Alter und seinem Gesundheitszustand. Man sagt auch, dass sich in der römischen Kurie schlechte

Dinge abspielen, so z.B. die Sache mit Vatileaks, die Streitigkeiten unter den Kardinälen, finanzielle Unregelmäßigkeiten des Apostolischen Stuhls sowie die nicht verstummen wollenden Missbrauchsskandale. Was hatte das für einen Einfluss auf die Entscheidung Benedikts?

Die ganzen negativen Vorkommnisse hatten gewiss einen Einfluss auf den Rücktritt des Papstes, aber sicher keinen entscheidenden. Der Papst machte sich über den Zustand der Kirche keine Illusionen. Er sprach öfter ganz direkt von den Stürmen, die am Schiff der Kirche zerrten, in dem Jesus zu schlafen schien. Dieser Papst war kein Träumer, sondern ein Realist, der das Wesentliche und die Quintessenz der Ereignisse wahrnahm. Er hat diese Dinge nicht bagatellisiert. Das zeigte schon der Umgang mit den sexuellen Übergriffen: Null Toleranz. Hier gab es kein Vertuschen oder unter den Teppich kehren. Einzig und allein sein Gesundheitszustand war für seinen Schritt ausschlaggebend. Er litt darunter, dass er gefahren werden musste, dass er nicht lange stehen konnte. Während des Ökumenetreffens vor anderthalb Jahren sprach er wunderbar und einzigartig über die Ökumene, aber ich sah auch, wie vorsichtig er sich bewegte, und selbst die Hand mit Mühe reichte. Er war ausgelaugt.

Vielleicht hat Benedikt XVI. auch ganz einfach die Erfahrungen von Johannes Paul II. genutzt. Er hat ja gesehen, dass der vor aller Welt sichtbar leidende Papst den Einfluss auf viele Dinge verloren hatte. Andere ersetzten ihn bei der Leitung der Kirche.

Dazu konnte er sich nicht durchringen. Er wollte keine Wiederholung und begegnete dem Leiden und Sterben von Johannes Paul II. mit großer Hochachtung, aber er selbst wollte diesen Weg nicht gehen. Er selbst machte es mit rückhaltloser

Offenheit anders. Mir hat sein ehrliches Lächeln bei seinem eigenen Abschied sehr gefallen. Ganz sicher war er nicht traurig, dass er abtritt. Es war für ihn eher eine Erleichterung. Mir sind seine Worte in Erinnerung geblieben, dass er seine Entscheidung ganz bewusst und völlig freiwillig gefällt habe. Er tat dies im Gehorsam gegenüber Gott. Und darin habe ich die heroische Demutshaltung seines Glaubens gesehen.

Der Abschied von seinen Mitarbeitern vor seinem Abflug nach Castel Gandolfo war ziemlich kühl ...

Der Papst wollte keine Aura der Trauer schaffen. Sein Lächeln war wirklich echt. Und man konnte seine Erleichterung geradezu sehen. Gleichzeitig erklärte er seinen unbedingten Gehorsam gegenüber seinem Nachfolger, dem er den Bericht der Gruppe von Kardinälen über die Lage der Kirche hinterließ. Er selbst hatte einen solchen Bericht zu Beginn seines Pontifikats leider nicht erhalten. Johannes Paul II. hatte bei wichtigen Entscheidungen Ratzinger an seiner Seite. Benedikt XVI. hatte keinen solchen Ratzinger. Ich denke, dass er während der fast acht Jahre seines Pontifikats ziemlich einsam war. Paul Badde, ein Publizist der Zeitung „Die Welt“, hat das treffend so beschrieben: Er ist mit Mut, Demut und Anmut zurückgetreten.

Wenn man die Bilder von der letzten Generalaudienz von Benedikt XVI. auf dem überfüllten Petersplatz anschaut und die Menschenmassen sieht, so können einem diesbezüglich doch Zweifel kommen: Wenn der Papst eine solche Unterstützung während seines Pontifikats gehabt hätte, wäre es zu seinem Rücktritt vielleicht nicht gekommen?

Ich denke, dass der Rücktritt unvermeidlich war. Den Ausschlag hat hier der Gesundheitszustand des Papstes gegeben.

Aber eine starke Unterstützung seiner Linie hat der Papst nicht gespürt. Auch in seiner Heimat nicht. Die wohlwollende und anerkennende Formulierung von Paul Badde ist eher eine Ausnahme. Der Ton der deutschen Medien war nach dem Rücktritt des Papstes doch viel kritischer.

Ich denke, es handelte sich nicht um Stimmen völliger Ablehnung, aber die Zustimmung war natürlich geringer als anderswo. Die geistigen Gegner des Papstes ärgerten sich am meisten über seinen Rücktritt. Ihrer Auffassung nach hätte dieser konservative Panzerpapst, dieser Traditionalist, der von der modernen Welt keine Ahnung hatte, bis zum Schluss ausharren sollen. Mit seiner revolutionären, aber aus tiefer Glaubensüberzeugung resultierenden und zutiefst intellektuellen Entscheidung hat der Heilige Vater ihre Vorstellungen und Stereotypen zunichte gemacht.

Und wie beurteilen Sie, Herr Erzbischof, die Haltung der deutschen Katholiken gegenüber Benedikt XVI. und seinem Rücktritt?

Darüber habe ich während meines Besuches in einer deutschen Pfarrei öffentlich gesprochen. Der Ortspfarrer hatte mich schon vor der Messe gewarnt, ich sollte mich absolut zu keinerlei kritischen Bemerkungen gegenüber seinen Pfarrkindern verleiten lassen. Doch ich dachte mir, dass ich die Pflicht habe, das auszusprechen, was ich sehe. Daher sagte ich, Johannes Paul II. sei insofern in einer besseren Position als Benedikt XVI. gewesen, weil er sich der gewaltigen Unterstützung durch Gebet und moralische Haltung seiner polnischen Landsleute sicher sein konnte. Benedikt konnte auf eine solche Unterstützung in Deutschland – mit Ausnahme vielleicht in Bayern – nicht rechnen. Zu meiner Überraschung reagierten die Kirchenbesucher darauf mit Applaus. Daran sieht man, dass sie ähnlich empfanden, selbst wenn sie dies im normalen Alltag nicht äußerten.

Wie kann sich der Entschluss von Benedikt XVI. auf die Zukunft auswirken? Werden die nächsten Päpste auch unter dem Druck stehen, abdanken zu müssen?

Das Papsttum wird deutlich menschlicher, weil es „entmythologisiert" wird. Jeder radikale gesellschaftliche Dienst für die Gemeinschaft kann einmal zu Ende sein. Früher haben auch die Präsidenten der USA ihr Amt lebenslang ausgeübt. Mit der Zeit wurde die Amtszeit auf zwei Kadenzen begrenzt. Einen Druck wird es vermutlich nicht geben. Aber eine solche Möglichkeit wird realer. Man sollte nicht vergessen, dass sich ausgerechnet dieser Papst zu einem solchen revolutionären Schritt entschlossen hat, der als eiserner Konservativer angesehen wurde. Am meisten hat er jene enttäuscht, die erwartet hatten, er werde bis zum bitteren Ende um jeden Preis auf dem Posten durchhalten und vor allem jungen Menschen das Bild von der Kirche verzerren. Diese Geste war erstaunlich, sozusagen göttlich - menschlich, und sie verbindet den demütigen Glauben an Gott mit der Antwort des Menschen auf diesen Glauben.

Der Papst zieht jetzt in ein kleines Kloster in den Vatikanischen Gärten um ...

Das ist ein wunderschöner Ort. Vor allem im Frühling und im Sommer. Mir würde es dort ebenfalls gefallen. Ich bin mir ganz sicher, dass der Papst Emeritus seiner Ankündigung gemäß nicht öffentlich auftreten wird. Schon gar nicht zusammen mit seinem Nachfolger. Er wird beten, lesen und schreiben.

Aber er wird wohl nicht publizieren, um nicht den Eindruck zu erwecken, dass er mit seinem Nachfolger konkurriert. Wenn ich nach Rom fahre, werde ich alles tun, Benedikt XVI. zu treffen, um in aller Ruhe mit ihm unter vier Augen zu sprechen. Theoretisch ist das möglich, denn Erzbischof Gänswein, der Sekretär von Benedikt XVI., ist auch gleichzeitig Präfekt des Päpstlichen Hauses, und somit wird er auch Mittler zwischen dem früheren Papst und der Außenwelt sein.

Möchten Sie ihm etwas sagen oder ihm lieber zuhören?

Ich könnte ihm sagen, dass ich verstehe, wie angenehm diese Entlastung ist, die er jetzt verspürt, denn auch ich kann mich jetzt auf das konzentrieren, was mich bewegt. Das Leben eines Emeritus, das von Gebet und Meditation bestimmt ist, kann vollkommen uneigennützig sein. Sein Leben wird davon gewiss ebenfalls geprägt sein.

Der emeritierte Papst hätte ja überall hingegen können, zum Beispiel nach Bayern…

Das Haus, das die beiden Brüder in der Nähe von Regensburg hatten, ist schon verkauft worden. Und in Bayern hätte er nicht diese Ruhe, die er in den vatikanischen Gärten, die für Touristen gewöhnlich nicht zugänglich sind, haben wird. Und der Papst, der zurückgetreten ist, kann immerhin im Vatikan bleiben. Ich meine, er hat das gut überlegt, und hat sich dieses kleine Kloster bei seinen früheren Spaziergängen durch die Gärten schon vorher ausgesucht.

Wie können die Beziehungen zwischen dem emeritierten und dem neuen Papst aussehen? Schließlich werden sie Nachbarn sein?

Ich bin sicher, dass sich der Nachfolger mit dem Ruheständler treffen wird, er wird ihn sicher um Rat fragen und dessen Erfahrungen nutzen, auch im theologischen Bereich. Aber das werden sicher ganz vertrauliche Gespräche sein, die in einem ganz engen Kreis ohne die Beteiligung der Medien stattfinden.

Unter den Publizisten – unter anderem auch in Polen – wurde die Meinung geäußert, dass das Pontifikat von Benedikt XVI. nichts hinterlassen werde, außer der Tatsache, dass dieser Papst zurückgetreten ist.

Das sind extrem ideologische Auffassungen, die von Unkenntnis dieses Papstes und seines Pontifikats zeugen. Seit Jahren hat niemand so wie er den engen Zusammenhang von Glaube und Vernunft dargestellt. Die Vernunft geht ohne den Glauben verloren. Und der Glaube ohne Vernunft entwickelt sich zum Fanatismus. Der Glaube verbindet den Intellekt, den Willen und die Emotionen miteinander, die von der Gnade getragen werden. Und diese Vision des Papstes von einem aufgeklärten Glauben wird bleiben. Ganz zu schweigen von seiner Theologie. Ich bin davon überzeugt, dass wir einen solchen Intellektuellen, einen so weisen wie tief schürfenden Theologen, auf dem Stuhle Petri noch nicht hatten. Es wird schwer sein, ihn zu ersetzen.

Und wie beurteilen Sie die Begegnung der beiden Päpste in Castel Gandolfo?

Das war die Fortsetzung von Benedikts Abgang, was ein wahres Meisterstück ist. Ich denke, Benedikt hat bei seinem Rücktritt darauf gehofft, dass ihm jemand nachfolgen wird, der mit den Herausforderungen der modernen Zeit besser fertig wird. Und ich bin davon überzeugt, dass Papst Franziskus diesen Erwartungen und Überlegungen voll und ganz entspricht. Das konnte man schon an dem Stil der Begegnung in Castel Gandolfo sehen. Ein solches außergewöhnliches Ereignis haben wir ja seit Jahrhunderten nicht mehr erlebt, dass sich zwei Päpste begegnen und einen Dialog mit einander führen. Die brüderliche Begegnung war geradezu ergreifend. Franziskus hat das persönlich dadurch deutlich gemacht, dass sie in derselben Bank vor dem Bild unserer Gottesmutter von Tschenstochau Platz nahmen. Benedikts Freude darüber, dass er selbst den Dienst auf dem Stuhle Petri hinter sich hat, aber auch, dass er einen Nachfolger hat, auf den er sich verlassen kann, war deutlich zu sehen. Denn Franziskus wird in der Lage sein, das Schifflein der Kirche durch die aufgewühlten Wellen der Gegenwart zu steuern, wo ihr ein immer stärkerer Wind des Säkularismus entgegen weht, und sie mit der Diktatur des Relativismus konfrontiert wird. Ich denke, Benedikt XVI. ist beruhigt. Und er wird im Kloster in den vatikanischen Gärten meditieren, beten und Theologie betreiben.

Zahlreiche Beobachter meinten, Benedikt XVI. sei zwischen dem 11. Februar 2013, das heißt vom Tage der Bekanntgabe seines Rücktritts, bis zur Begegnung mit Franziskus am 23. März nicht nur um Wochen, sondern um Jahre gealtert.

Auffallend waren seine kleine Schritte, die er mit Hilfe eines Gehstocks bewältigte. Man sah, dass er echt erschöpft war. Ich bezweifle, ob er seine frühere Kondition zurück gewinnen könnte. Ich fürchte, er wird nicht mehr lange unter uns auf Erden verweilen, aber das ist Sache der göttlichen Vorsehung. Eines ist sicher: er hat ein großes Werk geschaffen.

Wird Papst Franziskus in der Lage sein, ihn zu ersetzen?

Ich denke, dass er darauf vorbereitet ist, Christus in die geistige Wüste unserer Zeit hineinzutragen. Er kommt aus Argentinien, einem Land, wo die religiösen Sitten sehr ausgeprägt sind, aber es fehlt an tiefer Frömmigkeit und einem authentischen Erleben des Christentums. Unter diesem Aspekt ist Polen Lateinamerika ein wenig ähnlich. Viel versprechend ist die Tatsache, dass der neue Papst die Menschen sofort mitgerissen hat, und nicht nur von vielen Katholiken oder überhaupt von Christen positiv aufgenommen wurde, sondern auch von anderen Menschen guten Willens.

Wird Franziskus, der die Armut pflegt, der abgetragene Schuhe und ein Kreuz aus Eisen trägt, Benedikt nicht gegenüber gestellt werden?

Der neue Papst ist anders, und er möchte davon ganz und gar nicht abgehen, um nicht unglaubwürdig zu wirken. Wir werden uns mit der Zeit an diese Andersartigkeit gewöhnen. Papst Franziskus hat schon viele wichtige Gesten getan und damit gezeigt, dass er wirklich eine arme Kirche, und eine Kirche für die Armen anstrebt. Wichtig ist, dass es nicht bei den Gesten bleibt und danach auch die Tiefe zu Wort kommt, die sich im Alltag widerspiegeln muss. Denn erst dann wird es wert sein, diesem Papst echt zu folgen.

Erwarten Sie, dass dieser Papst die Haltung der Kirche zum Beispiel in Fragen der Verhütungsmittel oder einer umfassenderen Zulassung von Geschiedenen zu den Sakramenten modifizieren wird?

Ganz sicher wird es mit der Zeit zu einer breiteren, mutigeren Diskussion in vielen Fragen kommen, die in der Welt zu Zweifeln oder Streitigkeiten führen. Und das ist auch gut so, denn wenn man alles beim Namen nennt, aber nicht um der Neuigkeiten willen, sondern um die gegenwärtige Situation besser zu beschreiben, wird man auf diese Weise auch der Wahrheit näher kommen.

TEIL II

Erzbischof Alfons Nossol in den Augen von Freunden, Mitarbeitern und Schülern

1. Der Versöhnungsprozess von Kreisau geht weiter

Tadeusz Mazowiecki, Ministerpräsident a.D.

Der erste Vorschlag, eine Versöhnungsmesse unter Teilnahme von Bundeskanzler Helmut Kohl zu feiern, kam von Bischof Alfons Nossol und betraf den Annaberg. Ich empfand das in der damaligen Zeit als zu riskant. Der Annaberg ist ein Ort, der mit den Schlesischen Aufständen, und daher mit dem deutsch-polnischen Konflikt, in Verbindung steht. Ich meinte, dieser Ort könnte sich künftig gut als Ort für eine solche Begegnung eignen, aber 1989 war es dafür noch zu früh. So kam ich auf die Idee, eine solche Begegnung in Kreisau stattfinden zu lassen, an dem Ort, der mit der Aktivität des Helmut James von Moltke und seines gegen die Nazis oppositionellen Kreisauer Kreises in Verbindung stand. Dieser Ort symbolisierte ein anderes, nicht nationalsozialistisches Deutschland. Mir ist bekannt, dass Bischof Nossol ebenfalls auf diese Idee kam und Bundeskanzler Helmut Kohl davon zu überzeugen suchte.

Als wir zur Versöhnungsmesse nach Kreisau kamen, war es sehr kalt. Kreisau selbst war damals ein zerfallendes landwirtschaftliches Staatsgut. Die Frau, die sich dort um das Anwesen kümmerte, bot mir heißen Teen an.

An der Messe sollten Mitglieder der deutschen Minderheit teilnehmen. Nach der Ausreisewelle in die Bundesrepublik war in Polen die Meinung verbreitet, dass es in Polen keine deutsche Minderheit mehr gäbe. Doch mit dem Bundeskanzler hatten wir vereinbart, dass wir allen Minderheiten, darunter auch der deutschen, ein Recht zur Gestaltung der eigenen Kultur nach internationalen Standards garantieren wollten. Doch jene starre Haltung, dass in Polen keine deutsche Minderheit vorhanden sei, hatte ihre Spuren hinterlassen. Die Idee, diese Begegnung in Kreisau zu veranstalten, stieß auch auf Kritik der polnischen Medien, die ja aus der Zeit der Volksrepublik stammten. Es gab Stimmen, die da sagten, die Deutschen sollten ihre Denkmäler in der Bundesrepublik errichten, aber nicht hier.

Zu meiner Überraschung sah ich, dass die deutsche Minderheit mit Transparenten angereist war. Darunter befand sich auch jenes mit der Aufschrift: Helmut, du bist auch unserer Kanzler. Ich wusste nicht, wie das ausgehen würde und hatte viele Bedenken. Ich dachte mir, nun wird die postkommunistische Presse darüber herfallen. Doch dann trat Bischof Nossol ans Mikrophon und verkündete: Jetzt beginnen wir mit der heiligen Messe, bitte rollt die Transparente ein und sammelt euch, damit wir richtig beten können. Dies hat der Atmosphäre der Begegnung sofort eine Tiefe verliehen.

Der Austausch des Friedengrußes mit Bundeskanzler Helmut Kohl war für mich etwas Selbstverständliches, etwas ganz Natürliches. Seit dem II. Vatikanischen Konzil machen wir das in der heiligen Messe doch immer und tauschen den Friedensgruß aus, indem wir einander die Hand reichen oder durch eine andere Geste das zum Ausdruck bringen. Erst als ich die auf uns gerichteten Objektive vieler Kameras bemerkte, war mir klar, dass es sich nicht um einen gewöhnlichen Friedensgruß handeln würde und dass dies mehr war. Und in der Tat wurde dieser Friedengruß zu einem bedeutenden Symbol. Der Bischof gab zunächst uns den Friedensgruß, und anschließend tat ich das mit Helmut Kohl. Der Bundeskanzler war sehr gerührt. Ich sah in seinen Augen eine echte Rührung, er hat diesen Augenblick sehr tief empfunden. Zwanzig Jahre nach jener Messe grüßte ich ihn als kranken Menschen von diesem Ort aus. Das war bei der Danksagung für die erste Messe in Kreisau.

Damals, vor 20 Jahren, fuhren wir gemeinsam im Auto nach Tschenstochau. Wir unterhielten uns über Pläne, Kreisau aufzubauen und dort ein deutsch-polnisches Begegnungszentrum einzurichten, was ja dann auch geschehen ist.

In Kreisau trafen wir uns genau zwei Tage nach dem Fall der Berliner Mauer, als die deutsche Frage in eine neue Richtung ging, doch es war noch nicht klar, in welche Richtung das sein würde. Würde es zu einer Konföderation oder sogar zur Einheit Deutschlands kommen? So wie es sich für die historischen Rolle des Kanzlers gehörte, die volle Einheit anzustreben, war es die historische Aufgabe und Pflicht des polnischen Ministerpräsidenten, alle Zweideutigkeiten und Unklarheiten bezüglich der Endgültigkeit der polnischen Westgrenze auszuräumen, was dann im November 1990 im Grenzvertrag erfolgt ist. Unsere Gespräche waren nicht immer einfach, führten aber schließlich zur Unterzeichnung des Vertrages.

Wir befanden uns an der Schwelle zu einem neuen Kapitel in den deutsch-polnischen Beziehungen. Dieses Kapitel war neu, weil auch Polen damals neu, souverän, und unabhängig war. Ein Jahr später erwies sich Deutschland ebenfalls als neu und wiedervereint. Doch dorthin musste man erst kommen. Die Gespräche waren schwierig. Bundeskanzler Kohl machte ein zehn Punkte Programm bekannt, in dem es nicht einen einzigen Satz zu Polen gab. Ich kam zu der Überzeugung, dass wir in etwa zur selben Zeit als die „zwei plus vier" Verhandlungen stattfanden, eine endgültige Regelung der polnischen Westgrenze herbei führen müssen. Das war nicht leicht, denn der Bundeskanzler reagierte auf solche Vorschläge nervös. Wir wollten auf dieser Konferenz nicht um den Status einer Großmacht kämpfen. Doch es lag uns daran, dass es mit dem Augenblick einer deutschen Wiedervereinigung auch zur abschließenden Regelung der polnischen Westgrenze kommt. Wenn wir das nicht getan hätten, wäre der Konflikt in der neuen Zeit wieder hoch gekommen, und so konnten sich die deutsch-polnischen Beziehungen sofort entwickeln, wobei die Konflikte gleich beseitigt wurden.

Im Oppelner Schlesien mussten wir – wie ich schon gesagt habe – die Frage nach der deutschen Minderheit klären, deren Existenz die kommunistischen Machthaber geleugnet hatten. Wir wollten diese Frage in Übereinstimmung mit den internationalen Standards regeln, so wie es sich für alle Minderheiten gehört, damit das Recht zur Pflege der der eigenen Kultur für alle gleichermaßen garantiert wäre.

Andererseits bestand das Problem des friedlichen Zusammenlebens dieser Bevölkerungsgruppe mit den aus Ostpolen und Zentralpolen zugezogenen Menschen, aber ich denke, Bischof Nossol hat den richtigen Schlüssel für dieses Zusammenleben gefunden. Er ist ja der Befürworter einer deutsch-polnischen Versöhnung in dem Geiste, wie es schon im Brief der polnischen Bischöfe formuliert wurde: „Wir vergeben und bitten um Vergebung". Diesen Schlüssel hat er aber auch Dank seiner Haltung gegenüber dem Menschen an sich gefunden. Das kam darin zum Ausdruck, dass er alle – unabhängig von ihrer Herkunft – gleich behandelte, das heißt mit großer Wertschätzung. Das zeichnete ihn auch als herausragenden Ökumeniker aus, als einen der größten, den man im polnischen Episkopat finden konnte. Ich weiß, dass die ökumenische Bewegung, die durch das Pontifikat von Johannes XXIII. begonnen wurde, Bischof Nossl ganz besonders am Herzen liegt.

Er ist überdies ein sehr herzlicher, aber zugleich auch ein intellektueller Mensch mit Tiefgang. Als ich in seiner Diözese zur Kur weilte, hat er mich extra besucht. Wir haben zwei Stunden lang mit einander gesprochen. Das war eine sehr freundliche und herzliche Geste. Damals war ich nicht mehr Ministerpräsident, und ich schätzte diese seine Geste ganz besonders.

Die Versöhnungsmesse war die Fortsetzung jenes Werkes, das mit dem Brief der polnischen an die deutschen Bischöfe während des Konzils begonnen wurde. Und durch die Hilfsaktion von Laienkreisen hat sich dieser Versöhnungsprozess dann vertieft.

Ich meine, dass diese Versöhnung schon weitgehend Wirklichkeit geworden ist. An dieser Stelle möchte ich den Gedanken wiederholen, den ich im April 2010 in der Friedenskirche in Schweidnitz zum Ausdruck gebracht habe: Die Versöhnung ist ein Prozess, und dieser Prozess ist im Grunde genommen nie abgeschlossen. Die Versöhnung ist ein ständiger Prozess und setzt eine Haltung voller Wohlwollen und Offenheit gegenüber anderen Menschen voraus. Und so meine ich, dass die Versöhnungsmesse von 1989 sowie die Danksagung 20 Jahre später uns dazu veranlassen sollten, Gott und auch den Menschen, die daran mitgewirkt haben, dafür zu danken, was sich zwischen unseren Völkern ereignet hat.

Ganz besonders freue ich mich über die Begegnungen von Jugendlichen aus Polen und Deutschland. Dieser Ort Kreisau ist eine Arena für derartige fruchtbringende Kontakte. Ich wünsche, dass sich das weiter entwickelt.

2. Nossol ist ein Symbol der deutsch-polnischen Versöhnung

Helmut Kohl, Bundeskanzler a.D.

Den Eintritt von Erzbischof Nossol in den Ruhestand betrachte ich als gute Gelegenheit, um ihm für alles herzlich zu danken, was er in unserer Geschichte als Bischof in mehr als drei Jahrzehnten für den Frieden und die Versöhnung zwischen unseren Völkern getan hat. Er ist ein Mensch, dem wir zu besonderem Dank verpflichtet sind, und dem eine große Wertschätzung gebührt.

Über Jahrzehnte hat er als Bischof und zuvor als Theologieprofessor Brücken gebaut als Mittler zwischen der Amtskirche und gläubigen Menschen, zwischen verschiedenen christlichen Konfessionen, und ganz besonders zwischen Polen und Deutschen.

Bischof Nossol wurde in den letzten Jahren der Weimarer Republik in Deutschland geboren, ging als Kind in die deutsche Volkschule und hat schon in jungen Jahren die Grausamkeit des II. Weltkriegs erfahren.

Ich möchte betonen, dass er sich schon sehr früh – fast schon unmittelbar nach dem Zerfall Nazideutschlands – für den deutsch-polnischen Dialog eingesetzt hat. In seiner Oppelner Diözese hat er schon 1989 erneut Messen in deutscher Sprache eingeführt, was er sehr schön damit begründet hat, dass die Menschen die Möglichkeit haben sollten, ohne Angst in der Sprache ihres Herzens zu beten.

Wir verdanken Nossol die Tatsache, dass der damalige polnische Ministerpräsident, Tadeusz Mazowiecki und ich als deutscher Bundeskanzler im November 1989 an der von ihm gefeierten Versöhnungsmesse in Kreisau teilgenommen haben. Es ist jenes Kreisau, das als ein Symbol für ein anderes, besseren Deutschland im dunklen 20. Jahrhundert unserer Geschichte steht.

Der unlängst begangene 20. Jahrestag des Falls der Berliner Mauer war für uns Deutsche ein Anlass dafür, dass wir uns dankbar daran erinnerten und uns nochmals bewusst machten, welch einen bedeutenden Anteil schon zu Beginn der 80-er Jahre die Polen daran hatten, als es zum politischen Umbruch in Osteuropa kam. Erzbischof Nossol gehört zu jenen Menschen, die in den entscheidenden Jahren des Umbruchs Persönlichkeiten als mutige Symbolfigur dienten.

Voller Dankbarkeit erinnere ich mich an unsere Begegnungen und sehr guten Gespräche. Für seinen weiteren Lebensweg möchte ich dem Herrn Erzbischof von ganzem Herzen alles Gute wünschen, vor allem Gesundheit und Gottes Segen.

Wer Dich kennt, weiß, dass Du Dich auch als Bischof im Ruhestand weiterhin mit Schlesien, mit der Diözese Oppeln und dem für sie geleisteten Dienst als Seelsorger eng verbunden fühlen wirst.

3. Ein bedeutender Bischof, ein heiterer Mensch, ein Freund Schlesiens

Józef Kardinal Glemp

Noch bevor ich Bischof Alfons Nossol persönlich kennen lernte, hörte ich von ihm als Priester und Professor an der Katholischen Universität Lublin. Schon damals war er dort als ein künftiger Bischof im Gespräch. Nossol war damals schon eine Persönlichkeit. Dies hat sich dann bald bestätigt.

Damals habe ich Kardinal Primas Wyszyński als dessen Sekretär zur Bischofsweihe von Professor Alfons Nossol nach Oppeln begleitet. Ich war zum ersten Mal bei einer Bischofsweihe so nahe dabei, und muss gestehen, dass ich den neuen Oppelner Bischof sofort gemocht habe. Noch heute erinnere ich mich an seine tiefgehende Predigt über das Kreuz. Man sah ihm seine Schlichtheit an, die seinen ganzen späteren Dienst auszeichnete. Ein Jahr später bin ich selbst Bischof geworden, und wir haben uns ziemlich schnell angefreundet. Das war umso leichter, als Alfons immer ein offener, zugänglicher Mensch war, der gerne Kontakte knüpfte.

In Erinnerung geblieben ist er mir als jemand, der sich für Schlesien einsetzte. Gerne erzählte er über sein Leben und das seiner Familie, denn es lag ihm viel daran, dass die Schlesier verstanden wurden. Er sprach offen darüber, dass seine jüngeren Geschwister die polnische Sprache erst nach dem Kriege erlernen mussten, aber dass die Großeltern polnisch beteten. Über diese schweren Zeiten im Oppelner Schlesien erzählte er gerne auf heitere Weise. Auch darüber, wie er seinen jüngeren Bruder ans Tischbein festbinden musste, damit er nicht nach draußen lief und deutsch redete, weil die Familie dafür ihr Haus verlieren konnte.

In der Polnischen Bischofskonferenz war er für die Wissenschaft und ihre Organisation zuständig. Ich weiß noch, wie er immer an eine Oppelner Universität dachte. Die Gründung dieser Universität gehörte zu den großen Leidenschaften des Bischofs. Seine Freude war daher verständlich bei der Eröffnungsfeier, an der ich teilgenommen habe. Der damalige Ministerpräsident Józef Oleksy überraschte uns dann mit seiner Kenntnis des hl. Augustinus, den er zitierte.

Bischof Nossol war immer viel daran gelegen, dass die Alumnen ihr Studium gründlich absolvierten und akademische Grade erwarben. Er selbst liebte Bücher, die Wissenschaft faszinierte ihn, er lernte gerne. Einmal trafen wir uns in Rom. Ich war dort zu einem Kurzurlaub, und er lernte Italienisch. Er erzählte mir davon, welch eine Freude es ihm mache, neue Kenntnisse zu erwerben. Als ich ihn einmal in Oppeln besuchte, war sein kleines Zimmer vom Fußboden bis zur Zimmerdecke mit Büchern gefüllt, und er erzählte mir, dass er dort bis spät in die Nacht arbeite.

Wenn Alfons in der Bischofskonferenz das Wort ergriff, waren das nie leere Worte. Seine Überlegungen waren immer tief und ganzheitlich. Wir haben ihn nie als einen kirchlichen „Liberalen“ empfunden, der aus der Reihe tanzt. Für uns war er immer ein ernsthafter, sachlich orientierter Theologe. Er kannte sich im Protestantismus aus, pflegte enge Kontakte zu den Kardinälen Ratzinger und Kasper sowie zu zahlreichen wichtigen deutschen Politikern. Zudem war er in der Ökumene und im Bereich der Annäherung von Deutschen und Polen zufiefst engagiert. Im Episkopat schätzte man ihn. Nach seinen Ansprachen gab es oft Beifall, was hier nicht gerade die Regel ist. In mehreren Legislaturperioden gehörte er dem Ständigen Rat der Bischofskonferenz an, was auch in schweren Zeiten des Kriegsrechts der Fall war.

Dagegen hat Bischof Nossol sich nie an Arbeitsgruppen der deutschen und polnischen Bischofskonferenz beteiligt. Sicher wollte er nicht verdächtigt werden, dass er gleichzeitig auf beiden Seiten steht.

Ich habe mir auch seine Seelsorgearbeit näher angesehen, unter anderem in Prudnik (Neustadt), wo Primas Wyszyński interniert war, oder im Sanktuarium des hl. Jacek in Kamień Śląski (Groß Stein) und auf dem Annaberg. Unterwegs hielten wir in Gogolin an. Da habe ich gesehen, wie er es verstand, ganz nahe bei den Menschen zu sein, und wie herzlich seine Kontakte mit den Gläubigen waren. Sein großes Engagement kam auch in seinen Bemühungen um die Seligsprechung von Maria Luise Merker sowie bei den Feierlichkeiten zu ihren Ehren in Neiße zum Ausdruck. Seine Predigt hielt er teilweise auf Deutsch. In einfachen Worten, verständlich für die Menschen. Ich selbst, der nicht besonders gut deutsch spricht, habe alles verstanden.

Manchmal sprachen wir über deutsche Fragen. Als Reaktion auf die Forderungen nach besonderen Rechten für Deutsche habe ich noch als Bischof von Ermland gesagt, dass ich junge Leute erlebt habe, die auf Deutsch fluchten, um auf diese Weise zu zeigen, dass sie Deutsche sind. Als sie dann nach Deutschland umgesiedelt waren, fluchten sie auf Polnisch, um sich in Deutschland von anderen zu unterscheiden. Der Bischof sagte mir damals, einige Kreise in Deutschland hätten mir diese scharfe Äußerung verübelt. Er versteht es, sich aber in die Lage eines anderen zu versetzen.

Als Bischof Nossol 1989 vorschlug, in seiner Diözese heilige Messen in deutscher Sprache zu feiern, das heißt, wie er sagte, in der Sprache des Herzens, habe ich ihn darin unterstützt. Ich wusste, dass er zutiefst mit der Kirche verbunden war und niemals in die Richtung eines Nationalismus gehen würde. Auch wenn ich selbst gewisse Bedenken vor einer Germanisierung hatte, so hatte ich auch die Gewissheit, dass solche Messen ihre Begründung haben, wenn Nossol das will. Aus der Distanz betrachtet hat sich gezeigt, dass er Recht hatte. Schließlich haben wir ja auch unsere polnischen Gottesdienste überall dort, wo Polen leben und Messen in Polnisch haben wollen.

Bischof Nossol liebt die Schlesier. Er sieht und schätzt die Verbindung von Kulturen, die diesem Lande eigen ist, wo es polnische, deutsche und tschechische Elemente gibt. Vielleicht hat dieser oder jener ihm unterstellt, dass er zu sehr pro deutsch ist, weil er oft nach Deutschland reiste und dort viele Bekannte und Freunde hatte, auch in hoch gestellten Kreisen. Er wird dort sehr geschätzt, und er kennt die Theologie, auch die deutsche. Und er beherrscht hervorragend die deutsche Sprache. Manchmal haben sogar Deutsche gesagt, er könne besser Deutsch als sie selbst. Wenn ich in Deutschland zu predigen hatte, habe ich ihn manchmal gebeten, mich zu dolmetschen. Ich wusste, dass ich mich auf ihn verlassen konnte. Für diesen Dienst bin ich ihm dankbar.

Im November 1989 stand Bischof Nossol der Versöhnungsmesse in Kreisau vor. Wir vertrauten einander, und aus dieser Perspektive habe ich seine Beteiligung an diesem Ereignis betrachte. Ich war damals der Auffassung, dass Ministerpräsident Mazowiecki, der sich für diese Messe mit Kohl entschieden hatte, größere Verdienste daran hatte, als Kohl. Den Friedengruß beider Politiker habe ich ernst genommen. Das war eine wichtige Geste. Ich habe diese Geste mit dem Kniefall von Willy Brandt verglichen, der vor dem Denkmal für die Gettoopfer gekniet hatte.

Aus meiner Kindheit habe ich selbst schmerzliche Erinnerungen an die Deutschen. Ich bin in der Provinz Großpolen aufgewachsen, und wir Kinder mussten, wenn uns Gleichaltrige von der Hitlerjugend entgegen kamen, zur Seite springen und im Graben vor ihnen her laufen. Bei uns hat sich der Gedanke festgesetzt, dass die Deutschen das Herrenvolk sind. Ich konnte damals nicht zur Schule gehen, also habe ich auch nicht deutsch gelernt. Die Absicht der Besatzer war, dass wir als junge Menschen aus der Provinz Posen in die Ukraine zur Arbeit geschickt werden sollten. Nach dieser Konzeption reichte es aus, wenn wir auf die einfachsten Fragen antworten konnten: Wo bist du geboren? Wann bist du geboren usw. Daher hatte ich nach dem Kriege viele Vorbehalte gegenüber den Deutschen, wenngleich ich in Deutschland Verwandte habe, und mein Großvater und Vater haben in der deutschen Wehrmacht gedient. Mein Großvater bei Sedan, und mein Vater im I. Weltkrieg.

Auf richtige Deutsche, auf die man wie auf normale Menschen mit ihren Schmerzen und Leiden blicken konnte, stieß ich erst in Deutschland, als ich selbst dort hinfuhr. Da habe ich sie akzeptiert. Einmal sprach mich Bundeskanzler Kohl an und sagte: Wir müssen zusammen halten. Wir sollten uns einmal zusammen setzen und eine Flasche Wein trinken. Und er erinnerte daran, dass man bei ihm auf dem Lande die Daten nach kirchlichen Feiertagen abzählte: hl. Anna, Pfingsten usw. Als ich ihn näher kennen lernte, verstand ich, dass Kohl ein verantwortungsbewusster Mensch, ein Politiker und Christ ist, der keine Bedenken weckt.

Bischof Nossol hat es auch fertig gebracht, dass der Heilige Vater im Jahre 1983 auf dem Annaberg den Gläubigen aus dem Oppelner Land begegnete. Der Kampf um jeden Programmpunkt der päpstlichen Reise war damals sehr verbissen. Alle hatten gewollt, dass der Papst schon 1982 kommen sollte. Johannes Paul II. hat vermutlich selbst darauf gehofft, dass der Kriegszustand aufgehoben würde, wenn er nach Polen kommt. Die Machthaber waren bereit, den Papst nach Polen kommen zu lassen, aber nur nach Tschenstochau. Ich war für eine Verschiebung des Besuches ins Jahr 1983, wenn sich alles beruhigt hat. Alle wollten den Papst damals bei sich haben, und wir mussten mit den staatlichen Behörden um jeden Programmpunkt feilschen. Der Annaberg war ein wichtiges Element dieser Pilgerreise mit dem herrlichen Vespergesang. Dem Papst hat das gefallen. Ich kann mich noch gut daran erinnern, als Kardinal Król aus Philadelphia vom Altar aus sagte, er habe noch nie eine so große Bande gesehen – er meinte ein so großes Blasorchester und verursachte damit ein großes Gelächter.

Ich habe keinerlei Zweifel, dass mit dem Augenblick, wenn Erzbischof Nossol in den Ruhestand geht, ein großer Bischof den Dienst verlässt, aber gleichzeitig auch ein heiterer Mensch, der frei von Dünkel ist. Auch wenn er selbst manchmal traurig war, so hat er das nie nach außen gezeigt. Er ist ein Mensch mit einem tiefen Glauben.

4. Ein Ökumeniker baut Brücken

Walter Kardinal Kasper, ehemaliger Vorsitzender des Päpstlichen Rates zur Förderung der Einheit der Christen und Dr. h.c. der Universität Oppeln

Erzbischof Nossol habe ich vor vielen Jahren kennen gelernt. Ich war damals noch Professor in Tübingen und als solcher wurde ich nach Lublin zur Katholischen Universität eingeladen. Wir haben uns damals angefreundet, und diese Kontakte dauern bis heute an. Auf der gemeinsamen Reise von Lublin nach Oppeln besuchte ich zum ersten Mal Tschenstochau und das dortige Sanktuarium der Gottesmutter. Ich weiß noch, dass ich während meines Aufenthalts in Schlesien erkrankte, und die Schwestern in Oppeln mich erfolgreich gesund pflegten. Seit jener Zeit treffe ich mich sehr häufig mit Erzbischof Nossol, und wir pflegen einen Gedankenaustausch vor allem in ökumenischen Fragen.

Erzbischof Nossol wurde mein Nachfolger als Vorsitzender in der Kommission für den lutherisch-katholischen Dialog. Er war auch mit mir zusammen in der ökumenischen Kommission, die den Dialog mit den orthodoxen Christen pflegt. Unsere Zusammenarbeit hat sich immer sehr gut gestaltet.

Als jemand, der sich um die Gesamtkirche verdient gemacht hat, hat Nossol auch sehr viel für die Diözese Oppeln getan. Sein Lebenswerk war sicher die Gründung der Oppelner Universität. Die Entstehung der Universität ist etwas von Dauer, die über viele Jahre Früchte tragen wird. Im Rahmen unserer

Freundschaft bin ich oft im seinem Ordinariat und in seiner Wohnung zu Gast gewesen. Denn wir verstehen uns sehr gut sowohl auf der menschlichen als auch auf der theologischen Ebene. Er war es, der mich an die neu gegründete Universität Oppeln einlud. Er hat es auch bewirkt, dass ich die Ehrendoktorwürde an der Universität bekam, was für mich eine große Auszeichnung war.

Bischof Nossol ist ein sehr aufgeschlossener Theologe, und er kennt die deutsche Theologie ausgezeichnet. Aber das, was wir in Deutschland an ihm besonders schätzen, ist sein radikaler Einsatz für Versöhnung und die Freundschaft zwischen Polen und Deutschen. Das ist sein ganz besonderes Verdienst. Diesen Einsatz habe ich sehr stark und positiv empfunden, als ich in der Deutschen Bischofskonferenz für die Kontakte mit der Polnischen Bischofskonferenz zuständig war. Damals hat der Erzbischof mir sehr dabei geholfen, die Freundschaft zwischen unseren beiden Völkern wiederherzustellen, die während der Naziherrschaft in Deutschland so schwer gelitten hatte.

Als Ökumeniker ist er einer der offensten Menschen und Theologen, denen ich jemals begegnet bin. Ich sehe und schätze an ihm seine Menschlichkeit, seine Bereitschaft zur Freundschaft und seinen Humor. Mit Hilfe dieser Eigenschaften ist Erzbischof Nossol in der Lage, viele Probleme zu bewältigen. Das betrifft auch den ökumenischen und den internationalen sowie den deutsch-polnischen Dialog. Man kann mit ihm, wie man das so in Deutschland und wohl auch in Polen sagt, Pferde stehlen.

Seine bemerkenswerte Eigenschaft ist, dass er aus der Sicht des Wortes Gottes über Gott und die Kirche denkt, und nicht nur aus der Perspektive der Institution. Es liegt ihm immer an dem lebendigen, authentischen Glauben der Menschen. Indem er auf diese Weise auf die Menschen blickt, bemerkt er, dass die guten und engagierten evangelischen Christen und gute Katholiken einander viel näher sind, als man oberflächlich vermuten könnte.

Und schließlich ist Bischof Nossol ein Mensch der Freundschaft. Und das ist in der ökumenischen Arbeit oft das Wichtigste. Die Herstellung von freundschaftlichen Beziehungen, die Schaffung von Vertrauen bewirkt, dass vieles leichter wird. Ohne Freundschaft können intelligente Menschen diskutieren und die Argumente der Gegenseite endlos bis zum jüngsten Gericht zurückweisen. Im Geiste der Freundschaft und mit gutem Willen verlaufen alle Gespräche entschieden leichter.

Erzbischof Nossol hat Wärme, Freundschaft, Offenheit und Sympathie – neben seinem großen theologischen Wissen – in den schließlich nicht einfachen katholisch – protestantischen Dialog eingebracht. Das betrifft schließlich auch den aus der Vergangenheit mit so vielen Problemen belasteten katholisch-orthodoxen Dialog. Ungeachtet aller Schwierigkeiten hat er Brücken gebaut. Denn er ist ein unermüdlicher Bauherr.

5. Bischof Nossol kann zuhören

Rita Süssmuth, ehemalige Präsidentin des Deutschen Bundestages

Die Versöhnungsmesse in Kreisau, bei der Erzbischof Nossol eine so bedeutende Rolle gespielt hat, wäre ohne den historischen Zufall, dass man diesen Ort in das Besuchsprogramm von Helmut Kohl in Polen aufgenommen hat, nicht möglich gewesen. Ich stelle mir vor, dass dem Bundeskanzler bewusst war, welche symbolische Bedeutung dieser Ort wegen der Jahre 1938 bis 1944 für die Deutschen hatte, und welche Rolle er für die deutsch-polnischen Beziehungen künftig spielen könnte. Kurz gesagt, es konnte damals keinen besseren Ort für die Begegnung beider Regierungschefs und für ihren Dialog geben, insbesondere nach dem Fall der Berliner Mauer und der Übernahme der Regierung durch die „Solidarność" unter Tadeusz Mazowiecki in Polen.

Ich habe die damalige Fernsehübertragung aus Kreisau nicht gesehen, und ich bin mir auch nicht sicher, ob es in Deutschland eine solche Direktübertragung gegeben hatte. Trotzdem habe ich das Ereignis mit einer großen inneren Bewegung erlebt. Ich hatte damals das vor Augen, was sich während des Krieges in Warschau, in Krakau und vielen anderen polnischen Städten abgespielt hat. Vielen Polen ist damals von Deutschen großes Leid zugefügt wurden. In lebhafter Erinnerung hatte ich auch jene Männer aus Kreisau, die bis zur Hingabe ihres eigenen Lebens gegenüber den Nazis Widerstand geleistet haben.

Und nun begegneten einander in diesem Kreisau drei Menschen: Kohl, Nossol und Mazowiecki – zwei Polen und ein Deutscher, um auszudrücken, dass die Einheit Deutschlands ohne den Fall der Berliner Mauer, aber auch ohne die „Solidarność“ nicht möglich gewesen wäre. Es war jene „Solidarność“, die gegen die Diktatur für Freiheit und Gerechtigkeit nicht nur in Polen erfolgreich kämpfte, sondern in gewissem Sinne auch in Ostmitteleuropa und damit bewies, dass Veränderungen in der Politik, die in Richtung Freiheit und Befreiung zielen, und gleichzeitig die Menschen einander näher bringen, möglich sind.

Bischof Alfons Nossol bin ich später noch mehrfach begegnet. Am meisten hat mich ein Gespräch von 1991 beeindruckt. Ich bin damals von Frau Professor Dorota Simonides nach Oppeln eingeladen worden. Vor dem Treffen mit dem Bischof hatte ich Gelegenheit, mit der deutschen Minderheit zu sprechen. Das Treffen fand in einem ziemlich heruntergekommenen, alten Kinosaal statt. Dort hatte sich eine Menschenmenge voller Emotionen eingefunden. Mich schauten sie an als eine Vertreterin der deutschen Regierung, die Schlesien und seine Bevölkerung dem eigenen Schicksal ausgeliefert hätte und sich überhaupt nicht dafür interessiere. Mich machten sie dafür verantwortlich, dass sie ihre deutschen Pässe eingebüßt hatten und Bonn sie nicht als Deutsche betrachte, dass sie vergessen worden seien, weil der deutsche Staat nur seine eigenen Interessen verfolge.

An dieser Stelle erlaube ich mir, an eine kleine Begebenheit von dem Treffen zu erinnern. Leute, die als erste das Wort ergriffen hatten, „stachelten“ die übrigen noch weiter an. Ich hatte auf dem Weg zu jenem Kino zufällig ein Auto mit deutschen Kennzeichen gesehen. Als ich nun von einem Mann sehr scharf angegriffen wurde, fragte ich ihn, woher er eigentlich komme. Er reagierte darauf ziemlich patzig und sagte, dass das egal sei und mich das nichts angehe. Also sagte ich ihm ins Gesicht, dass er aus Duisburg sei. Darauf fand er keine Ausrede. Die Anwesenden waren gänzlich überrascht, dass ich ihn ertappt hatte, und nun konnten wir schon viel besser miteinander reden. Bei dieser kontroversen Begegnung erklärte ich den Leuten, dass sie die deutsche Staatsangehörigkeit nicht unwiederbringlich verloren hätten, dass wir in Deutschland durchaus an sie dächten, und hier in Polen könnten sie sich zu ihrer Minderheit bekennen, und hätten sowohl im Parlament als auch in den kommunalen Behörden ihre Vertreter.

Den Abend verbrachte ich dann mit Bischof Nossol, dessen Persönlichkeit auf mich einen großen und positiven Eindruck machte. Ich war sehr überrascht, wenngleich ich schon viel über ihn und seine Leistungen im Bereich der deutsch-polnischen Versöhnung erfahren hatte. In ihm erblickte ich jemanden, der den Dialog fortsetzte, den die polnischen Bischöfe mit den deutschen begonnen hatten, indem sie in ihrem berühmten Brief schrieben: Wir vergeben und bitten um Vergebung. Trotzdem war ich erstaunt. Ich hatte in dem Bischof nämlich einen überaus gastfreundlichen Menschen getroffen, der gegenüber der Meinung von anderen offen und zugleich sehr bescheiden war. Auch äußerlich war er nicht als Bischof zu erkennen. Er bot etwas zu trinken an und man sah, dass ihm daran lag, dass sich der Gast wohl und sicher fühlte.

Das ist für seine Haltung bezeichnend. Zu Beginn des Gesprächs stellte er zwei Fragen, und dann schwieg er hauptsächlich und hörte zu, während Frau Simonides und ich redeten. Wir sprachen überwiegend darüber, wie man der deutschen Minderheit am besten begegnen, und ihr dabei helfen könne, ihre Ängste zu überwinden. Der Bischof erwies sich in dem Gespräch als ein sensibler Partner und als Freund der Menschen. Ich hätte erwarten können, dass der Abend sich in der Darlegung des Standpunktes der katholischen Kirche erschöpft, stattdessen erlebte ich ein Gespräch von Mensch zu Mensch. Ich spürte, dass der Bischof eine sehr ausgeprägte Persönlichkeit ist und überhaupt nicht daran interessiert war, jemandem diese Persönlichkeit aufzudrängen.

Ein solches Verhalten des Bischofs, eine solche Haltung, hat nicht nur in unserem Gespräch, sondern überhaupt, sehr viel dazu beigetragen, dass es im Oppelner Land, in seiner Diözese, gelungen ist, bei der Mehrheit und der Minderheit Eskalationen zu vermeiden. Denn Schwierigkeiten hat es ja gegeben. Ich hatte das ja selbst wenige Stunden zuvor erlebt. Bischof Nossol ist es gelungen, diese Schwierigkeiten zu entschärfen.

Damals habe ich mir bewusst gemacht, dass ich zwar der CDU angehöre, das heißt einer christlichen Partei, bei der das „C“ darauf verweist, aber dass wir in unserem praktischen Leben nicht immer christlich handeln. Bischof Nossol dagegen handelt christlich. Er ist in der Tat ein Christ. Ich habe später mehrfach Gelegenheit gehabt, ihn bei verschiedenen Feierlichkeiten in Deutschland zu hören, auch bei einer Begegnung mit Kardinal Lehmann in Mainz, und meine Begeisterung für ihn ist nicht geschwunden.

Die Haltung des emeritierten Oppelner Bischofs, die darauf beruht, bei seiner Identität zu bleiben und gleichzeitig die Identität des anderen zu schätzen, kann ein Modell nicht nur für die Kontakte von Polen und Deutschen sein. Es ist eine richtige menschliche Haltung sowohl für Christen als auch für Nichtchristen. Das ist in der heutigen Zeit sehr wichtig, wenn immer wieder vom christlichen Europa geredet wird. Das ist wichtig, wenn wir gegenüber der muslimischen Türkei, die sich um den Beitritt zur Union bemüht, das Argument vom christlichen Europa benutzen. Solche Persönlichkeiten wie Erzbischof Nossol, Hans Küng oder Erzbischof Muszyński denken ganz anders darüber: Wir büßen unseren christlichen Charakter nicht dadurch ein, wenn wir uns für andere öffnen. Wir hören allerdings auf, Christen zu sein, wenn wir unseren Glauben aufgeben und ihn nicht ernst nehmen. Es geht doch darum, dass wir als echte

Christen den Menschen die frohe Botschaft verkünden, verbunden mit der Möglichkeit, eines friedlichen, freundschaftlichen Zusammenlebens der Menschen, das sich dadurch auszeichnet, dass wir den Menschen helfen wollen.

Dieses Prinzip zeichnet auch Menschen aus, die sich zu einer anderen Religion bekennen. Wenn ich den Koran lese, finde ich in ihm viele Elemente, die mir auch aus der christlichen Religion bekannt sind, zum Beispiel bei der Jungfrau Maria oder der heiligen Elisabeth. Auch Jesus Christus kommt da vor, wenngleich nicht als Gott, sondern als ein bedeutender Prophet.

Die Öffnung auf andere Religionen hin muss daher nicht bedeuten, auf die christliche Identität zu verzichten. Sie bedeutet dagegen ein solches Zusammenleben, das niemanden ausschließt. André Gide hat ein kleines Büchlein geschrieben, es heißt „Das enge Tor“. Das zentrale Thema darin ist, wen wir zu den „Unseren“ zählen. Und Gide, ein Atheist, zeigt klar auf, dass wir damit vorsichtig umgehen müssen. Die Entscheidung über diese Frage steht uns nicht zu. Gott öffnet die Tür seines Herzens viel weiter, als wir Christen es uns vorstellen können. Ich denke, dass die Unterweisungen und das praktische Leben von Erzbischof Nossol in eine solche Haltung eingebettet sind.

Und zum Schluss noch ein Beispiel. Als in Polen die Partei Recht und Gerechtigkeit regierte, suchte man eifrig nach Mitarbeitern des ehemaligen Systems. Sogar einen Teil der polnischen Bischöfe beschuldigte man der Kollaboration mit dem kommunistischen System. Viele waren durch solche Verdächtigungen verunsichert. Bischof Nossol war einem solchen Druck nie ausgesetzt. Er fühlte sich in seiner christlichen Identität selbstbewusst und stark. Weil der Bischof von Oppeln jemand ist, der den Menschen sehr gut sowohl in seiner Tragik als auch in seiner menschlichen Größe versteht.

Auf die deutsch-polnischen Beziehungen zurückkommend, möchte ich sagen, dass sie sich gegenwärtig in einem ähnlichen Geiste, das heißt in einem guten Geiste, entwickeln. Deutsche der mittleren und jüngeren Generation besuchen häufig die Geburtsorte ihrer Großeltern. Viele von ihnen bekennen nach ihrer Rückkehr: Man hat uns die Tür geöffnet, herein gebeten, und wir haben in einer freundschaftlichen Atmosphäre zusammen Kaffee getrunken. Das schließt nicht aus, dass es bei den Älteren immer noch die Nostalgie nach der verlorenen Heimat gibt. Menschen haben das Recht auf ihre Emotionen. Aber die entschiedene Mehrheit der Deutschen, auch die Mehrheit der Vertriebenen, hat das längst hinter sich. Es gibt nicht mehr die Erwartung aus der Vergangenheit: Gebt uns diese Gebiete wieder zurück.

Viele Deutschen wollen wissen, wo ihre Großeltern gelebt haben, wo ihre Eltern geboren wurden und möchten das Bewusstsein von ihren Wurzeln haben, um besser verstehen zu können, wer sie sind. Ein Ausdruck dessen ist auch das Bedürfnis zur Schaffung eines Zentrums gegen Vertreibungen. Und diese Erwartungen sind in gewissem Sinne völlig verständlich. Aber zum Kontext dieser Erwartungen gehört auch die besondere Resolution, die wir als Parlamentarier verfasst haben: „Nie wieder Vertreibungen, nie wieder ethnische Säuberungen. Überall, in ganz Europa“.

Wenn man bei uns an die Vergangenheit erinnert, dann nicht deshalb, um Wunden aufzureißen, sondern deshalb, um für die Zukunft viel zu lernen. Natürlich gibt es Menschen, die nicht in der Lage sind, sich für die Verständigung und Versöhnung zu engagieren, aber es sind nicht sie, die für die gegenwärtigen oder künftigen deutsch-polnischen Beziehungen die Richtung bestimmen.

6. Er hat in meinem Leben eine Spur hinterlassen

Dorota Simonides, langjährige Senatorin im Parlament

Erzbischof Alfons Nossol hat mein Leben mindestens zweimal stark beeinflusst. Als der Kriegszustand verhängt wurde, war ich Parlamentsabgeordnete. Am Sonntag, den 13. Dezember 1981, ging ich mit meinem Mann zu dem mit unserer Familie befreundeten Pfarrer der Kathedrale. Als ich dem jetzt schon verstorbenen Prälaten Stefan Baldy sagte, dass ich mein Mandat im Parlament niederlegen wolle, rief er bei Bischof Nossol an und verabredete uns zu einem Nachmittagskaffee. Dabei habe ich gegenüber dem Bischof meine Absicht wiederholt (ähnlich wie dies auch der Bekannte Schauspieler Gustaw Holoubek getan hatte). Der Bischof sagte nach einer kurzen Bedenkzeit: „Oh nein, Frau Professor, das wäre zu einfach. Jetzt erst haben Sie die Chance, Mut zu beweisen und zu handeln." Er war mit meinem Verzicht nicht einverstanden und versprach, mich unterstützen zu wollen.

Diese Haltung des Erzbischofs kam daher, weil er in moralischen Fragen absolut kompromisslos und grundsätzlich ist. Heute, nach Jahren, bin ich mir sicher, dass der Verzicht auf mein Abgeordnetenmandat tatsächlich zu leicht gewesen wäre. Der Bischof hatte Recht, wenngleich es mir nicht leicht gefallen war, seinem Rat zu folgen.

Die Hinweise des Erzbischofs haben meine Entscheidungen im Parlament dann stark beeinflusst. Ich hatte sie im Ohr, als ich gegen die Einführung des Kriegsrechts stimmte. Und ich hatte mich als einzige Abgeordnete der Stimme enthalten, als man Jaruzelski das Amt des Ministerpräsidenten übertrug, und ich stimmte auch gegen die Delegalisierung der „Solidarność". Diese Entscheidungen waren mir nicht leicht gefallen, denn man hat uns schrecklich schikaniert. Abgeordnete, die neben mir saßen – und heute weiß ich, dass sie dem Geheindienst angehörten – sagten ganz offen, ich sollte nicht so mutig sein, denn meine Tochter könnte vergewaltigt, mein Sohn könnte überfahren werden, oder Unbekannte könnten mich selbst sogar aus dem Zug werfen usw. „Weshalb drängen Sie sich auf die Hochspannungsleitung" – so zischten sie. Und sie versuchten, mich davon zu überzeugen, dass das, was ich tue, keinen Sinn habe.

Dem Bischof habe ich es übel genommen, dass er mich zu einer solchen Entschlossenheit veranlasst und mich bewogen hatte, Abgeordnete zu bleiben. Aber ich habe damals sehr viel gebetet, denn die Angst war groß. Ich wusste, dass auch der Bischof für mich betete. Bei der Überwindung der Angst hat mir auch die „Solidarność" etwas geholfen. Sie erklärte öffentlich, dass sie mich als ihre Vertreterin im Parlament betrachte, und sie kümmerte sich auch um meine Sicherheit. Leute von „Solidarność" holten mich z. B. vom Bahnhof ab, wenn ich von einer Reise zurückkam.

Das zweite Mal habe ich nach dem Tode von Senator Edmund Osmańczyk auf Bischof Nossol gehört. Leute vom Bürgerkomitee haben mich sehr bedrängt, dass ich für den Senat kandidieren sollte. Zunächst hatte ich zugesagt. Doch am Silvesterabend wurde mir klar, wie mich das belastete. Folglich rief ich bei Herrn Kobiałka an und habe meine Kandidatur ganz entschieden zurückgezogen. Völlig entspannt ging ich dann zur Jahresschlussandacht in die Kirche. Als ich nach der Messe die Kirche verließ, fasste mich jemand am Ärmel und zog mich in die Sakristei. Dort stand Bischof Nossol in der Tür, der schon Bescheid wusste. Sie müssen kandidieren – sagte er, denn wir wollen hier in Oppeln Ruhe haben. Und er gab mir zu verstehen, dass ich als Schlesierin, die das Oppelner Gebiet seit 40 Jahren erforscht, die Leute kenne und deshalb von ihnen leichter akzeptiert und gewählt würde. Dies würde zur Abschwächung von Chauvinismus und Nationalismus beitragen. Der Bischof meinte, wenngleich er das nicht so ausdrückte, dass es für einen Senator aus den Reihen der deutschen Minderheit noch zu früh sei. Er hat mich überzeugt. Ich verließ die Kirche und gab mein Einverständnis für meine Kandidatur bei der Wahl im Februar.

Als Senatorin hatte ich zahlreiche Begegnungen mit Deutschen, mit Schlesiern und mit der Polonia. Überall sagte ich, dass wir die Tatsache, dass wir im Oppelner Land einen gesellschaftlichen Frieden haben, und es die Zusammenarbeit mit der deutschen Minderheit gibt, unserem klugen Bischof zu verdanken haben. Ausdruck dieser Klugheit waren unter anderem zwei in den Jahren 1990 und 1991 verfasste dramatische Hirtenbriefe über das Geheimnis der Versöhnung. Diese Hirtenbriefe haben mir sehr geholfen. Ich hatte sie immer bei mir, wenn ich zu Treffen mit Wählern fuhr, weil ich wusste, wie sehr sie menschliche Emotionen erreichen können. Das war nicht verwunderlich, denn der Bischof beschwor die Leute geradezu, Oppelner zu sein und seinen Wunsch zu verstehen, dass es erforderlich sei, in unserer Region eine Gemeinschaft von Einheimischen, aus dem Osten und Zugezogene und Menschen aus Zentralpolen aufzubauen.

Ihr, die ihr zugezogen seid, seid eine herrliche und meinem Herzen teure Bereicherung unserer schlesischen Erde. Diese Erde ist auch die Heimat von jenen, die seit Generationen hier leben – sagte der Bischof. Die Stimmungen waren damals sehr aufgewühlt, so ein bisschen plebiszitär. Es gab Stimmen, die da sagten: Wenn Deutsche hier wohnen, dann sollen sie doch von ihrer Freiheit Gebrauch machen und nach Deutschland ausreisen. Auf diesen schwierigen Boden fielen die Worte von Bischof Nossol, der zur Versöhnung mit Gott, mit anderen Menschen, mit uns selbst und mit der uns umgebenden Umwelt aufrief. Aus dieser vierfachen Versöhnung – so der Bischof – sollte die Achtung vor der Vielfalt und die Anerkennung der Meinung des anderen erwachsen.

Einen großen Eindruck hat auf mich die Reaktion des Bischofs auf die Ernennung von Marian Jaworski zum Erzbischof von Lemberg gemacht. Er reagierte darauf mit einem Hirtenbrief, in dem er zu einer besonderen Kollekte für die Kirche in Lemberg aufrief. Dieser Appell richtete sich an die Schlesier sowie an die Menschen aus Zentralpolen, aber ganz besonders sprach der die Polen aus dem Osten an, sie sollten jene Orte unterstützen, wo ihre Wurzeln und ihre kulturellen Werte seien. Das zeugte von einer großen Offenheit seines Intellekts und seines Herzens. Erzbischof Nossol zeigte damit, dass ihn mit diesen Menschen nicht nur eine Schicksalsgemeinschaft, sondern auch die kulturelle Vielfalt verbindet, und dass die Kirche für ihn nicht nur eine religiöse, sondern auch eine gesellschaftliche Rolle zu spielen hat.

Für den Bischof gab es keinen Zweifel: Sofern wir über die Gabe der bürgerlichen Freiheit verfügen, sind wir verpflichtet, diese Gabe möglichst gut zu nutzen. In seinen Hirtenbriefen benannte er alle im Oppelner Land lebenden ethnischen, kulturellen und religiösen Minderheiten und rief entschieden dazu auf, ihr Existenzrecht zu achten. Ohne Wertschätzung für andere, höre Schlesien auf Schlesien zu sein.

Erzbischof Nossol war sich dessen bewusst, dass das Auftauchen der deutschen Minderheit für viele Menschen eine Erschütterung war. Woher kam eine solche Minderheit? Solche Fragen stellten nicht nur die Einwohner des Oppelner Landes, die plötzlich feststellen mussten, dass ihre Nachbarin eine Deutsche ist. Zweifel kamen auch bei den Polen aus anderen Regionen auf, und in gewissem Sinne fragte sich das die ganze Welt. Mit einer solchen Frage wandten sich 110 Journalisten aus der ganzen Welt an mich, sogar aus Japan. Der Bischof wusste natürlich nur zu gut, dass Menschen die Minderheit bildeten, die nach dem Kriege in Schlesien geblieben waren, als die Grenze verschoben wurde. Und er wusste auch, dass eine Versöhnung unmöglich wäre, wenn wir uns vor dieser Tatsache verschließen würden. Um die Akzeptanz der Minderheit bat er nicht nur die Menschen aus Ostpolen und Zentralpolen, sondern auch die Priester, die in der Oppelner Diözese arbeiteten. Sie sollten auf jede Art von Nationalismus verzichten.

Der Bischof hat zu Beginn der 90-er Jahre sämtliche europäische Standards über Minderheiten vorweggenommen. Er war nicht nur bereit, diese zu tolerieren, sondern sie auch entschlossen zu akzeptieren. Dazu gehörte auch das Verständnis, das er der „Sprache des Herzens" entgegen brachte, die auch bei der heiligen Messe an Sonntagen benutz wurde. Als Bischof von Oppeln hat Alfons Nossol daran gearbeitet, dass wir für ganz Polen ein Modell zur Versöhnung mit unserem Nachbarn schaffen. Ich meine, dass dieses Ziel jetzt, da er seinen Dienst in der Diözese Oppeln aufgibt, zu 95% verwirklicht ist. Die Versöhnung ist bei uns eine Tatsache. Das betrifft nicht nur die Versöhnung von Polen und Deutschen, Polen und Tschechen, sondern auch im ökumenischen Bereich die von Katholiken und Protestanten.

Und noch eine weitere Erinnerung. Zu Beginn der 90-er Jahre ging ich zu Bischof Nossol, um ihn darauf aufmerksam zu machen, dass viele Schlesier, besonders solche von der deutschen Minderheit, nach Deutschland umsiedelten. Ich sagte, diese Menschen würden vor Ort nicht die Möglichkeiten nutzen, die der freie Markt ihnen biete. Es seien vorwiegend Polen, die Geschäfte und Werkstätten gründeten, wogegen die Hiesigen dabei keinen Anteil daran hätten. Bischof Nossol verfasste daraufhin einen umfangreichen Hirtenbrief und erinnerte daran, dass „Sein“ mehr sei als „Haben“, und er erinnerte die Menschen daran, dass es notwenig sei, die eigenen Kinder richtig zu erziehen, bevor sie um des Verdienstes willen ins Ausland wegzögen.

Auch die Versorgung mit medizinischem Gerät aus Deutschland hatte für das Werk der Versöhnung in der Oppelner Gegend eine Bedeutung. Der Bischof war sehr darum bemüht, dass diese Geräte in die Krankenhäuser kamen und allen Menschen gleichermaßen zur Verfügung standen, ob nun der Mehrheit oder der Minderheit. Selbst wenn jemand viele Vorbehalte gegenüber den Deutschen hatte, dann jedoch erfuhr, dass er durch Tommographen oder Ultraschallgeräte, die aus Deutschland kamen, gesund geworden war, dann wurde die Abneigung gegenüber den Deutschen erheblich geringer. Ich erinnere mich daran, dass wir einmal gemeinsam dem gynäkologischen Krankenhaus Apparaturen brachten, und der Bischof scherzte, dass er sich hier sicher nicht behandeln lassen werde. Aber in Wirklichkeit gab es keine Einrichtung des Gesundheitsdienstes, die solche Bemühungen des Bischofs nicht genutzt hätte.

Für das Werk der deutsch-polnischen Versöhnung hat Erzbischof Alfons Nossol durch die Messe in Kreisau im Jahre 1989 einen besonders symbolische Beitrag geleistet. Die Feier dieser Messe war ein mutiger Schritt vorwärts in Richtung Brückenbau zwischen beiden Ländern. Als diese Eucharistie begann, herrschte Novemberkälte nicht nur in der Luft. Noch spürbarer war die emotionale Kälte. Man muss ehrlich sagen, dass Ministerpräsident Tadeusz Mazowiecki für den Friedensgruß mit Helmut Kohl noch nicht vorbereitet war. Schließlich war weder die polnische Mehrheit, noch die deutsche Minderheit darauf vorbereitet. Diese hatte auf einem Transparent deklariert: „Helmut, du bist auch unser Kanzler.“ Das hat die anwesenden Polen sehr betroffen gemacht. Wir hatten bislang in ihnen polnische Staatsbürger gesehen und fürchteten uns vor derart deutlichen Äußerungen seitens der Minderheit. Die Furcht vor den Deutschen war damals allgemein. Der Bischof machte da einen entscheidenden Schritt in Richtung Versöhnung beider Völker. Er war in einer ganz besonderen Situation, und war sich dessen bewusst, dass dieser Augenblick ein wichtiger Moment für die deutsch-polnische Geschichte war, aber er wusste auch, dass dieser Schritt zum Briefwechsel der Bischöfe passte, der notwendig war und dem Zustand des gesellschaftlichen Bewusstseins weit voraus eilte. Denn weder die Politiker, noch die Bürger waren auf die Versöhnung vorbereitet.

In der politischen Küche, in der man Kreisau vorbereitet hatte, war es noch nicht an der Zeit, gemeinsam zu kochen – um in der kulinarischen Metaphorik zu bleiben. Es gab noch keine Kochtöpfe. Denn einerseits waren auf unserem Territorium noch sowjetischen Soldaten stationiert, Jaruzelski war Präsident, und General Kiszczak war Innenminister, und andererseits hatte Mazowiecki auch Angst vor den Deutschen. Man hat nämlich erzählt – aber das ist unwahr – dass Mazowiecki sogar das sowjetische Militär in Polen behalten wollte, damit es uns vor den Deutschen schützt.

Des Weiteren fanden Vorbereitungen für die Unterzeichnung des Grenzvertrages statt. Kohl hatte mit diesem Vertrag keine Eile. Und unter dem Einfluss der Vertriebenen änderte er mehrfach seine Meinung. Somit war das deutsch-polnische Klima um die Jahreswende 1989/1990 noch sehr ungewiss. Und ich habe keine Bedenken zu sagen, dass wohl nur der Herrgott selbst diese kalte Küche in den deutsch-polnischen Beziehungen angewärmt hat. Wenn es zu der Versöhnungsgeste in Kreisau nicht gekommen wäre, hätte sie vermutlich nie stattgefunden. Eine eigene besondere Bedeutung hatte auch die Tatsache, dass die Kreise von „Znak“ und „Tygodnik Powszechny“ mit

Stomma, Pszon und Turowicz auf Mazowiecki Druck ausübten. Aber so etwas wie eine „Chemie“ hat es zwischen Kohl und Mazowiecki nicht gegeben. Und das nicht nur, weil Mazowiecki distanziert und Kohl jovial ist. Mazowiecki befürchtete, das wiedervereinigte Deutschland könnte die Vergangenheit und ihre Beteiligung an zwei Weltkriegen vergessen. Deshalb hielt er umso mehr Distanz. Nach Jahren bekannte Mazowiecki mir gegenüber in einem Gespräch, er hätte sich damals gegenüber Kohl etwas herzlicher zeigen sollen.

Kohl reiste aus Polen ab, um beim Fall der Berliner Mauer dabei zu sein. Ich war davon überzeugt, dass er nicht zurückkehren würde und habe sogar um einen Liter Wodka mit jemandem gewettet. Die Wette habe ich verloren. Als ich dies Helmut Kohl einmal in einem Gespräch erzählte, hat er sich köstlich amüsiert.

Zu den Verdiensten von Bischof Nossol gehört nicht nur, dass er die polnische Mehrheit für die deutsche Minderheit sensibilisiert hat. Immer wenn er in Deutschland war, wies er darauf hin, dass wir in Polen auch unsere Vertriebenen haben, und dass diesen Vertriebenen genauso wie den Deutschen Unrecht geschehen war, denn sie mussten ihre angestammte Heimat ebenfalls verlassen und anderswo Wurzeln schlagen. Der Bischof wurde oft von polnischen Nationalisten beschimpft, aber auch ein Teil der deutschen Minderheit beklagte sich über ihn, weil er zu wenig deutsch war.

Beim Bischof von Oppeln, der ohne Gesprächstermine anzusetzen, jeden empfing, der zu ihm kam, haben viele Menschen Rat und Hilfe gesucht. Und er selbst sagte einmal scherzhaft, er spiele die Rolle des nicht mehr bestehenden Woiwodschaftskomitees der kommunistischen Partei, wobei er sich zu politischen Fragen so gut wie nie äußert. Von solchen Auseinandersetzungen hält er sich konsequent fern. Immer engagierte er sich jedoch zu Gunsten wichtiger Fragen der Region. Dazu gehört vor allem die Oppelner Universität, für die wir uns gemeinsam eingesetzt haben. Ich erinnere mich auch an den Besuch von Hanna Suchocka in der Region Oppeln und ihr Treffen mit Bischof Nossol. Die Frau Ministerpräsidentin, mit der ich seit Jahren befreundet bin, sagte dem Bischof im privaten Gespräch bei Kaffee und Wein im Anschluss an die zahlreichen Treffen ganz deutlich, dass Henryk Goryszewski von den Nationalchristen und Paweł Łączkowski von den Rechten den größten Widerstand gegen die Gründung der Oppelner Universität leisteten. Sie hatten ganz einfach Angst, dass die Universität einen zu deutschen Charakter haben würde. Als wir dann in einer Nachtsitzung im Senat über die Entstehung der Oppelner Universität diskutierten und abstimmten, da waren die Senatoren aus Stettin aus den gleichen Gründen dagegen. Solche Auseinandersetzungen gab es unter den Oppelner Parlamentariern zum Glück nicht. Von rechts bis links waren alle dafür. Dank dessen konnte die Universität, die dem Erzbischof so sehr am Herzen liegt, schon zur Zeit der linken Regierung (SLD) entstehen. Das war eines der Wunder von Oppeln, dass wir uns in dieser Sache alle einig waren.

Ähnlich stark machte sich der Bischof für die Beibehaltung der Woiwodschaft Oppeln. Wir haben darüber oftmals Argumente miteinander ausgetauscht. Eine eigene Zusammenfassung dieser Bemühungen bot die feierlich Beisetzung des Fürsten Jan Dobry nach dessen Exhumierung. Ich werde die Worte des Bischof nicht vergessen, als er sagte: „Das war eine fröhliche Beisetzung“. Die ganze Predigt des Bischofs war wunderbar und authentisch. Denn er führte in dieser Predigt die Bedeutung der Woiwodschaft Oppeln vor und zeigte auf, welche Rolle sie für die Integration aller Bewohner der Region spielt. Der Einsatz für den Bestand der Woiwodschaft wurde sowohl von der Mehrheit als auch von der Minderheit betrieben und ist ein Beweis dafür, dass das vom Bischof gewünschte Werk der Versöhnung in unserer Region tatsächlich gelungen ist. Symbolisch kam das in einer Begegnung im Oppelner Amphitheater zum Ausdruck. Bei dem Treffen ergriff der Vorsitzende der deutschen Minderheit, Henryk Kroll, das Wort und rief der Menge die Frage zu: Wollt ihr, dass wir umsiedeln? Und es erschallte ein lautes Nein. Das Wunder der Versöhnung war eine Tatsache geworden.

Meine Begegnungen mit dem Bischof waren zu selten, als dass ich sagen könnte, dass wir miteinander befreundet sind. Also bleiben wir dabei, dass wir gute Bekannte sind. Aber für mich ist Erzbischof Nossol ein solcher Bekannter, auf den man sich immer verlassen kann, und ich denke, dass er sich auch auf mich verlassen konnte und kann. Dieses Vertrauen hat sich bewährt, wenn ich nur an die Streitigkeiten um die Denkmäler denke. Dem Bischof lag sehr daran, dass der Kampfgeist dabei nicht eskalierte. Er warnte mich davor, zu schreiben, die über das Denkmal ausgegossene Farbe könnte sich in Blut verwandeln. Ich bin seinem Rat gefolgt.

Ich schätze seine Blickrichtung sehr, denn er ist ein anderer Typ eines Wissenschaftlers als ich. In gewissem Sinne ist er fast ein Naturwissenschaftler. Gleichzeitig wägt er seine Worte viel mehr ab als ich. Ich greife schon mal gerne zu scharfen Formulierungen. Schwarz auf weiß. Das betrifft auch die deutsch-polnischen Fragen. Der Erzbischof vermeidet harte Worte. Er ist eher zurückhaltend. Dafür verfügt er aber über die Gabe, die Wirklichkeit als Synthese auf den Punkt zu bringen, und um diese Gabe eines Wissenschaftlers beneide ich ihn. So etwas ist eine Seltenheit.

Wir haben auch oft über unsere schlesische Identität und kulturelle Vielfalt gesprochen. Der Bischof weiß genau, dass ich im polnischen Schlesien geboren wurde, wodurch ich eine etwas andere Sichtweise auf dieselben Fragen habe als er. Einerseits gibt der Bischof zu, dass, wenn er so richtig innig und ehrlich beten möchte, dann auf Deutsch betet. Das hat er in Lublin sogar einmal öffentlich gesagt, was mich gewundert, ja sogar etwas geärgert hat. Andererseits genügt es, ihm auch nur für einen Moment zuzuhören, um sich davon zu überzeugen, dass die Sprache seines Herzens das Schlesische ist. Wie den Galiläer aus dem Evangelium verrät diese unsere regionale Sprache ihn, selbst dann, wenn er über sehr komplizierte philosophische oder theologische Dinge spricht. Ich bin für diese sprachlichen Elemente sehr sensibilisiert und gestehe, dass mir die Art, wie er spricht, sehr gefällt. Professor Klementowicz hat einmal gesagt, jeder Mensch sollte in der Sprache die Visitenkarte seiner Region erkennen lassen. Der Bischof verfügt über eine solche Visitenkarte, die er aus seinem Elternhaus und den Gesprächen mit Vater und Mutter mitbekommen hat. Und die Tatsache, dass er die deutsche Sprache so ausgezeichnet beherrscht, vor allem auch die wissenschaftliche Sprache, dass ist eine ganz andere Sache.

Ich muss gestehen, dass mich die Tatsache, dass die Polnische Bischofskonferenz die Möglichkeiten von Erzbischof Nossol nicht genügend schätzt und diese nicht nutzt, über viele Jahre geärgert und gequält hat Denn ich weiß, dass er ein kluger, offener, toleranter Mensch ist, jemand, der zuhören kann. Ich habe darüber sogar u.a. mit Bischof Tadeusz Pieronek, mit dem ich befreundet bin, und dem Apostolischen Nuntius in Polen gesprochen. Alle gaben zu, dass es sich bei Nossol um einen klugen und weltweit bekannten Mann handelt, die Bischöfe ihn aber nicht genügend würdigen. Vielleicht störte sie auch seine nüchterne, ökumenische Distanz gegenüber Radio Maryja, das in Fragen des Glaubens eine andere Haltung einnimmt. Wie man weiß, ist die erhebliche Mehrheit der Bischöfe viel stärker pro Radio Maryja eingestellt als unser Bischof.

Bei gemeinsamen Fahrten nach Lublin habe ihn manchmal darauf angesprochen, dass es in anderen Diözesen so eine Art Preisliste für Dienste in der Seelsorge gibt. Bei uns – und das unterscheidet uns von anderen polnischen Diözesen – bleibt eine Spende immer eine Spende, und der Priester, der in der Weihnachtszeit Hausbesuche macht, sammelt kein Geld. Wenn jemand eine Spende geben möchte, kann er diese am Sonntag in der Messe loswerden. Mich hat allein schon das Wort „Preisliste“ im Zusammenhang mit der Seelsorge geärgert. Ich freue mich, dass man diesen Begriff in unserer Kirche absolut nicht benutzt. Das ist auch ein verdienst unseres Bischofs.

Ob ich ihn manchmal kritisiert habe? Ja. So habe ich ihm einmal gesagt, er sollte nicht jedem Verfasser ein Vorwort für seine Bücher schreiben. Das würde von manchen Autoren ausgenutzt.

Ich habe auch über den Entwurf für das Grab von Prälat Baldy mit ihm diskutiert. Ich hielt es für zu prunkvoll und Prälat Baldy – so wie ich ihn kannte – würde ein bescheideneres Grab vorziehen. Aber man hat auf mich nicht gehört. Aus der Distanz der vergangenen Jahre betrachtet, war es vielleicht richtig, denn das Grab ist in der Tat sehr schön.

Aber das sind nun wirklich Kleinigkeiten. Sie sind unwichtig angesichts der großen Vision, durch die der Bischof unsere Diözese mit seinem Dienst geprägt hat. Ich sehe immer noch sein freudiges Gesicht, als wir gemeinsam mit der damaligen Woiwodin, Frau Elżbieta Rutkowska, die Ergebnisse des Referendums über den Beitritt Polens zur EU verfolgten. Der Bischof freute sich, denn er hat immer den Standpunkt vertreten, dass Europa eine Gemeinschaft des Geistes sei, und Polen seit langem zu diesem Europa gehöre. Das Referendum hat lediglich unseren Beitritt zu den europäischen Strukturen bestätigt.

7. Auf Erzbischof Nossol trifft der Begriff „Grenze" nicht zu*

Hans-Gert Pöttering, Präsident des Europaparlaments a.D.
Vorsitzender der Konrad-Adenauer-Stiftung

Alfons Nossol, der Brückenbauer

Erzbischof Alfons Nossol gehört zu den bedeutendsten Geistlichen, die ich kenne. Er war Bischof in Oppeln (Schlesien). Es ist ein besonderer Ort in Europa, auch weil es hier mit Alfons Nossol einen außergewöhnlichen Bischof gab, einen wahrhaftigen Brückenbauer zwischen Polen und Deutschland. In dieser Rolle ist er eine für ganz Europa wichtige Persönlichkeit.

Er ist ein vorbildlicher Bischof und Seelsorger, der sein tiefes theologisches Wissen mit dem Verständnis für andere Menschen verbindet. So gelingt es ihm, bei Polen und Deutschen gleichermaßen das Bewusstsein dafür offen zu halten, wie wichtig die Versöhnung für die Zukunft Europas ist. Alfons Nossol baut deutsch-polnische Brücken mit Worten. Er benutzt die Sprache von Werten, die uns, Deutsche und Polen, verbinden. Sein Name steht in Polen und in Deutschland für die Annäherung und die Aussöhnung unserer beiden Völker. Zwar konnte er aus „Altersgründen" – er war noch zu jung – nicht unmittelbar am histori-

* Der folgende Text basiert auf einem Interview, das Dr. Hans-Gert Pöttering als Präsident des Europäischen Parlaments im Jahr 2009 auf Deutsch gegeben hat. Dieses wurde anschließend in einem polnischsprachigen Text verarbeitet, der ins Deutsche rückübersetzt worden ist. Diese Rückübersetzung ist inhaltlich und sprachlich sowohl überarbeitet als auch aktualisiert worden.

schen Briefwechsel zwischen den Bischöfen beider Länder teilnehmen (1965). Aber er hat stets im Geiste dieser Briefe gewirkt.

Persönlich lernte ich Alfons Nossol in den 1980er Jahren kennen, während des europäischen „Frühlings im Herbst". Gemeinsam mit einer Delegation aus Politikern von CDU und CSU besuchte ich damals Polen. Ich traf Alfons Nossol in Oppeln und wir hatten Gelegenheit miteinander zu sprechen. Der Eindruck, den ich von dieser Begegnung hatte, entsprach meinen vorangegangenen Erwartungen: Der Bischof strahlte geradezu mitmenschliches Verständnis aus.

Danach trafen wir uns öfter in Straßburg, Brüssel, Oppeln und in Deutschland. Zu meiner großen Freude war es Alfons Nossol, der zusammen mit mir befreundeten Priestern einen Gottesdienst anlässlich meines 60. Geburtstages im Jahr 2005 in meinem Wohnort Bad Iburg (Niedersachsen) zelebrierte.

Die Versöhnungsmesse von Kreisau

An der Versöhnungsmesse auf Gut Kreisau im November 1989 habe ich nicht persönlich teilgenommen. Doch ist mir der Anteil von Erzbischof Alfons Nossol an diesem historischen Ereignis wohlbekannt. Es war für Deutsche und Polen von ganz besonderer Bedeutung.

Drei Tage zuvor, am 9. November, war in Berlin die Mauer gefallen. Bundeskanzler Helmut Kohl unterbrach deswegen seinen Staatsbesuch in Polen und flog nach Hamburg, von wo aus er mit einem amerikanischen Flugzeug weiter nach Berlin reiste. Als Helmut Kohl nach Polen zurückkehrte, nahmen er und Polens Ministerpräsident Tadeusz Mazowiecki an der von Erzbischof Alfons Nossol zelebrierten Messe in Kreisau teil, während der es zum gegenseitigen Friedensgruß der beiden Staatsmänner kam.

Die Versöhnungsmesse wurde live im deutschen Fernsehen übertragen und als ein geschichtsträchtiges Ereignis wahrgenommen. Auch die Presse informierte damals umfassend darüber – und das, obwohl der Fall der Mauer in Berlin alles überstrahlte. Doch der Mauerfall hat die Bedeutung des Ereignisses von Kreisau in Deutschland zusätzlich erhöht.

Für mich als Deutschen war die Versöhnungsmesse von Kreisau ein wichtiges, ja, ein entscheidendes Erlebnis gewesen. Ein Ereignis von besonderer Bedeutung für Deutschland, Polen und Europa. Es war ein wichtiges Signal der Versöhnung und der Überwindung der Teilung Europas. Ich hatte immer darauf gehofft, dass die Teilung unseres Kontinents eines Tages überwunden werden würde. Für mich war der Kommunismus ein System, das sich gegen die Natur des Menschen richtet, genauso wie dies auf den Nationalsozialismus zutraf.

Dank *Solidarność* und dank des großen Papstes und Europäers Johannes Paul II. kam es vor über zwei Jahrzehnten zum friedlichen Umbruch in Europa. Ohne sie wären die tiefen und grundlegenden Veränderungen auf unserem Kontinent nicht denkbar gewesen. Ohne die von *Solidarność* in Polen eingeleiteten Veränderungen wäre es nicht zum Fall der Mauer und zur Deutschen Einheit am 3. Oktober 1990 gekommen. Am 1. Mai 2004 wurde Polen Mitglied der Europäischen Union, in der wir durch gleiche Werte verbunden sind. Am 21. Dezember 2007 wurden die Grenzkontrollen zwischen Polen und Deutschland aufgehoben. Ich habe es als Präsident des Europäischen Parlaments am Grenzübergang Zittau miterlebt. Welch weiten Weg zum Guten haben wir im Verhältnis unserer beiden Völker auch in Europa zurückgelegt!

Auf Erzbischof Nossol trifft der Begriff „Grenze" nicht zu

Alfons Nossol ist ein Mensch, auf den der Begriff „Grenze“ nicht zutrifft. Seine Erfahrungen leiten sich ab aus der Geschichte Schlesiens, einer europäischen Region, mit einer wechselvollen

Geschichte. Dieses Bewusstsein und diese Erfahrungen verhalfen ihm zu einer besonderen Weitsichtigkeit und Aufgeschlossenheit gegenüber seinen Landsleuten wie auch gegenüber den Deutschen.

Viele meiner polnischen Freunde sind Menschen aus Grenzregionen, wie z. B. Jerzy Buzek, mein Nachfolger im Amt des Präsidenten des Europäischen Parlaments. Er stammt wie Alfons Nossol aus Schlesien. Oder Donald Tusk, Ministerpräsident Polens: Er ist kaschubischer Herkunft, geboren in Danzig.

Die Geburt und das Aufwachsen in einem Grenzgebiet sind nicht notwendigerweise eine Voraussetzung für Verständigung, doch sie können bei der Schaffung eines gegenseitigen Verständnisses helfen. Grenzgebiete waren in der Geschichte Europas häufig umkämpft und Schauplatz kriegerischer Auseinandersetzungen – sie waren Symbol für Leid, Not und Tod.

Ich selbst stamme nicht aus einem Grenzgebiet. Mich haben andere Erfahrungen geprägt. Mein Vater ist in den letzten Monaten des Zweiten Weltkrieges, Anfang Februar 1945 in Pommern gefallen. Viele Jahre galt er als vermisst, was für meine Mutter schrecklich war. Später wurde mein Vater für tot erklärt. Ich bin im September 1945 geboren – habe somit meinen Vater nie kennen gelernt. Diese Erfahrung hat mich nachhaltig geprägt. Sie hat dazu beigetragen, dass ich mich als Erwachsener nach dem Vorbild Konrad Adenauers für die Einigung Europas engagiert habe.

Bei der Bewältigung meiner Aufgaben als Abgeordneter des Europäischen Parlaments (seit 1979), als Fraktionsvorsitzender der Europäischen Volkspartei (Christdemokraten) und europäischer Demokraten (EVP-ED) im Europäischen Parlament (1999-2007) sowie als Präsident des Europäischen Parlaments (2007-2009) hat mir die Verwurzelung in meiner Heimat geholfen. Europa beginnt in der Heimat. Aber wer nur die Heimat sieht, wird sie nicht schützen. Wer die eigene Nation über alle Nationen stellt, wird zum Nationalisten, und Nationalismus führt zum Krieg. Wer nur als Europäer empfindet, hat keine Wurzeln. Für mich gilt: Ich bin Niedersachse, Deutscher und Europäer!

Die deutsch-polnische Aussöhnung

Die Aussöhnung zwischen Deutschen und Polen wurde erst nach dem Fall des Eisernen Vorhangs in Europa möglich. Das totalitäre System des Kommunismus hatte dies bis dahin verhindert. Im Kommunismus besaßen die allgemeinen Rechte eines jeden Menschen, seine Würde, seine Freiheit, die Achtung des Rechts usw. keine Gültigkeit. Erst als der Kommunismus zusammenbrach, konnte sich zwischen Polen und Deutschen eine Partnerschaft auf der Grundlage gemeinsamer Werte entwickeln. Dank dieser Wertegemeinschaft stellt heute niemand mehr die Grenze zwischen unseren beiden Ländern in Frage.

Jetzt können wir über die zahlreichen Kriegsopfer in Polen sprechen – ebenso wie auch über die Leiden der deutschen Vertriebenen, so, wie es Władysław Bartoszewski bereits 1995 vor dem Deutschen Bundestag getan hat. Die Vertreibung ist kein Tabu mehr. Die Vertriebenen haben ein Anrecht darauf, sich ihrer Leiden zu erinnern. Das, was sie erdulden mussten, waren Folgen der furchtbaren Verbrechen des nationalsozialistischen Deutschlands. Aber das ist kein Grund, sich ihrer nicht zu erinnern.

Ein Ausdruck der deutsch-polnischen Aussöhnung war u. a. auch die Wahl von Jerzy Buzek zum Präsidenten des Europäischen Parlaments. Von Herzen und mit allen Kräften habe ich seine Wahl unterstützt. Mit der Wahl Jerzy Buzeks gelang es, die Einheit Europas zu stärken. Die Mehrheit der Deutschen hat seine Wahl mit großer Mehrheit befürwortet.

Ja, es hat in Deutschland negative Stereotypen über Polen gegeben, so wie es auch in Polen Klischees über Deutschland gegeben hat. Heute ist das weitgehend nicht mehr der Fall. Heute benutzt kaum jemand mehr in Deutschland die verächtliche Bezeichnung „polnische Wirtschaft". Stattdessen blicken die Deutschen voller Anerkennung auf die Wirtschaft unseres Nachbarlandes. Die Deutschen sind sich bewusst, dass es zwischen unseren beiden Völkern hinsichtlich unserer Mentalitäten durchaus Unterschiede gibt, doch wir wissen, dass die Polen genauso effektiv arbeiten wie wir selbst.

Auch persönlich habe ich erleben dürfen, dass die Aussöhnung zwischen unseren beiden Völkern voranschreitet: 2007 erhielt ich von der Universität Oppeln (Opole) die Ehrendoktorwürde – eine besondere Erfahrung und große Ehre für mich. 2008 folgte die Ehrendoktorwürde der Universität von Ermland und Masuren in Allenstein (Olsztyn). 2011 erhielten Jerzy Buzek und sein Vorgänger als Präsident des Europäischen Parlaments den Deutsch-Polnischen Preis. 2013 verlieh mir Präsident Bronisław Komorowski das Großkomturkreuz des Verdienstordens der Republik Polen. Alle Auszeichnungen habe ich als großen Freundschaftsbeweis dankbar entgegen genommen. Sie zeigen, dass wir letztlich Angehörige einer großen Familie sind.

Die Emotionen, die mich bei diesen Ehrungen jeweils begleiteten, kann ich nicht beschreiben. Ich kann nur meiner Hoffnung Ausdruck verleihen, dass wir uns immer bewusst bleiben, was vor 1945 zu den vielen Leiden in Europa geführt hat, und gleichzeitig dafür dankbar bleiben, was in der der „Berliner Erklärung" vom 25. März 2007 steht: „Wir sind zu unserem Glück vereint."

Deutsche und Polen – unsere gemeinsame Zukunft in einem vereinten Europa

Die Vergangenheit hat lange Zeit schwer auf den Beziehungen zwischen Deutschland und Polen gelastet. Ihre Aufarbeitung ist ein wichtiger Teil des Versöhnungsprozesses. Sie darf unter keinen Umständen vergessen oder relativiert werden. Jahrzehntelang war die Erinnerung an das Geschehene das Einzige, was unsere beiden Länder teilten. Jetzt aber haben wir eine gemeinsame Perspektive, jetzt geht es um unsere gemeinsame Zukunft in einem geeinten Europa. Es geht darum, das Fundament unserer Freundschaft weiter zu festigen, den Dialog zu intensivieren und einander noch näher zu kommen. Der Grundstein dafür wurde von Persönlichkeiten wie Alfons Nossol gelegt.

Ich habe Erzbischof Alfons Nossol schon bewundert, als wir uns noch nicht persönlich kannten. Es ist für mich ein großes Geschenk, dass ich ihn heute zu meinen Freunden rechnen darf. Am 12. Juli 2009 hat er zusammen mit „meinem“ Osnabrücker Bischof Franz-Josef Bode einen feierlichen Gottesdienst im Hohen Dom zu Osnabrück gefeiert. Es war zwei Tage vor der Wahl von Jerzy Buzek zum Präsidenten des Europäischen Parlaments und damit zu meinem Nachfolger in diesem Amt. Jerzy Buzek und Polens Ministerpräsident Donald Tusk waren dabei. Dieser Gottesdienst bleibt für mich immer Ausdruck von Versöhnung, Verständigung und Freundschaft zwischen Polen und Deutschland und ganz persönlicher Freundschaft zwischen Polen und Deutschen.

8. Für mich ist der Bischof ein vorbildlicher Christ

Kazimierz Kutz, Regisseur, ehemaliger Senator und Parlamentsabgeordneter

Alfons Nossol ist ein bedeutender Pole und einer der wichtigsten polnischen Geistlichen. Nicht ohne Grund war Johannes Paul II. mit ihm befreundet und hat ihn mit dem Titel eines Erzbischofs geehrt. Dabei ging es um die persönlichen Verdienste des Bischofs für Kirche und Ökumene. Auch Papst Benedikt XVI. ist ein Freund des Erzbischofs von Oppeln. Die Rolle Nossols für die Gestaltung der deutsch-polnischen Beziehungen ist ebenfalls riesengroß, und ich habe den Eindruck, dass diese Rolle noch nicht vollkommen ausgeschöpft ist.

Ehrlich gesagt, ist Erzbischof Nossol für Polen überhaupt noch nicht richtig entdeckt worden. Das beruht wohl darauf, dass er selbst die Medien und den Rummel um seine Person wie das Feuer meidet. In den Medien aufzutreten betrachtet er als Müßiggang. Das ist in gewissem Sinne eine Art schlesischer Behinderung. Er kann und will sich nicht verkaufen.

Über viele Jahre habe ich nur über Nossol gehört und seine Texte gelesen. Erst viel später habe ich ihn persönlich kennen gelernt, als ich nach Oppeln kam, um ihn zur Teilnahme an einem Fernsehprogramm zu gewinnen. Alles, was ich im Oppelner Ordinariat erlebte, war schockierend. Erstens wohnte er nicht in einem Palast, wie das andere Bischöfe zu tun pflegen, sondern in einer Art Kloster. Mindestens sah es auf den ersten Blick danach aus. Wenn ich zum Bischof in Krakau oder in Breslau kam, dann wurden mir schon am Eingang die Knie weich, weil es sich um eine Kreuzung von Palästen und Museen handelte. Bei Nossol war das anders. Das Gebäude war schäbig, die Möbel einfach, und es gab keine Dienstboten, die als Insignien der Macht gelten. Der Raum, in dem der Bischof wohnte, glich eher dem Zimmer eines armen Professors. Und der brühte sogar den Tee selbst auf.

Wir hatten ein Verlangen danach, einander kennen zu lernen. Für ihn war ich wohl so eine Art exotischer Schlesier, aber er für mich auch. Sein Aussehen war das, was mich seit den ersten Augenblicken unseres Treffens faszinierte. Er machte auf mich einen ungewöhnlichen Eindruck, sein Gesicht war wie eins geworden mit seiner Psyche und wunderbar „gemeißelt“. Wenn er sprach, sah man ihm die Bescheidenheit an, wie man sie bei großen Leuten kaum antrifft, manchmal fast verschämt. Ich hatte überhaupt nicht das Gefühl, mit einem Funktionsträger der Kirche zu sprechen, und es fiel mir nicht schwer, ganz entspannt zu sein. Ihn selbst hat es womöglich amüsiert, dass ich nicht einmal merkte, mich in Allgemeinplätzen zu ergehen, die man im Gespräch mit einem Bischof lieber nicht benutzen sollte.

Wir sprachen lange mit einander. Erzbischof Nossol erzählte mir, wie ihn Primas Wyszyński zunächst bat, Bischof zu werden und ihm dann drohte. Er selbst fühlte sich dazu überhaupt nicht geeignet. Meistens las er Bücher, schon als Kind, als er Kühe hüten musste, und die Kühe wegliefen. Nicht einmal Kaplan in einer Pfarrei war er jemals gewesen. Deshalb war das Bischofsamt für ihn eine richtige Qual. Er versuchte, dem zu entrinnen und sagte, es fehle ihm dazu die Fähigkeit, dann führte er seinen Vater an, der in der Wehrmacht gedient hatte. Anschließend hat er sich 32 Jahre lang als Bischof abgequält. Ich hörte ihm zu und glaubte ihm.

Dabei ist es geradezu unglaublich, was Bischof Nossol während der dreißig Jahre als Oberhirte der Oppelner Kirche alles geleistet hat. Seine Leidenschaft, Menschen miteinander zu versöhnen war imponierend. Seine vielen Kontakte in Deutschland nutzte er dazu, um Geld für die Region zu sammeln – für Krankenhäuser und alte Leute. Er gründete Caritasstationen, die sich vorzüglich um kranke Menschen kümmern. Ich erinnere mich noch daran, dass die Mittel, die zunächst für die deutsche Minderheit bestimmt waren, allen zugute kommen sollten. Er war der Auffassung, dass ein kranker, älterer Mensch keine Nationalität hat. Mit diesem Denken und Tun hat er das Oppelner Land zusammen geschweißt!

Und ich weiß auch, welche Mühen Nossol auf sich genommen hat, damit in Oppeln eine Universität entstehen konnte. Er hat dafür die Wege dorthin geebnet. Zu Recht war er der Ansicht, dass für Schlesien Bildung das Wichtigste sei. In Europa gibt es den Begriff der heimatlichen Universität. Im Einklang mit dieser Idee sollten Universitäten ähnlich wie Kirchen in Reichweite der Bewohner bestehen, damit auch die Kinder von nicht begüterten Menschen studieren können. Von einer solchen Konzeption habe ich von Nossol erstmals erfahren.

Alfons Nossol hat mich mit seiner Leidenschaft an General Ziętek erinnert. Er tut alles, damit die Schlesier aus diesem Tiegel des Arbeiter- und Bauernmilieus herauskommen können. Sie sollen lernen. Und Europäer sein. Bischof Nossl ist ein bedeutender Mensch, er hat viel geleistet. Seien Werke sind echte Kunstwerke in Gegensatz zu dummen Filmen ...

Erzbischof Nossol wandte sich seinerzeit an die Pfarrer mit der Frage, ob sie in ihren Pfarreien nicht alte Schätze haben. Diese gingen auf die Suche und fanden Perlen, die noch aus dem Mittelalter stammten. Diese vergessenen Sachen hat er wie Waisen gesammelt und aufgenommen und daraus ein Diözesanmuseum gemacht. Und er hat mir verraten, dass er, wenn ihm traurig zu mute ist, dort hingeht, um die Seele zu trösten.

Eine solche Rolle spielt auch das Schloss in Groß Stein, dass Nossol von den Behörden zu nächst „ergatterte“ und anschließend wunderbar restaurierte. Jetzt gibt es dort zusätzlich ein Sanatorium.

Die berühmte Versöhnungsmesse in Kreisau fand ebenfalls auf die persönliche Verantwortung des Erzbischofs statt. In einem bestimmten Augenblick stellte er sich in dieser Frage sogar gegen die Bischofskonferenz. Welch eine Ebene von Zivilcourage und Priestermut!

Trotz internationaler Anerkennung und hoher Auszeichnungen durch den Vatikan und Deutschland, ist Alfons Nossol für mich vor allem ein Bürger seiner Heimat geblieben, der ein ausgeprägtes lokales Identitätsgefühlt hat. Sein Leben ist nicht hauptsächlich in den Kategorien von Leistungen eines Priesters oder Erzbischofs zu ergründen, sondern vor allem als Leistung eines Lokalpatrioten.

Ich komme nochmals auf unser damaliges Treffen in seiner Wohnung zurück, das sich furchtbar in die Länge gezogen hatte. Es war derart spät geworden, dass das ganze Haus leer war. Und nun kam ein für mich völlig überraschender Augenblick. Der Erzbischof führte mich die Flure entlang, öffnete mir alle Türen bis zum Ausgang persönlich. Dort konnte er die Türe nicht sofort öffnen, und wir haben gemeinsam mit einem alten Eisen gewerkelt, bis die Türe nachgab. Er verabschiedete mich an der Schwelle und kehrte dann durch das leere Ordinariat in sein Zimmer zurück.

Dann trafen wir uns in Oppeln bei der Fernsehaufnahme, zu der ich ihn überreden konnte. Zu Beginn bat ich ihn, einen Witz zu erzählen. Er erzählte einen solchen Witz, den ich herausschneiden musste. Leicht erotisch, um es vorsichtig auszudrücken. Ich hatte den Eindruck, dass ihm so etwas schaden könnte, wenn ich es stehen ließe. Vielleicht ist es auch das

Ergebnis meines Benehmens, denn ich habe Nossol absichtlich mit Anzüglichkeiten provoziert. Ich kann mich noch an den Tag erinnern, als Adam Hanuszkeiwicz die Ehrendoktorwürde der Oppelner Universität bekam. Ich war zu spät gekommen, aber Rektor Stanisław Nicieja sah mich und forderte mich auf, das Wort zu ergreifen. Als Freund von Hanuszkeiwicz musste ich etwas sagen. Und so begann ich völlig zwanglos darüber zu reden, wofür Hanuszkiewicz diese Ehre wohl zuteil geworden sei. Als ich sagte, er habe schon drei Frauen gehabt, gab es ein großes Gelächter. Anschließend kam Bischof Nossol lachend auf mich zu und sagte: Wissen Sie, ich habe in meinem Leben noch nie in einer so kurzen Zeit so viele Lästerungen gehört.

Ich bin davon überzeugt, dass ich bei Erzbischof Nossol eine immerwährende Lossprechung genieße. Mein Atheismus war für ihn nie ein Problem. Er hat nie versucht, mich gewaltsam zu bekehren. Das ist ein echter Priester, er hat mich immer so genommen, wie ich war. Meine Lästerungen gehören zu meiner Sprache, die tief im Altpolnischen und in der Mundart verwurzelt ist. Sie ist meine Sphäre der Freiheit, die sich gegen niemanden richtet. Vielleicht hat er diese meine Art als eine Behinderung empfunden, aber er hat es mir nie vorgehalten.

Alfons Nossol verkörpert so viel Güte und Offenheit, dass er für mich ein vorbildlicher Christ ist. Ich habe das Gefühl, dass ich ein viel schwächerer Mensch wäre, wenn es ihn nicht gäbe. Er ist bis heute meine Stütze – auch aus der Ferne. Wir senden beide auf derselben Wellenlänge – eben wie ein Schlesier mit einem anderen Schlesier, oder ein Vizejude mit einem anderen Vizejuden. Ich danke Gott, dass ich diesen außergewöhnlichen Menschen kennenlernen konnte.

9. Erzbischof Nossol – ein christlicher Realist

Erzbischof Jeremias, Ordinarius der Diözese Breslau-Stettin der Polnischen Autokephalen Orthodoxen Kirche

Erzbischof Alfons Nossol bin ich in den siebziger Jahren auf der Vollversammlung des Weltrates der Kirchen in Nairobi begegnet. Später trafen wir uns auf zahlreichen weiteren Konferenzen, auf denen Bischof Nossol die katholische Kirche repräsentierte.

Im Jahre 1983, als ich schon Bischof der Diözese Breslau-Stettin war, wandte ich mich an ihn mit der Bitte, uns für unsere orthodoxen Gottesdienste eine Kapelle zur Verfügung zu stellen. Nach ganz kurzer Zeit informierte mich Bischof Nossol, dass er eine solche Kapelle in einer der Oppelner Kirchen schon gefunden habe. Zwar stellte sich heraus, dass ich diese Möglichkeit aus Mangel an eigenen Priestern schließlich nicht nutzen konnte, aber die spontane Geste von Bischof Nossol habe ich als eine wichtige ökumenische Tat betrachtet. Damals, im Jahre 1983, haben wir das erste sehr lange und herzliche Gespräch über Fragen der Kirche und auch darüber geführt, was im Leben der Kirche das Wichtigste ist. Wir hatten keinen Zweifel, dass die Vergegenwärtigung Christi in der Situation ist, in der wir konkret leben, das Wichtigste ist. Der Bischof erwies sich als christlicher Realist, und war sich durchaus dessen bewusst, in welcher Lage wir uns befinden und was unsere Aufgabe in der Welt ist. Das betrifft auch die Welt, die zweifelt und gegenüber Gott und Kirche feindlich eingestellt ist.

Erzbischof Nossol war einerseits immer ein ungewöhnlich bescheidener Mensch, andererseits war er jemand, der über ein großes theologisches Wissen verfügte. Gleichzeitig sah ich in ihm immer auch einen Geistlichen, der sich seiner Aufgabe als Bischof bewusst war, und der sich sehr für den ökumenischen Dialog engagierte. Er ging schwierige Fragen immer mutig an. Ich erinnere mich daran, als 1988 auf seine Einladung in Oppeln ein großes Symposium über die Union von Brest stattfand. An dieser Veranstaltung haben Vertreter der römisch - katholischen, der griechisch - katholischen und der orthodoxen Kirche teilgenommen. Dieses Symposium war sehr wichtig, denn es bewirkte, dass sich die Vertreter der einzelnen Kirchen nicht mehr gegenseitig blockierten. Es zeigte sich, dass wir dieses Thema offen und mutig diskutieren konnten, denn das ist für alle Seiten eine schwierige Frage.

Seit dem Umbruch in den 80-er und 90-er Jahren habe ich immer am ökumenischen Dialog teilgenommen und mit Erzbischof Nossol zusammen gearbeitet. Recht schnell konnte ich feststellen, dass er die theologischen Probleme der Gegenwart vorzüglich erkannt hatte. Darüber hinaus handelt es sich bei ihm um einen Theologen, der im Gespräch mehr als andere Teilnehmer wahrnimmt. Immer ist er auf der Suche nach Möglichkeiten einer Zusammenarbeit. Ich habe keine Scheu festzustellen, dass er im Grunde seines Herzens aus dem Bewusstsein schöpft, dass in der Kirche und im Leben eines anderen Menschen Christus und seine Liebe vorhanden ist. Dies verleiht ihm Kraft und Mut zu überaus herzlichen Äußerungen, er ist ein ungewöhnlich zugänglicher Mensch, der zu Kompromissen bereit ist.

Der Erzbischof ist besonders für jede Möglichkeit, das Evangelium gemeinsam zu verkünden, aufgeschlossen. Dieser Aufgabe widmet er sich und ist davon überzeugt, dass es notwendig ist, das Evangelium in der Welt von heute gemeinsam zu verkünden. Wenn es das nicht gibt, dann wird das Evangelium in gewissem Sinne unglaubwürdig.

Ich denke, dass die Ökumene, und zwar eine solche, wie Erzbischof Nossol sie praktiziert, zur weiteren Einheit unserer Welt beiträgt. So kann die Einheit Europas sich nicht ausschließlich auf gesellschaftliche, wirtschaftliche oder auch kulturelle Kriterien stützen, wo es keinen Raum für die geistige Einheit gibt. Für die Verwirklichung der europäischen Einheit ist die Frage der Beziehungen zwischen den Kirchen eine Schlüsselfrage. Daran hatte schon Jacques Delors erinnert, als er dazu aufrief, nach der Seele Europas zu suchen. Die christlichen Kirchen bedürfen einer Erneuerung, um dem Evangelium treu sein zu können, aber um auch gleichzeitig einander wahrzunehmen und täglich mit einander zusammen zu arbeiten. Erzbischof Nossol gehört zu jenen Menschen, denen diese Konzeption immer nahe war, und der er sich mit ganzem Herzen für deren Umsetzung im Alltag einsetzt. Er ist kein Verfechter von Deklarationen. Seine Ökumene hatte immer einen konkreten und praktischen Bezug. Das stellte er immer in Gesprächen, Ansprachen, Predigten und in der Art, Diskussionen mit Partnern zu führen sowie im Dialog mit Politikern und Menschen aus dem Bereich der Kultur unter Beweis. Von dieser Haltung ist die Persönlichkeit von Erzbischof Nossol durchdrungen. Das gehört zu seinem Denken und Handeln.

Ich hoffe, die Kirche wird weiterhin seinen Dienst im katholisch-orthodoxen Dialog und bei anderen ökumenischen Maßnahmen nutzen. Auch nach seinem Eintritt in den Ruhestand.

10. Die entscheidende Qualifikation bei Erzbischof Nossol ist das Format seiner Menschenlichkeit

Andrzej Czaja, Bischof von Oppeln

Seit ich an die Katholische Universität nach Lubin geschickt wurde, hatte ich das Glück, Erzbischof Nossol als jemanden kennenzulernen, der die Gabe hatte, Menschen mit einander zu versöhnen. Bis heute erinnern sich Mitarbeiter der Universität daran, dass er Gruppierungen mit einander zusammen bringen konnte, die sich erheblich von einander unterschieden. Im dogmatischen Bereich gab es zwei Schulen, die von Professor Bartnik und die von Professor Napiórkowski, und die Brücke zwischen diesen bildete Bischof Nossol. Er verfügte über seine Qualität und Identität, aber diese Identität war derart offen, dass keine der beiden Schulen etwas gegeneinander hatte. Im Institut für Ökumene verstand er es, den bedeutenden Professor Hryniewicz zu integrieren, der im Umgang mit den übrigen Mitarbeitern nicht gerade einfach war. Nossol hat niemals Zwietracht verbreitet, immer war er bestrebt zu einen.

An der Katholischen Universität habe ich oft gehört, dass Nossol jemand ist, der Seilschaften meidet. Warum? Weil das Evangelium dagegen ist. Er hatte eine so starke Persönlichkeit, dass er es nicht nötig hatte, Protektionen zu nutzen.

Der Erzbischof hatte auch die Gabe, Menschen mit Gott zu versöhnen. Das betraf sogar solche Menschen, die überhaupt nicht wussten, dass sie sich mit Gott in einem Konflikt befanden. Ich kann hier ein Beispiel aus meinem eigenen Leben anführen. Ich habe das Priesterseminar in der Überzeugung verlassen, dass ich geweiht wurde, um einmal Pfarrer zu werden. In gewissem Sinne habe ich das Priestertum Christi dadurch für mich okkupiert, während Er doch darüber entscheiden sollte. Als ich aus der Pfarrei herausgerissen wurde, wollte ich mich nicht damit abfinden, dass ich studieren sollte.

Angesichts dieser Situation begann Bischof Nossol mit mir einen Dialog zu führen und versuchte mir klarzumachen, dass ich irre. Er erklärte mir, wie die Bedürfnisse der lokalen Kirche aussehen, und welche Chancen ich zur Selbstverwirklichung haben würde. Ich antwortete, dass ich nur unter Hinweis auf den Gehorsam bereit wäre, an die Katholische Universität zu gehen, denn schließlich konnte ich den bei der Weihe abgelegten Eid über den Gehorsam ja nicht brechen. Der Bischof zeigte mir dann, dass zu einer versöhnenden Haltung auch Entschlossenheit gehört: Unter diesen Umständen gehst du also auf meine Weisung im Gehorsam zum Studium – sagte er. Alles lief unter einer großen gegenseitigen Wertschätzung ab. Bischof Nossol hatte mich ausführlich informiert und schließlich entschieden, was dieser junge Mensch um seiner selbst Willen zu tun hat.

Ein Jahr später besuchte mich der Erzbischof in meinem Zimmer in Lublin. An der Wand hing eine vergrößerte Kopie eines Artikels aus der Zeitung „Gość Niedzielny“: *In meinen Träumen gehe ich durch die Strassen von Zabrze* (dort befand sich die Pfarrei, in der ich zuvor tätig war). Was ist das – fragte er? Das ist der Zustand meiner Seele, antwortete ich. Nun wurde der Bischof ernst. Dann sagte er: Hör mit dieser Kinderei auf. Das war mit Nachdruck und unmissverständlich gesagt. Es wirkte. Am nächsten Tag habe ich den Schriftzug entfernt.

Bei dieser Versöhnung mit Gott gestattete sich der Bischof zwar, seinen Humor walten zu lassen, aber es war ein schwarzer Humor. Auf meine Bitte versprach er mir nämlich, dass ich nach meiner Rückkehr in die Diözese zwar als Dozent im Priesterseminar arbeiten werde, aber auch eine Pfarrei bekäme. Im vierten Jahr meiner Fachstudien machte Professor Napiórkowski mir ein Angebot, ich sollte an der Universität sein Assistent werden. Ich entgegnete, dass mich das nicht interessiere. Einen Monat später fragte mich der Bischof ob ich schon mit Pater Napiórkowski gesprochen hätte. Ich erlaubte mir einen Scherz, den man sich nicht bei jedem Vorgesetzten erlauben darf und sagte, da er mich selbst zu diesem Professor geschickt habe, solle er sich nicht darüber wundern, dass ich mit ihm gesprochen habe. Bischof Nossol sagte, ich wüsste schon ganz gut, weshalb er mich frage. Ich wiederholte, dass die Assistentenstelle mich nicht interessiere, weil ich doch in eine Gemeinde zurück wolle. Der Bischof erklärte mir, weshalb ich um meiner eigenen Entwicklung willen und zum Wohle der Diözese an der Uni zu bleiben hätte. Als ich ihm den Mantel anreichte, fragte er mich, ob ich das Märchen vom Boot kenne. Ich kannte es nicht. Es war das Märchen von meiner Rückkehr in die Diözese. (Es handelt sich hier um ein polnisches Wortspiel).

Wir hatten dann nochmals ein ziemlich heftiges Gespräch, wobei wir wohl eine ganze Stunde im Innenhof der Universität hin und her spazierten. Ich konnte mir ein Leben außerhalb der Seelsorge einfach nicht vorstellen, und ich sagte dem Bischof das auch ganz direkt. Sofern ich mich in meiner priesterlichen Identität verirre, müsse er selbst das auch verantworten. Das Gespräch wurde abgebrochen. Zwei Monate später erhielt ich aus dem Dekanat die Nachricht, dass ich eine wissenschaftliche Hilfskraft geworden sei.

Bei allem sah ich in der Person des Erzbischofs einen Mann des Glaubens und jemanden, der die Meinung des anderen achtet. Er war ein starkes und schönes Werkzeug bei meiner Aussöhnung mit Gott. Aber diese Einsicht gewann ich erst 4 oder

5 Monate später, dass das Priestertum nicht mir gehört und ich das annehmen muss, was Gott mir anbietet, um glücklich sein zu können. Diesen Weg hat Erzbischof Nossol mir aufgezeigt.

Als einen Menschen, der zu versöhnen vermag, zeigen ihn auch die Titel seiner theologischen Bücher. Die ersten Bücher heißen: *Die Theologie im Dienste des Glaubens*. Das heißt, Verstand und Glaube müssen zusammen gehen, wobei der Akzent auf dem Glauben liegt. Der zweite Titel lautet: *Theologie nahe am Leben*. Die Theologie darf man nicht trocken als geoffenbarte Wahrheit interpretieren, ohne Bezugnahme auf das Leben. Die Theorie muss sich dabei mit dem Leben „versöhnen".

Noch zwei weitere Beispiele möchte ich anführen, um zu zeigen, wie offen der Bischof für andere ist und wie gut er zuhören kann.

Einer meiner Priesterkollegen wurde Alkoholiker. Wir versuchten, ihm auf verschiedene Weise zu helfen. Plötzlich stand er wieder richtig im Leben, hatte aber keine Pfarrei. Ich fuhr zum Bischof, um mich für ihn zu verwenden und um eine Gemeinde für ihn zu erbitten. Der Bischof hörte aufmerksam zu und sagte dann ganz ehrlich, dass er Bedenken habe. Er fragte, ob ich breit sei, meine Bitte zu Papier zu bringen. Das bejahte ich. Darauf sagte der Bischof, sofern ich meine gute Meinung über den Priester auf die Waagschale legte und mich für ihn einsetzte, müsse er als Bischof das Gleiche tun und dem Priester eine Chance geben. Diese Meinung überraschte mich sehr. Ich habe seine Worte noch heute im Ohr. Und diese seine Meinung ist in meinem Verhalten heute eine Devise.

Und noch ein zweites Beispiel möchte ich nennen. Einer meiner Kurskollegen hatte das Priesteramt aufgegeben. An der Universität war er mir wie mein eigener Bruder. Manchmal gibt es Situationen, dass ein Priester sein Amt aufgibt, weil er den Mut daz hat, denn er hat ein sensibles Gewissen, wenngleich ihn die Öffentlichkeit wohl nicht verdammen würde, wenn er geblieben wäre. Das war so ein Fall. Er war der Auffassung, sofern er in einer Frau die Liebe zu sich entfacht hatte und sie nun verlassen würde, könnte das Gewissen ihm keine Ruhe lassen, daher zog er es vor, den Priesterberuf aufzugeben.

Ein Priester, der weggeht, fühlt sich oft gehetzt. Er hat Angst vor der Konfrontation mit seinen Mitbrüdern. Dieser Freund rief zwei Jahre später bei mir an, es war Heiligabend früh, und er fragte, ob ich bereit sei, mit ihm zu sprechen. Ich musste mich erst setzen. Wir haben heute ein sehr gutes Verhältnis zu einander. Solche Priester, die aufgegeben haben, gab es mehrer auf meinem Lebensweg, einschließlich des Priesters, der mich getauft hat. Zu den meisten habe ich heute gute Kontakte und sie sind mir nahe.

Jener Freund legte nach seinem Gespräch mit dem Bischof vor mir folgendes Zeugnis über ihn ab: Andrzej – sagte er – dass Nossol groß ist, wusste ich, aber dass er so groß ist, konnte ich nicht ahnen.

Die entscheidende Qualifikation bei Erzbischof Nossol ist das Format seiner Menschlichkeit. Dieses Format stützt sich nicht nur auf seine Fähigkeiten, von denen er viele hat und die er zu nutzen weiß, sondern seine Menschlichkeit beruht vielmehr auf einem tiefen Glauben, der wiederum auf der Gnade Gottes basiert. Diesen Geist des Versöhnens hat er von zu Haue mitbekommen. Den Menschen, die hier in Schlesien geboren wurden, fällt es leichter, sich zu versöhnen, denn wir hiesigen sind in der Vielfalt groß geworden. Diese Einheit in der Vielfalt zeichnete immer auch die Aktivitäten des Bischofs im ökumenischen Bereich aus. Immer wieder betonte er, dass wir Christen zwar unterschiedlich, aber nicht an einen anderen Gott glauben.

Im Dialog mit anderen Menschen, die zum Beispiel nach Schlesien kommen, ist er ungewöhnlich aufgeschlossen und an dem anderen Menschen interessiert. Man sah in ihm oft den

Wissenschaftler mit seinem offenen Kenntnisreichtum. Niemals behandelte er einen Menschen als Objekt, das man studieren sollte, sondern der Mensch war für ihn immer Subjekt. Und dieser Mensch als Subjekt hat dem anderen Menschen immer etwas Wesentliches mitzuteilen.

11. Erzbischof Nossol – ein erstklassiger Schüler des Demosthenes

Stanisław Nicieja, Historiker, Rektor der Oppelner Universität und Senator der 5. Legislaturperiode

Als Biograph, der sich seit Jahren für überdurchschnittliche Menschen interessiert, muss ich sagen, dass das Oppelner Land bislang kein besonderes Glück mit bedeutenden Persönlichkeiten hatte, das heißt mit Gestalten, die mit Blick auf ihre Bedeutung, ihr Prestige oder ihre polnische oder auch deutsche, womöglich sogar europäische Popularität einen besonderen Rang eingenommen hätten.

Hier wurden zwar Gelehrte von europäischem Rang geboren, zum Beispiel der Heilpraktiker Jan Dzierżon, der Ehrendoktor der Universität München war, oder der aus Oppeln stammende Mathematiker und Physiker Theodor Kaluza, der mit Einstein verglichen wurde und die Physik zur fünften Dimension führte, ihr Bekanntheitsgrad beschränkte sich jedoch auf enge Kreise der Wissenschaft an den Universitäten.

Die bekanntesten Oppelner sind Dominikaner – der Pilgrim von Oppeln, ein vorzüglicher Prediger, Glaubenstheoretiker und Berater des Papstes Johannes XXII., sodann der Heilige Jacek (Hyazinth) aus Groß Stein, des weiteren Fürst Władysław Opolczyk, der sogar König von Polen hätte werden können und als Gründer des Klosters Jasna Góra in Tschenstochau bekannt wurde sowie der deutsche Dichter Josef von Eichendorff aus der Nähe von Ratibor.

Nach dem II. Weltkrieg erreichten einen gesamtpolnischen Bekanntheitsgrad Edmund Osmańczyk, ein ausgewiesener Publizist, Reporter und Enzyklopedist, des weiteren Jan Cybis, ein Maler aus Oberglogau, die Folklorewissenschaftlerin und Parlamentarierin Frau Dorota Simonides und eben Alfons Nossol, katholischer Bischof, Ethiker, Ökumeniker und in gewissem Sinne ein Sozialpolitiker, der nicht nur auf lokaler Ebene einen erheblichen informellen Einfluss auf politische Entscheidungen ausübt.

Professor Alfons Nossol lernte ich persönlich 1995 kennen, als ich mich entschloss, die Würde des Rektors der Universität Oppeln anzunehmen. Da ich wusste, dass Nossol zu den Gründungsvätern der jungen Universität gehörte und ich nicht wollte, dass ihm über mich und meine Kandidatur irgendetwas aus zweiter Hand zugetragen wurde, bat ich ihn um ein Gespräch, um mich vorzustellen und ihm über meine Vision bezüglich der Universität zu berichten.

Die Reaktion des Bischofs kam unverzüglich. Er konnte sofort einen Termin für unser Treffen anbieten. Ich spürte gleich, dass ihm das Problem nicht gleichgültig war. Beim Tee in seinem Arbeitszimmer, das bis zur Zimmerdecke mit Büchern vollgestopft war, zwischen Gemälden und Stilmöbeln, hörte er mir aufmerksam zu. Die Lebenserfahrungen trennten uns. Ich gehörte einer anderen Generation an, die den Krieg nur aus Berichten kannte. Ich sagte ihm auch, dass ich für die deutsche Kultur offen sei, obgleich meine Familie, besonders meine Eltern, unter den Deutschen sehr zu leiden hatten. Ich merkte, dass wir in vielen Dingen einer Meinung waren. Zum Schluss sagte er: „Wenn das Wahlgremium sich für Sie als Rektor entscheidet, werden wir unsere Universität gemeinsam aufbauen und uns um ihr Prestige und ihre Anerkennung bemühen."

Damals lernte ich die Toleranzspanne von Erzbischof Alfons Nossol zum ersten Mal kennen, und ich wurde in meiner Meinung bestätigt, dass es ihm um die Schaffung einer modernen Universität in Polen geht, an die auch europäische Autoritäten von Rang kommen sollten. Als Rektor habe ich später kaum jemals von einer anderen Seite so viel Wohlwollen empfangen wie von Nossol. Wir trafen uns häufig, ja regelmäßig. Selbst wenn er von meinen Ideen nicht immer begeistert war, sagte er: „Versuchen Sie es, und wenn es Ihnen gelingt, werde ich mich freuen". Voll und ganz akzeptierte er meinen Vorschlag (der für viele als unvernünftig und nicht realistisch war), im Zentrum von Oppeln, in den Ruinen des früheren Dominikanerklosters, das Collegium Maius der Universität einzurichten und die originale barocke, neugotische und moderne Fassade wieder aufzubauen.

Der Bischof scheute sich nicht, mich in Schutz zu nehmen, als angebliche „Verteidiger von Sehenswürdigkeiten" große Geschütze gegen mich auffuhren und mich vor den Staatsanwalt zerrten, weil ich evangelische deutsche Grabmäler rettete, die auf barbarische Weise zerstört wurden. Als Kontrast sage ich nur: für so etwas hat sich der damalige Vorsitzende der deutschen Minderheit im Oppelner Land nicht eingesetzt, weil er „auf der richtigen politischen Linie" sein wollte. Dieses Beispiel hat den Charakter und die Weitsichtigkeit des Erzbischofs unter Beweis gestellt. Von vielen wurde er als Schutzschild in politischen Interpretationen angesehen.

Durch ihre Investitionen wuchs die Oppelner Universität von Jahr zu Jahr immer mehr mit der Stadt und der Region zusammen. Bedeutende polnische und europäische Intellektuelle und Künstler gaben sich hier ein Stelldichein. Die Ehrendoktorwürde wurde unter anderem folgenden Persönlichkeiten verliehen: Kazimierz Kutz, Zbigniew Religa, Stanisław Lem, Tadeusz Różewicz, Wojciech Kilar, Adam Hanuszkiewicz, Władysław Bartoszewski, Henryk Samsonowicz, Janusz Tazbir, Jerzy Janicki, Wiesław Myśliwski, Präsident a.D. Ryszard Kaczorowski,

Kardinal Karl Lehmann, Kardinal Walter Kasper, der Vorsitzende des Europaparlaments Hans-Gert Pöttering, Papst Johannes Paul II. Vorträge hielten u.a. Ryszard Kapuściński, Andrzej Szczypiorski, Zdzisław Najder, Hanna Krall, Janusz Głowacki, Krzysztof Piesiewicz, Józef Tischner, Krzysztof Zanussi, Kardinal Joseph Ratzinger.

Erzbischof Nossol hatte natürlich seinen großen, vermutlich entscheidenden Anteil daran, dass so viele bekannte Persönlichkeiten nach Oppeln kamen. Es handelte sich dabei häufig um gute Bekannte oder Freunde des Erzbischofs, wie Kardinal Joseph Ratzinger, Professor Hans - Gert Pöttering, Professor Józef Tischner oder Kardinal Walter Kasper. Sie alle kamen gerne nach Oppeln und begannen ihren Aufenthalt gewöhnlich mit einem Besuch im Hause des Bischofs. Mit den Politikern war es nicht anders. Als Lech Wałęsa und Ryszard Kaczorowski (ehemalige Staatspräsidenten), Jerzy Buzek (als Ministerpräsident), Józef Oleksy und Maciej Płażynski (als Parlamentspräsidenten), Andrzej Stelmachowski (als Senatspräsident) nach Oppeln kamen, gingen sie zunächst vor allem zum Erzbischof. Das ärgerte natürlich die Beamten bei der Woiwodschaft oder im Rathaus, denn die meistens spontanen Besuche „bei Nossol", warfen das minutiös ausgearbeitete Programm über den Haufen, verschiedene Besuche und Begegnungen mussten entfallen. Dagegen konnte man nichts machen, denn die Persönlichkeit des Erzbischofs mit seinem Charme war wie ein Magnet, dem Politiker nicht widerstehen konnten.

Bei Feierlichkeiten an der Universität, wenn in der Aula mit großem Aufgebot Ehrendoktorwürden verliehen wurden, waren die Ansprachen des Erzbischofs immer von einer besonderen Anziehungskraft.

Alfons Nossol ist ganz sicher ein erstklassiger „Schüler" des Demosthenes, vor allem bei seinen säkularen Auftritten. Mit welch einer Raffinesse und mit welch einem Witz er sich mit den atheistischen Ausführungen eines Kazimierz Kutz oder mit den theatralischen Frivolitäten eines Adam Hanuszkiewicz messen konnte und die Lemberger Mundart von Jerzy Janicki mit schlesischem Dialekt parierte, sind längst zur Legende geworden. Das Auditorium war immer gespannt auf die fällige Pointe des Erzbischofs. Wenn er das Rednerpult betrat, war der Saal elektrisiert, er rührte die Zuhörer an, vergnügte sie, belehrte sie und brachte die Leute zum Lachen. Die Zuhörer atmeten im Rhythmus seiner Sätze.

Ich habe immer Redner für ihre seltene Gabe (besonders in Polen) bewundert, die sich nicht in Banalitäten ergingen, die klug und mit eigener Akzentuierung, flüssig und ohne besondere Anstrengung sprechen können, und die ihre Ausführungen mit überraschenden Metaphern und Assoziationen anreichern, so dass ein solcher Redner sowohl von einfachen Leuten wie von Intellektuellen verstanden wird.

Erzbischof Alfons Nossol habe ich bei Messen und Veranstaltungen oft reden gehört. Eine seiner Ansprachen ist mir ganz besonders in Erinnerung geblieben. Ich denke, dass war der Gipfel seiner Redekunst. Im Jahre 1999 haben wir gemeinsam eine Veranstaltung an der Universität Oppeln geplant, bei der der ehemalige Bundeskanzler Helmut Kohl und der ehemalige Ministerpräsident Tadeusz Mazowiecki die Ehrendoktorwürde erhalten sollten. Sie sollte am 10. Jahrestag der berühmten Versöhnungsmesse stattfinden, die auf dem Platz vor dem Gut des Feldmarschalls von Moltke stattgefunden hatte. Wir hatten die Rollen unter uns aufgeteilt. Ich sollte die Angelegenheit mit Tadeusz Mazowiecki vorbesprechen, der Erzbischof wollte das mit Helmut Kohl tun. Wir wussten, dass beide Politiker es nicht besonders gut miteinander konnten. Doch wir glaubten daran, dass es bei einer Veranstaltung von einem solchen Kaliber in Oppeln, an dieser Universität, nach zehn Jahren möglich sein sollte, Animositäten beiseite zu lassen und diesen Plan in die Tat umzusetzen.

Mazowiecki war nach anfänglichem Zögern einverstanden. Mein Brief, den ich als Rektor in dieser Sache an Kohl richtete, erfuhr dagegen eine Absage. Ich erinnere mich noch gut daran, dass der Erzbischof auf meinem Diensthandy spät in der Nacht bei mir anrief und völlig überrascht erklärte: „Das ist unmöglich, ich habe vor einigen Tagen persönlich mit Kohl über diese Ehrendoktorwürde gesprochen. Dort muss etwas passiert sein! Ich bin bereit, morgen nach Berlin zu fahren, um die Sache vor Ort zu klären". Wir hatten in der Tat Pech. Fast einen Tag danach wurde die Spendenaffäre wegen der Finanzierung des CDU-Wahlkampfes ruchbar, wobei Helmut Kohl der Hauptverdächtige war. Der ehemalige Bundeskanzler, der von der Presse und von der Opposition scharf angegriffen wurde, wollte unter diesen Umständen die Ehrendoktorwürde nicht annehmen, weil dies zum Anlass für weitere Attacken geworden wäre.

Einige Wochen später entschloss sich Helmut Kohl, die Ehrendoktorwürde der Universität Breslau entgegen zu nehmen, weil die akademischen Prozeduren dort schon weit fortgeschritten waren, und der Termin für die Feier seit einigen Monaten bereits bekannt war, so dass man das nicht mehr absagen konnte. Der ehemalige Bundeskanzler bat die Behörden in Breslau nur, ihn vor Journalisten abzuschirmen.

Ich war in Begleitung des Erzbischofs bei der Feier dabei. Vor der Aula der theologischen Fakultät hatte sich eine große Menschenmenge eingefunden. Die Ordnungsdienste waren rücksichtslos. Journalisten und Fotoreporter konnten das Ereignis nur mit Hilfe von Teleobjektiven verfolgen. Die einzigen Nahaufnahmen von Helmut Kohl machte unser Universitätsfotograf Jerzy Mokrzycki, der auch der Fahrer des Rektors war, und Kohl hatte sein Einverständnis für ein Foto mit Erzbischof Nossol gegeben.

Es war ein heißer Junitag. In der überfüllten Aula konnte man kaum Luft holen. Politiker und niederschlesische kommunale Größen gratulierten routinemäßig und lasen Lobeshymnen ab. Als alle schon ermüdet waren, ergriff Erzbischof Nossol als letzter das Wort. Doch nach seinen ersten Worten wurde es im Saal wieder lebendig. Er sprach expressiv, abwechselnd einige Sätze Polnisch, dann auf Deutsch. Und er machte Anspielungen darüber, dass die Politik eine undankbare Sache sei, dass man sehr viel tun müsse, um sich einer Sache ganz hinzugeben, um alles zu tun und seine Gedanken und sein Handeln einzusetzen, wobei man statt Dankbarkeit oft nur Verachtung, Beschuldigungen und Hohn ernte. Der Erzbischof sprach nichts direkt an, als ob er nicht über Kohl redete, aber die Zuhörer begriffen sofort, worum es ihm ging.

Ich saß neben Kohl und konnte sein müdes und breites Gesicht und seine ergrauten Schläfen gut beobachten. Plötzlich konnte man aus diesem, man mochte denken, versteinerten Gesicht, sehen, wie aus seinen Augenwinkeln Tränen flossen. Dieser große, massive Mann, der über siebzehn Jahre der Staatsführer eines der bedeutendsten Länder Europas war, der ohne große Kollisionen zur Vereinigung beider deutschen Staaten mit unterschiedlichen Wirtschaftssystemen zu einem Organismus geführt hatte, und der in seinem Leben schon vieles durchgemacht hatte – dieser Mann war plötzlich gerührt und konnte seine Tränen vielleicht zum ersten Mal nicht zurückhalten. Es gibt keinen Zweifel, dass dies die Worte von Erzbischof Nossol bewirkt hatten, der es wie Demosthenes aus dem alten Griechenland, vielleicht auch wie der römische Cicero verstand, rhetorische Klugheit, Erfahrung und Emotionen mit einander zu verbinden, und seine Ausführungen mit schönen Metaphern und mit der Harmonie seines logisch aufgebauten Gedankenganges anzureichern.

12. Erzbischof Nossol war ein Bischof für alle

Jan Sobeczko, Professor für Liturgie an der Theologischen Fakultät der Universität Oppeln

Wenn ich an den Beitrag von Erzbischof Nossol für das Werk der deutsch-polnischen Versöhnung denke, muss unbedingt Kreisau genannt werden. Als sich herausstelle, dass die Versöhnungsmesse nicht auf dem Annaberg stattfinden kann, entschied man sich für das ehemalige Gut der Familie von Moltke. Aber dort gab es 1989 nur eine staatliche Produktionsgenossenschaft. Wir hatten es übernommen, das Gelände für den Gottesdienst herzurichten, obgleich der Ort in der Erzdiözese Breslau liegt.

Wir arbeiteten mit dem Ortspfarrer zusammen, den ich schon als einen Exegeten kannte und errichteten ein provisorisches Podium. Wir schütteten die größten Pfützen zu, denn der ganze Platz, auf dem die Messe stattfinden sollte, war ein einziger Sumpf. Wir verkleideten auch die größten Verwüstungen am Schlossgebäude.

Es war uns durchaus bewusst, dass sich die meisten Teilnehmer aus dem Bereich der offiziell erst entstehenden deutschen Minderheit rekrutieren würden. Die Lieder suchten wir so aus, dass die polnischen und deutschen Texte eine gemeinsame Melodie hatten. Das ist gelungen. Die Gottesdienstbesucher haben imponierend gesungen.

Als Helmut Kohl in Kreisau eintraf, befanden sich der Bischof und Ministerpräsident Mazowiecki in einem Teil des

Schlosses hinter dem Altar. In den Baracken wohnte eine ältere Frau, die dem Ministerpräsidenten Tee anbot. In diesem Moment erblickte ich von Altar aus den Bundeskanzler. Niemand begrüßte ihn, und es kümmerte sich zunächst kein Mensch um ihn. Da ging ich auf ihn zu und sagte: Ich heiße auch Helmut. Kohl freute sich, und ich brachte ihn zum Premier und zum Bischof.

Zum Symbol von Kreisau wurde der Friedensgruß. Zunächst wollte man ihn weglassen, wozu sogar der Leiter des Büros des Ministerpräsidenten riet. Ohne sich darum zu kümmern, gab der Bischof dem Ministerpräsidenten und dem Bundeskanzler den Friedengruß. Darauf wechselten auch sie beide den Gruß in einer herzlichen Weise, wobei sie vor die Kniebank traten, vor der sie standen. Dieses Bild ging um die Welt.

Ich selbst empfand diese Geste eher als Zeichen der Versöhnung zwischen Polen und Deutschland und weniger in Bezug auf die deutsche Minderheit. Das Schlagwort: „Helmut, du bist auch unser Kanzler, schien vermutlich auch Kohl nicht ganz zu verstehen. Andererseits wurde damit ein Tabu gebrochen. Denn über viele Jahre hatte man in Schlesien behauptet, dass es dort keine Deutschen gäbe. Jetzt sah man, dass die Minderheit existiert, und zwar als geschlossene Gruppe. Dadurch wurde bestätigt, dass in Schlesien manchmal das individuelle, nicht selten wechselnde, Bewusstsein über die Nationalität der Menschen entscheidet.

Zum vorausschauenden Willen des Bischofs gehörte es , das er sich vorgenommen hatte, die Spannungen unter den Polen zu entschärfen, die nun voller Erstaunen feststellten, dass es in ihrer Nachbarschaft Deutsche gab, die es eigentlich nicht hätte geben sollen, die nun aber die Tatsache akzeptieren mussten, dass sie als Minderheit inmitten einer Mehrheit, mit der sie zusammenarbeiten sollten, vorhanden sind. Bischof Nossol tat nicht so, als ob dieses Phänomen nicht existierte. Er vertrat den Standpunkt, dass jeder, ohne Scheu, für sich bestimmen sollte, wer und was er ist. Er akzeptierte die deutsche Sprache als Sprache des Herzens bei einem Teil der Schlesier genauso, wie er es bei den anderen mit der polnischen Sprache tat.

Am Rande sei auf den interessanten Umstand hingewiesen, dass es in vielen Pfarrgemeinden, die vor dem Kriege dafür bekannt waren, dass es dort zahlreiche polnische Jugendgruppen und Vereine sowohl für Männer wie für Frauen gab, zum Beispiel in Tarnów Opolski (Taranu) oder in Dobrzeń (Groß Döbern), und nun nach 1989 eine deutsche Minderheit zum Vorschein kam. Vielleicht ist dies eine Form zur Bewahrung der eigenen Identität. „Unter den Deutschen", als man alles germanisierte, verteidigte man das Polentum, „unter den Polen" wurde das Anderssein dann als Zugehörigkeit zu Deutschland manifestiert. In Schlesien ist die Identität gemischt: polnisch, deutsch und tschechisch.

Erzbischof Nossol war sich als Schlesier immer dessen bewusst, dass wir nicht nur selbst eine Schwierigkeit damit haben, zu sagen, als was wir uns empfinden, sondern auch damit, als was andere uns sehen. In Polen werden wir oft als Menschen betrachtet, die nicht eindeutig und nicht vertrauenswürdig sind und Sympathien für Deutschland hegen, doch wenn wir nach Deutschland fahren, werden wir dort als Polen angesehen. Erzbischof Nossol hat dazu beigetragen, dass sich die deutsche Minderheit unaufdringlich verhält. Manche Priester begegneten der Minderheit mit Furcht und Misstrauen, weil ihre Anführer zuvor mit der kommunistischen Partei liebäugelten. Heute stehen selbstverständlich Vertreter einer neuen Generation an der Spitze der deutschen Minderheit und das Problem ist verschwunden.

Erzbischof Nossol hat es verstanden, ein Bischof für alle zu sein, unabhängig davon, für welche Nationalität sich jemand entschied. Er verleugnete nicht, dass er Schlesier ist, aber er war von den ostpolnischen Gebieten ebenfalls fasziniert und pflegt Freundschaften zu Menschen, die aus jenen Regionen stammen. Die Polen halten ihn für einen Polen, viele Deutsche sehen in ihm gewiss einen Deutschen. Das zeigt, dass man in Schlesien nicht so aufdringlich nach der nationalen Identifikation fragen sollte.

Erzbischof Nossol verstand es, die Menschen von der deutschen Minderheit zu schätzen, andererseits scheute er sich nicht, übertriebene Erwartungen einzudämmen. Das betraf vor allem die älteren Anführer, die nach ihren Erfahrungen aus der Zeit der Volksrepublik eine starke Abneigung gegenüber Polen spürten.

Der Bischof hat es auch geschafft, viele seiner Priester davon zu überzeugen, dass sie ihren Pfarrkindern den Dienst in der Sprache des Herzen nicht verweigern sollten, und er hat in der Person von Wolfgang Globisch einen eigenen Seelsorger für die Minderheit ernannt. Dieser tatkräftige Priester hat für die Minderheit sehr viel Gutes getan und sich darum bemüht, eine zweisprachige Seelsorge einzuführen, so wie sie es vor dem Kriege in Schlesien gegeben hatte. Das ist nicht immer möglich, denn es war ein Generationenloch entstanden, wobei die Menschen mittleren Alters weder die deutsche Sprache beherrschten, noch die neue Liturgie in dieser Sprache kannten.

Die Fähigkeit des Erzbischofs zur Konzilianz sowie seine Haltung im Bereich der deutsch-polnischen Versöhnung greift weit über diesen engen Bereich hinaus. Das wird zum Beispiel in den Bemühungen um die Entstehung der Oppelner Universität deutlich. Seine Entscheidung, die Leitung des gesellschaftlichen Komitees zur Gründung dieser Hochschule zu übernehmen, war seinerseits ein gewisses Risiko. Schließlich war die bestehende Pädagogische Hochschule so etwas wie ein Tätschelkind der Partei. Aber der Erzbischof schob diese Dinge beiseite. Er teilte die Mitarbeiter diesbezüglich nicht in Gläubige und Ungläubige, in Linke oder Rechte ein. Und die Rückkehr der Theologischen Fakultät an die Universität war bei den Vertretern des Staates nicht gerade beliebt. Auch in der Bischofkonferenz war man davon nicht gerade beigeistert. Die Bischöfe fürchteten, sie würden ihren Einfluss darauf verlieren, was hier gelehrt wird. Wenn es nicht die Durchsetzungskraft des Bischofs, auch beim Papst, nicht gegeben hätte, wäre es nicht zur Einrichtung dieser Fakultät an der Uni gekommen. Anfangs war sogar die zuständige Kongregation im Vatikan nicht dafür. Kardinal Laghi ermunterte uns vielmehr zur Gründung einer Päpstlichen Fakultät. Der Erzbischof argumentierte dagegen, die Eingliederung der Theologie in die Universität werde ein Beitrag der Kirche zur Entstehung der Universität sein. Er sah in der Universität nicht eine Möglichkeit zur Erweiterung des Besitzstandes der Kirche. Bester Beweis dafür ist die Tatsache, dass die Diözese die Unterhaltskosten der Theologischen Fakultät übernahm. Dieser Zustand besteht bis heute.

Die Entstehung der Universität hat somit ganz sicher zur offeneren Haltung der wissenschaftlichen Kreise der Kirche, aber – weiter gedacht – auch seitens ganz Oppelns geführt. Der Bischof hat sich auch um die Integration aller Hochschulen der Region verdient gemacht.

Bei der Schaffung eines Klimas der Versöhnung spielte die Autorität des Bischofs auch bei „seinen“ Leuten eine Rolle, wozu ebenfalls die Geistlichkeit gehört. Erzbischof Nossol stützte sich höchst selten auf eine harte Disziplin, auf Gebote und Verbote. Er konnte grundsätzlich werden, nutze dabei aber immer den Appell an den guten Willen und das Vertrauen. Niemals wandte er Zwang an, auch in finanziellen Fragen nicht. Er verlangte keinen bedingungslosen Gehorsam. Ihm lag mehr die Versöhnung, satt der Zwang.

Die Aufgeschlossenheit des Erzbischofs zeigte sich auch im praktischen ökumenischen Bereich, was wir oft vergessen. Er gehörte zu den ersten polnischen Bischöfen, die per Dekret anordneten, die Kirche, falls Bedarf bestand, für Evangelische zu öffnen. Ihm verdanken wir auch die Einrichtung ökumenischer Wochen in unserer Diözese. Er verkörperte den Geist der Versöhnung, und verstand es, das zu suchen, was verbindet.

13. Bischof Nossol ist ein Mensch des guten Rates

Ryszard Galla, Deutsche Minderheit, Senator

Meine Kontakte zu Bischof Nossol reichen in die Jugendzeit zurück, als ich in der Pfarrei Ochodze (Frühauf) Messdiener war. Er war für mich immer eine Autoritätsperson und ein bedeutender Mensch, was unser damaliger Pfarrer Zając stets hervorhob.

Schon als Student, aber immer noch Messdiener, konnte ich mir nicht vorstellen, dass ich einmal die Möglichkeit haben würde, Kontakt zu ihm aufzunehmen und mit ihm Gespräche zu führen. Ein solcher Kontakt ergab sich, als ich mich entschloss, erstmals auf der Liste der Minderheiten (die gewonnen hatte) für die kommunale Selbstverwaltung zu kandidieren, und mich somit in einer Koalition der regierenden Regionalverwaltung befand.

Was immer wir im Oppelner Land an wichtigen Dingen anstrebten, konnte ohne Kenntnis und den Rat des Erzbischofs Nossol nicht umgesetzt werden. Ich erinnere mich noch daran, wie wir von der Minderheit die Initiative zur Herrichtung des Friedhofs für die Opfer das Lagers Lambinowice (Lambsdorf) ergriffen, wobei der Bischof uns sehr geholfen hat. Als Vertreter der Minderheit, aber gleichzeitig auch als Vertreter der kommunalen Selbstverwaltung hatte ich Bedenken, ob ein solcher Friedhof nicht Anstoß erregen und die lokale Bevölkerung spalten würde. Der Bischof hat mich damals sehr aufgerichtet, denn er war einerseits vorsichtig, andererseits aber sprach er uns Mut zu, denn sofern so etwas den Bestimmungen nicht widersprach, und es für eine solche Einrichtung Bedarf gab, dann sollte man nicht darauf verzichten. Er fragte nach der Liste der Opfer und der Art und Weise, wie sie entstehen sollte, er kümmerte sich darum, dass niemand dort aufgeführt wurde, der nicht in Lambsdorf umgekommen war oder sich durch die Mitgliedschaft bei der SS kompromittiert hatte. Der Direktor des Museum fuhr noch einmal eigens nach Deutschland, um die Liste abschließend zu verifizieren. Das alles wurde getan, damit der Friedhof 2002 im ökumenischen Geiste, unter der Beteiligung von katholischen und evangelischen Geistlichen eröffnet werden konnte.

Heute ist die Existenz dieses Friedhofs eine Selbstverständlichkeit. Sowohl offizielle Delegationen als auch einfache Leute reisen dort hin, um der Opfer des Lagers zu gedenken. Das war gegen Ende der 90-er Jahre nicht so. Wir hatten ziemlich viel Angst. Aber der Erzbischof hat die Angst ganz schlicht und entschlossen entschärft.

Ich möchte hervorheben, dass Bischof Nossol immer zur Verfügung stand, er war immer offen und gesprächsbreit, manchmal in Eile, wenn die anstehende Angelegenheit dringend war. Er interessierte sich für unsere Pläne, zum Beispiel in der Frage von Krankenhäusern oder eines im weitesten Sinne verstandenen Gesundheitsdienstes. Manchmal warf er eine kurze Frage in den Raum, und aus den Antworten erarbeite er für sich die Wirklichkeit über unsere Region.

Er hat persönlich nie Druck ausgeübt oder jemandem seine Meinung aufgezwungen, eher wartete er ab, ob jemand Gesprächsbedarf hatte, ihn kontaktieren oder seinen Rat suchen wollte. Sein Arbeitszimmer im Ordinariat war eine Art Beichtstuhl, der von allen aufgesucht wurde, unabhängig davon, welche Politik, Weltanschauung oder Überzeugung jemand vertrat.

Als ich für eine kurze Zeit – nicht ganz ein Jahr – Vorsitzender unseres Regionalparlaments wurde, ersuchte ich den Bischof um ein Gespräch. Ich hatte den Eindruck, dass er von mir mehr erwartete, dass ich nicht nur die deutsche Minderheit zu vertreten hatte, sondern für alle Oppelner sprechen sollte. Das äußerte er nicht direkt, doch gab er mir deutlich zu verstehen, dass ich mich als Vertreter der Minderheit auch für alle anderen einzusetzen hätte.

Der Erzbischof ist ein Mensch von einer großen Sensibilität und einem großen Einfühlungsvermögen. Er benahm sich weder im spirituellen noch im materiellen Bereich wie ein Elefant im Porzellanladen. Er stellte nie Forderungen, sondern konnte bitten, überzeugen, zuhören.

Als deutsche Minderheit spürten wir immer seine Zuneigung. Das zeigte sich besonders in seiner seelsorglichen Fürsorge, zunächst in dem er den Mut bewies, auf dem Annaberg deutsche Gottesdienste zu feiern, bei denen er oft persönlich anwesend war. Dann folgten Gottesdienste in der „Sprache des Herzens“ an anderen Orten, schließlich führte er für die Minderheit Wallfahrten zum Annaberg ein. Wir hatten den Eindruck, dass er auch andere polnische Bischöfe davon überzeugte, dass eine Minderheit sinnvoll sei, und den Polen von dieser Minderheit nicht Böses drohe. In diesem Sinne war er uns behilflich. Gleichzeitig mischte er sich nicht in die Strukturen der Minderheit ein. Er sprach Trost zu und erinnerte uns immer daran, im Geiste der Versöhnung aktiv zu sein. Der Bischof unterstützte uns auch im erzieherischen Bereich, in der Frage der Aufrechterhaltung unserer Identität, doch von irgendwelchen Leitungsfunktionen bei der Minderheit hielt er sich immer fern. Er tat es eben mittelbar und schuf ein aufgeschlossenes Klima. Unermüdlich setze er den Menschen auseinander, dass Caritasstationen, oder Wasserwerke allen zur Verfügung stehen müssen, obgleich sie für deutsches Geld entstanden waren. Das wollen nicht alle einsehen. Die heutige gegenseitige Aufgeschlossenheit zwischen Minderheit und Mehrheit, gemeinsame Veranstaltungen für Kinder und Erwachsene, das ist alles – oder mindestens überwiegend – ist sein Werk.

14. Jeder Mensch ist wichtig

Albert Glaeser, Leiter des „Sebastianeum Silesiacum" in Groß Stein

Jeder, der in seinem Leben auch nur fragmentarisch mit Erzbischof Nossol zu tun hatte, erfuhr seine Wertschätzung, die sich auf die Liebe zu Gott gründet, und diese wird in der Liebe zum Menschen konkret. Denn nur aus der Liebe entspringt das Gute, die Freude und das Glück. Das haben wir von unserem Erzbischof gelernt. Die von ihm praktizierte Liebe wurde in der Versöhnungsarbeit ganz konkret. Das bezieht sich auch auf die Versöhnung von Mensch zu Mensch, selbst dann, wenn es sich um Menschen handelt, die Probleme mit Gott, mit sich selbst und mit anderen Menschen haben.

In der Begegnung mit solchen Menschen hat der Erzbischof nie „die Klinge gezogen", er kämpfte nicht mit dem Kirchenrecht in der in der Hand. Dagegen bediente er sich eher der Liebe, die aus der Überzeugung kommt, dass bei jedem Menschen in der Tiefe seines Herzens etwas Gutes vorhanden ist. Es kam vor, dass wir jemanden streng, scheinbar objektiver, beurteilten, und der Erzbischof uns dann aufforderte, diese oder jene gute Tat zu berücksichtigen, die wir nicht bemerkt hatten, und dass man dem Guten noch Zeit geben sollte, zu reifen.

Wenn ich solche Dinge erwähne, dann denke ich an Situationen, über die man gewöhnlich nicht schreibt, weil die konkrete Angelegenheit nur den Betroffenen und dem Bischof bekannt ist. Bei solchen Gesprächen baten Menschen, ihnen bei der Lösung von Problemen in der Familie, mit den Nachbarn oder mit sich selbst zu helfen.

Manchmal kamen Menschen ins Ordinariat, die menschlich betrachtet, am Boden waren, die aber aufrechten Hauptes das Haus in der Überzeugung verließen, dass sie eine Chance haben und nicht verstoßen wurden. Es genügte, die immer ausgestreckte Hand DESSEN zu ergreifen, der immer auf den Menschen wartet. Die einen nennen ihn Gott, andere versuchen, es anders zu definieren.

Auch wenn sich im Gespräch herausstellte, dass jemand, der ungläubig war und mit sich rang, hat der Bischof sich immer bemüht, diesen Menschen nicht ohne Hoffnung zu entlassen. Ich habe oft gesehen, wie ein solcher Mensch vom Gespräch mit dem Bischof direkt in die Kathedrale ging und dort irgendwo hinten in einer Bank saß und seinen Lebensweg aufs Neue bedachte. Manchmal handelte es sich um Menschen, deren Anwesenheit in der Kathedrale – menschlich gesprochen - eine große Überraschung war. Das Geheimnis des Oppelner Bischofs beruhte darauf, dass er nicht nur auf der Basis der Lehre der Kirche den Kontakt halten konnte, sondern ganz schlicht auf der Grundlage seiner Ausgeglichenheit, die er anderen vermittelte.

Ich erinnere mich noch an die Freundschaft zwischen dem Bischof und Tadeusz Różewicz. Nossl verstand es, in dessen Werk die authentische Suche nach dem Guten zu erkennen. Und als es zu einer Begegnung der beiden kam, entstand daraus eine Freundschaft. Sie haben sich sehr viel zu sagen gehabt. Manchmal schlossen sie sich sogar für einige Tage in Groß Stein ein. Sie betrieben keine Ideologie. Sondern sie redeten mit einander, ernsthaft, wissenschaftlich, aber ganz natürlich, menschlich. Der eine wollte den anderen nicht bekehren, aber sie führten ihre Gespräche auf der Grundlage der eigenen Lebenserfahrung.

Mit dem Erzbischof haben nicht nur Menschen aus dem Machapparat oder den Eliten der Gesellschaft Kontakt gepflegt. Auch ganz einfache Leute suchten ihn auf. Ich erinnere mich an eine Frau, die der Bischof bei einer Feier für einsame und arme Leute an Heiligabend kennen lernte. Sie fragte ihn, ob sie ihn besuchen dürfe. Er war natürlich einverstanden. Diese Frau verließ strahlend sein Arbeitszimmer und sagte: Ich kann wieder leben, und ich weiß, wozu ich lebe. Ihre Armut hatte keinerlei Bedeutung. Der Bischof sah im Menschen die Bedeutung seines Menschseins. Das war bei einflussreichen Leuten aus dem Machtapparat genauso wie bei einfachen Menschen, die – menschlich betrachtet – am Rande standen. Das Böse wurde von ihm immer das Böse genannt, Unrecht war Unrecht. Aber er verwarf nie einen Menschen.

Das war auch so, wenn Leute zu ihm kamen, die ein großes persönliches Problem hatten, zum Beispiel Alkoholiker waren. Seinen Zuspruch und seine Hilfe hat er niemandem verwehrt. Er scheute sich nicht, einem solchen Menschen bei der Suche nach einer Arbeit behilflich zu sein, und er rief dann bei einer Stelle an und bürgte für diesen Menschen. Jeder hatte bei ihm einen Vertrauenskredit. Uns sagte er oft: Ich will lieber für etwas Gutes ins Fegefeuer kommen, als für etwas Unrechtes in die Hölle. Das Wort *Resurrexit* – Auferstehung, das er in seinem Wappen hat, ist nicht nur ein Schlagwort. Es füllt sein Leben aus. In jedem Menschen erkennt er eine Chance und die Hoffnung auf Auferstehung, auf ein neues Leben. Erzbischof Nossol ist ein echt österlicher Mensch.

Und darum ging es immer. Wenn jemand kommt, der mit anderen oder mit sich selbst in einem Konflikt lebt, dann wird er ernst genommen, so dass er wieder an sich selbst glauben kann. Der Glaube an sich selbst, die Möglichkeit zu einer Veränderung, bewirkt eine innere Ausgeglichenheit, die es dem Menschen erlaubt, dem Leben mit neuen Werten zu begegnen.

Die auf eine solche Weise gestärkten Menschen wussten, dass hier die Quelle der Stärke liegt. Es gab keine Feiertage, an denen sie nicht den Weg zum Bischof suchten. Sie wussten, dass er sie als echte Freunde betrachtet, ohne Rücksicht auf Parteizugehörigkeit oder politische Sympathien. Alle kamen, von rechts bis links. Jeder, der an seine Tür klopfte, war ein Gottesgeschenk. Oft zitierte der Erzbischof den Heiligen Vater, Johannes Paul II.: Der kürzeste Weg von Gott zum anderen Menschen ist der Mensch, und der kürzeste Weg des Menschen zu Gott, ist ebenfalls der andere Mensch. Auf diesem bescheidenen Akt der Versöhnung des Menschen mit dem Menschen errichtete der Erzbischof das große internationale Werk der Versöhnung. Denn die internationale Zusammenarbeit beruht ja ebenfalls auf dem Dialog zwischen Menschen.

Selbst in einer Zeit, als Länder und Völker von einander durch Grenzen und Wachtürme getrennt waren, gab es in Oppeln in gewissem Sinne keine Grenzen. Der Bischof errichtete vor niemandem solche Grenze und gab sich den Menschen ganz hin.

Hier gab es sogar Platz für solche, die in der gesellschaftlichen Hierarchie ganz oben standen, aber ihre eigenen Probleme hatten und den Bischof ganz im Stillen aufsuchten, manchmal früh am Morgen oder auch, wie Nikodemus im Evangelium, in der Nacht. Es handelte sich nicht um Leute, die mit dem Bischof einen vertrauten Umgang pflegten. Doch sie benötigten seine Zeit, mit der er nie geizte. Und jetzt, da der Erzbischof in Groß Stein im Ruhestand lebt, beobachte ich, dass er dies dort fortsetzt.

15. Man beneidet uns um einen solchen Bischof

Józef Sebesta, Marschall der Woiwodschaft Oppeln

Erzbischof Nossol hat in der Region Oppeln eine riesige Arbeit für die Versöhnung unter den Menschen geleistet. Diese Region, in der es Konflikte gab, die in der kommunistischen Zeit konserviert wurden, ist multikulturell. Es ist dem Erzbischof zu danken, dass der Versöhnungsprozess nach der Wiedererlangung der Freiheit so rasch, wenn auch nicht ohne Schmerzen, vollzogen werden konnte. Als die Freiheit dann kam, hat sich Erzbischof Nossl sehr um die deutsch-polnische Versöhnung verdient gemacht. Und ganz besonders hat er sich für die Unabhängigkeit des Oppelner Landes eingesetzt. Er hat in dieser Sache zahlreiche Gespräche geführt, darunter auch das diesbezügliche Schlüsselgespräch mit dem damaligen Ministerpräsidenten Jerzy Buzek. Sein Hauptargument für das Beibehalten der Oppelner Region auf der administrativen Landkarte Polens war die kulturelle Besonderheit des Oppelner Landes. Ich denke, dass diese seine Haltung uns zum Durchbruch verholfen hat.

Obgleich der Name von Erzbischof Nossol zu vielen Regierenden in Europa Türen öffnen konnte, und er sein Notizbuch ganz voll von Telefonnummern mit bekannten Namen hatte, so prahlte er nie mit seinem Einfluss. Im Gegenteil, er wirkte diskret und ohne Aufsehen. Zunächst führte er Gespräche, klopfte die Entscheidungsträger weich, versuchte Opponenten zu überzeugen, und erst später, mit der Zeit, vielleicht nach

Jahren, stellte sich heraus, dass er viele Probleme gelöst hatte und die Antriebskraft für vieles war. Diese diskrete Aktivität, ohne Medienrummel, diese Bescheidenheit, war für den Erzbischof bezeichnend und charakteristisch für sein ganzes Leben.

Obschon er kein landesweiter Medienstar war, wusste man in der ganzen Region über seinen positiven Einfluss Bescheid. Davon konnte ich mich überzeugen, wenn ich mit anderen regionalen Parlamentspräsidenten sprach. Sie waren neidisch, dass wir in der Region Oppeln einen so aufgeschlossenen und aktiven Oberhirten hatten.

Ich habe viele Gespräche mit dem Erzbischof geführt. Das erste Gespräch fand statt, als ich nach den Wahlen Marschall der Region wurde. *Nehmt zur Kenntnis, dass ihr vor allem den Menschen dienen sollt* – sagte er uns. *Und wenn ich feststelle, dass ihr von dieser Formel abweicht, werde ich darüber ganz offen reden, wenn nötig, werde ich euch auch abstrafen.* Das war halb als Scherz halb im Ernst gemeint, doch wir nahmen seine Ermahnung mit großer innerer Bewegung auf. Die Treffen mit Erzbischof Nossol erinnerten mich immer daran, dass man nur eine gewisse Zeitlang Marschall ist, aber ein Mensch ist man immer.

Wie angekündigt, hat sich der Erzbischof natürlich für das Schicksal der Region interessiert. Wir führten mit einander viele Gespräche über konkrete Probleme der Woiwodschaft, die nichts mit der Kirche zu tun hatten. Wenn man ihn besuchte, lag auf einem der Tischchen immer die Tagespresse. Er war vorzüglich informiert, fragte nach meinen Plänen und nach neuen Investitionen. Das tat er immer aus Sorge. Ich hatte nie, absolut nie, den Eindruck, dass er Druck auf etwas ausüben wollte.

Am meisten freute ihn, dass sich die Nationalitätenkonflikte beruhigten. In den 90-er Jahren war er sehr beunruhigt, als man

Denkmäler in Brand steckte. Mit großer Zufriedenheit nahm er jede Zusammenarbeit mit der deutschen Minderheit zur Kenntnis.

Im Bereich der Beziehungen zu Deutschland war der Erzbischof sehr sensibel. In Deutschland hatte er ausgezeichnete Kontakte, aber er kämpfte gegen die stereotype Vorstellung, er werde in Deutschland mehr geschätzt als in Polen. Ich weiß noch, dass man ihm in Deutschland einen hohen staatlichen Orden geben wollte, er ihn aber so lange ablehnte, bis er einen gleichrangigen Orden in Polen erhalten hatte. Und er hat lange darauf warten müssen, bis Präsident Lech Kaczyński ihm einen solchen Orden auf Schloss Brieg überreichte. Erst nach diesem Ereignis war er bereit, auch einen deutschen Orden entgegen zu nehmen.

Aus meinen zahlreichen Begegnungen mit Erzbischof Nossol erinnere ich mich auch gerne an sein Wohlwollen und seine Freundlichkeit gegenüber privaten Angelegenheiten. Immer ließ er meine Familie grüßen, und er fragte nach dem Befinden meiner Angehörigen. Ich weiß noch, mit welch einem Interesse er sich meinen Bericht über meinen Großvater anhörte, der aus Dolna (Niederkirch) am Annaberg stammte. Dort, auf dem steinernen Friedhof ist er begraben worden, nachdem er 1925 in einer Kohlengrube zu Tode gekommen war. Als ein wertvolles Andenken bewahre ich seine Briefe auf, die er an seinen Bruder in den Vereinigten Staaten geschrieben hatte, der dort Priester war. In einem dieser Briefe berichtet er in herrlicher Schönschrift über den Tod seines Vaters, also meines Großvaters. Er führte darin Klage gegen seine Stiefmutter, die ihm *weder die Uhr, noch eine Krawatte* überlassen hatte. Der Erzbischof hörte sich das mit echtem Interesse und einem Lächeln an. Auch er hatte vieles zum Thema der verschlungenen schlesischen Wege zu erzählen.

TEIL III

Deutsch-polnische Versöhnung. Eine Dokumentation

1. Wir gewähren Vergebung – wir erbitten Vergebung

Die Botschaft der polnischen Bischöfe an die deutschen Bischöfe vom 18. November 1965

Hochwürdige Konzilsbrüder!

Es sei uns gestattet, ehrwürdige Brüder, ehe das Konzil sich verabschiedet, unseren nächsten westlichen Nachbarn die freudige Botschaft mitzuteilen, dass im nächsten Jahr – im Jahre des Herrn 1966 – die Kirche Christi in Polen und mit ihr zusammen das gesamte polnische Volk das Millennium seiner Taufe und damit auch die Tausendjahrfeier seines nationalen und staatlichen Bestehens begehen wird.

Wir laden Sie hiermit in brüderlicher, aber auch zugleich in feierlichster Weise ein, an den Kirchenfeiern des polnischen Millenniums teilzunehmen; der Höhepunkt des polnischen Te deum laudamus soll Anfang Mai 1966 auf der Jasna Góra, bei der heiligen Mutter Gottes, der Königin Polens, stattfinden.

Die folgenden Ausführungen mögen als historischer und zugleich auch sehr aktueller Kommentar unseres Millenniums dienen und vielleicht auch mit Hilfe Gottes unsere beiden Völker im gegenseitigen Dialog einander noch näherbringen.

Es steht geschichtlich einwandfrei fest, dass im Jahre 966 der polnische Herzog Mieszko I. durch Einfluss seiner Gemahlin, der tschechischen Königstochter Dombrowka, zusammen mit seinem Hofstaat als erster polnischer Herzog das heilige Sakrament der Taufe empfing.

Von diesem Augenblick an wurde das christliche Missionswirken in Polen – seit Generationen durch christliche Apostel schon vorher in unserem Land verkündet – im ganzen polnischen Volksraum verbreitet.

Der Sohn und Nachfolger Mieszkos, Bolesław Chrobry (der Tapfere), setzte das Christianisierungswerk seines Vaters fort und erwirkte vom damaligen Papst Silvester II. die Errichtung einer eigenen polnischen Hierarchie mit der ersten Metropole in Gniezno (Gnesen) und drei Suffraganbistümern Kraków, Wrocław, Kołobrzeg (Krakau, Breslau, Kolberg). Bis 1821 blieb Gniezno weiterhin Metropole des Breslauer Bistums. Im Jahre 1000 begab sich damalige Herrscher des Römischen Imperiums, der Kaiser Otto III., zusammen mit Bolesław Chrobry als Pilger zum Märtyrerschrein des heiligen Wojciech-Adalbert, der einige Jahre her bei den baltischen Preußen den Märtyrertod erlitten hatte. Die beiden Herrscher, der römische und der zukünftige polnische König (er wurde kurz vor seinem Tode zum König gekrönt), gingen barfuß eine weite Strecke Weges zu den heiligen Gebeinen in Gniezno, die sie alsdann mit großer Andacht und innerer Ergriffenheit verehrten.

Das sind die geschichtlichen Anfänge christlichen Polens und zugleich auch die Anfänge seiner nationalen und staatlichen Einheit. Auf diesen Fundamenten – christlich, kirchlich, national und staatlich zugleich – wurde sie durch alle Generationen weiter ausgebaut von Herrschern, Königen, Bischöfen und Priestern, 1000 Jahre hindurch. Die Symbiose Christentum, Kirche, Staat bestand in Polen seit Anfang und wurde eigentlich nie gesprengt. Sie erzeugte mit der Zeit die fast allgemeine polnische Denkart: Polnisch ist zugleich katholisch. Aus ihr heraus entstand auch der polnische Religionsstil, in dem seit Anfang an das Religiöse mit dem Nationalen eng verwoben und verwachsen ist, mit allen positiven, aber auch negativen Seiten dieses Problems.

Zu diesem religiösen Lebensstil gehört auch seit jeher als sein Hauptausdruck der polnische Marienkult. Die ältesten polnischen Kirchen sind der Mutter Gottes geweiht (u.a. die Gnesener Metropolitan-Kathedrale); das älteste polnische Lied, sozusagen das Wiegenlied des polnischen Volkes, ist ein bis heute noch gesungenes Marienlied: „Bogurodzica dziewica, Bogiem Sławiona Maryja“ (Gottesgebärerin – Jungfrau Maria). Die Tradition bringt sein Entstehen mit dem heiligen Wojciech zusammen, ähnlich wie die Legende es mit den polnischen weißen Adlern im Nest von Gniezno tut. Diese und ähnliche Traditionen und Volkslegenden, welche die Geschichtstatsachen wie Efeu umranken, haben das Gemeinsame von Volk und Christentum so eng miteinander verwoben, dass man sie einfach schadlos nicht auseinanderbringen kann. Von ihnen her wird alles spätere polnische Kulturgeschehen, die gesamte polnische nationale und kulturelle Entwicklung, bestrahlt, ja sogar zu einem Großteil geprägt.

Die allerneueste Geschichtsschreibung gibt diesen unseren Anfängen folgende politische und kulturelle Bedeutung: „In der Begegnung mit dem Imperium Ottos des Großen vor einem Jahrtausend hat sich Polens Eintritt in die lateinische Christenheit vollzogen, und durch die bewundernswert geschickte Politik Mieszkos I. und sodann Bolesław des Tapferen ist es zu einem gleichberechtigten Glied des universal konzipierten, auf Erfassung der gesamten nichtbyzantinischen Welt gerichteten Imperium Romanum Ottos III. geworden, womit Polen einen entscheidenden Beitrag zu der Gestaltung des östlichen Europa geleistet hat...“

Damit war die Grundlage gelegt und die Form und Voraussetzung geschaffen für die kommenden fruchtbaren deutsch-polnischen Beziehungen und die Ausbreitung der abendländischen Kultur.

Leider sind die deutsch-polnischen Beziehungen im späteren Verlauf der Geschichte nicht immer fruchtbar geblieben und haben sich sozusagen in den letzten Jahrhunderten in eine Art nachbarliche „Erbfeindschaft" verwandelt. Darüber später.

Der Anschluss des neuen polnischen Königreiches an das Abendland, und zwar mit Hilfe des Papsttums, dem sich die polnischen Könige immer wieder zur Verfügung stellten, brachte im Mittelalter einen in jeder Hinsicht regen und äußerst reichen Austausch zwischen Polen und den abendländischen Völkern, insbesondere mit den süddeutschen Ländern, aber auch Burgund und Flandern, mit Italien und später mit Frankreich und Österreich und den italienischen Renaissancestaaten, wobei natürlicherweise Polen als jüngeres Staatsgebilde, als jüngster von den älteren Brüdern des christlichen Europas, anfangs mehr der nehmende als der gebende Teil war.

Es wurden zwischen Kalisz und Kraków, der polnischen Königsstadt des Mittelalters, und zwischen Bamberg, Speyer, Mainz, Prag, Paris, Köln und Lyon und Clairvaux und Gent nicht nur Waren ausgetauscht. Es kamen aus dem Westen die Benediktiner, die Zisterzienser und später die Bettelorden und erhielten in Polen, im christlichen Neuland, sofort einen schwunghaften Auftrieb; dann kam im Mittelalter das deutsche Magdeburger Recht dazu, das bei polnischen Stadtgründungen große Dienste leistete. Es strömten auch nach Polen deutsche Kaufleute, Architekten, Künstler und Siedler, von denen sehr viele im polnischen Volkstum aufgingen: Ihre deutschen Familiennamen ließ man ihnen. In der großen Krakauer Bürgerkirche St. Maria finden wir noch heute die Grabinschriften zahlreicher deutscher Familien aus dem Mittelalter, die mit der Zeit alle polnisch geworden sind, woraus Hitler und andere – unseligen Gedenkens – den einfachen Schluss zogen, dass Kraków und ganz Polen nur eine deutsche Siedlung seien und demgemäß behandelt werden müssen. – Das klassische Beispiel deutsch-polnischer Zusammenarbeit in Kultur und Kunst im hohen Mittelalter ist wohl der weltberühmte Bildhauer Veit

Stoß aus Nürnberg (Wit Stwosz), der fast sein ganzes Leben lang in Kraków wirkte; seine Werke dort sind alle vom Genius loci der polnischen Umgebung inspiriert: Er schuf in Kraków eine eigene Künstlerschule, die noch Generationen hindurch nachwirkte und das polnische Land befruchtete.

Die Polen haben ihre Brüder aus dem christlichen Westen, die als Boten der wahren Kultur zu ihnen kamen, sehr geehrt und verschwiegen niemals ihre nichtpolnische Stammesherkunft. Wir haben der abendländischen – auch der deutschen – Kultur wahrhaftig sehr viel zu verdanken.

Es kamen auch aus dem Westen zu uns Apostel und Heilige, und sie gehören wohl zu dem Wertvollsten, was uns das Abendland geschenkt hat. Ihr segensreiches soziales Wirken spüren wir vielerorts noch heute. Zu den bekanntesten zählen wir den heiligen Bruno von Querfurt, „Bischof der Heiden" genannt, der den slawischen und litauischen Nordosten im Einvernehmen mit Bolesław Chrobry evangelisierte. Dann ganz besonders die heilige Hedwig (Jadwiga), Herzogin von Schlesien, aus Andechs gebürtig, Gemahlin des polnischen Piastenfürsten Heinrich des Bärtigen (Brodaty) von Schlesien und Gründerin des Zisterzienserinnenklosters von Trzebnica (Trebnitz), wo sie ihre Grabstätte gefunden hat. Sie ist im 13. Jahrhundert die größte Wohltäterin des polnischen Volkes in den damaligen Westgebieten des Piastenpolens, in Schlesien, geworden. Es steht historisch ziemlich fest, dass sie, um dem polnischen einfachen Volke dienen zu können, sogar die polnische Sprache lernte. Nach ihrem Tode und ihrer baldigen Heiligsprechung strömten ohne Unterlass Scharen des polnischen und deutschen Volkes zu ihrer Grabstätte in Trzebnica, später Trebnitz genannt. Und sie tun es noch heute zu Tausenden und Abertausenden. Niemand macht unserer großen Landesheiligen den Vorwurf, dass sie deutschen Geblütes war; im Gegenteil, man sieht sie allgemein – von einigen nationalistischen Fanatikern abgesehen – als den besten Ausdruck eines christlichen Brückenbaues zwischen Polen und Deutschland an, wobei wir uns freuen, auch auf deutscher Seite recht oft dieselbe Meinung zu hören. Brücken bauen zwischen Völkern können eben am besten nur heilige Menschen, nur solche, die eine lautere Meinung und reine Hände besitzen. Sie wollen dem Brudervolke nichts wegnehmen, weder Sprache noch Gebräuche, noch Land, noch materielle Güter; im Gegenteil: Sie bringen ihm höchst wertvolle Kulturgüter, und sie geben ihm gewöhnlich das Wertvollste, was sie besitzen: sich selbst, und werfen damit den Samen ihrer eigenen Persönlichkeit in den fruchtbaren Boden des neuen Missionsnachbarlandes; dieser trägt dann gemäß dem Heilandswort hundertfache Früchte, und zwar Generationen hindurch. So sehen wir in Polen die heilige Hedwig von Schlesien, so sehen wir auch alle anderen Missionare und Märtyrer, die, aus den westlich gelegenen Ländern kommend, in Polen wirkten mit dem schon erwähnten Märtyrerapostel Wojciech-Adalbert aus Prag an der Spitze. Darin besteht auch wohl der allertiefste Unterschied zwischen echter christlicher Kulturmission und dem sogenannten, heute zu Recht verpönten Kolonialismus.

Nach dem Jahre 1200, als das polnische Land immer christlicher wurde in seinen Menschen und Institutionen, wuchsen ihm eigene polnische Heilige heran.

Schon im 12. Jahrhundert war es der Bischof Stanislaus Szczepanowski von Kraków, Bekenner und Märtyrer, vom König Bolesław dem Verwegenen am Altare erschlagen. (Der König selbst starb als heiligmäßiger Büßer in der Verbannung in einem Kloster in Oberösterreich.) Am Grabe des heiligen Stanislaus in der königlichen Domkirche von Kraków entstand das majestätische Lied zu seiner Ehre, heute überall in ganz Polen lateinisch gesungen: „Gaude, mater Polonia, prole foecunda nobili…“

Dann erschien am Firmament das heilige polnische Dreigestirn aus der Familie der Odrowąż (ein altes Geschlecht, das lange Jahrhunderte an der Oder in Oberschlesien seinen Sitz hatte). Der größte von ihnen ist der heilige Hyazinth – polnisch Jacek genannt –, ein Dominikanerapostel, der ganz Osteuropa von Mähren bis zum Baltikum, von Litauen bis Kiew mit Riesenschritten durchmaß. Sein Verwandter, der selige Czesław, ebenfalls Dominikaner, der die damalige Stadt Wrocław gegen die Mongolen verteidigte und im heutigen Wrocław, in der neuerbauten Wojciech-(Adalbert-)Kirche begraben ist, wird von der frommen Bevölkerung als Patron der aus den Trümmern von 1945 wiedererstehenden Stadt verehrt. Und schließlich ruht in Kraków die selige Bronislawa, der Tradition nach Schwester des seligen Czesław, eine Norbertanerin aus Schlesien.

Die Sterne am Heiligenhimmel werden immer mehr: in Sącz die selige Kunegundis, in Gniezno Bogumił und die selige Jolanta, in Masowien Władysław, auf der Königsburg in Kraków die heiligmäßige Königin Jadwiga, eine neue polnische Hedwig, die auf ihre Heiligsprechung wartet. Später kamen neue Heilige und Märtyrer dazu: der heilige Stanislaus Kostka, Jesuitennovize in Rom, der heilige Johannes Kantius, Professor an der Jagiellonischen Universität in Kraków, der heilige Andreas Bobola, Märtyrer in Ostpolen, 1938 heiliggesprochen, und andere Heilige bis zum Franziskanerpater Maximilian Kolbe, dem Märtyrer vom Konzentrationslager Auschwitz, der sein Leben für seine Mitbrüder freiwillig hingab. Gegenwärtig warten in Rom etwa 30 polnische Kandidaten auf ihre Heilig- und Seligsprechung. Unser Volk ehrt seine Heiligen und betrachtet sie als die edelste Frucht, die ein christliches Land hervorbringen kann.

Die obengenannte polnische Universität in Kraków war die erste dieser Art neben Prag im ganzen osteuropäischen Raum. Gegründet schon im Jahre 1363 von König Kasimir dem Großen (Kazimierz Wielki), war sie Jahrhunderte hindurch Zentrum nicht nur politischer, sondern auch universaler europäischer Kulturstrahlung nach allen Richtungen, im besten Sinne des Wortes. – Im 15. und 16. Jahrhundert, als die schlesischen Piastenländer nicht mehr zum polnischen Königreich gehörten, studierten in Kraków und dozierten daselbst Tausende von Studenten und Professoren aus Wratislavia (Breslau), Racibórz (Ratibor), Gliwice (Gleiwitz), Głogów (Glogau), Nysa (Neiße), Opole (Oppeln) und vielen anderen Städten Schlesiens. Ihre Namen und die Namen ihrer Geburtsorte sind in diesem polnisch-lateinischen Idiom in den alten Universitätsregistern verzeichnet. Auch Nicolaus Kopernik (Copernicus) wird da namentlich angeführt. Er studierte in Kraków Astronomie beim Professor Martin Bylica. Hunderte von Gelehrten von höchstem wissenschaftlichem Rang hat diese Universität hervorgebracht und der europäischen Kultur geschenkt: Mathematiker, Physiker, Mediziner, Rechtsgelehrte, Astronomen, Historiker und Kulturphilosophen. Unter ihnen befindet sich auch der berühmte Paulus Włodkowic, Rektor der Krakauer Universität, der auf dem Konzil in Konstanz frank und frei, mit höchster Gelehrtenautorität, eine für damalige Zeiten unerhörte religiöse und humane Toleranz lehrte und mit großem persönlichem Mut den Standpunkt vertrat: die heidnischen Völker Osteuropas seien kein Freiwild, das man mit Feuer und Schwert bekehren soll und darf. Sie haben natürliche Menschenrechte genauso wie die Christen ...

Włodkowic war sozusagen der klassische Ausdruck des polnischen toleranten und freiheitlichen Denkens. Seine Thesen waren gegen die deutschen Ordensritter, die sogenannten „Kreuzritter“, gerichtet, die damals im slawischen Norden und in den preußischen und baltischen Ländern die dortigen Ureinwohner eben mit Feuer und Schwert bekehrten und für das europäische Christentum und sein Symbol, das Kreuz, aber auch für die Kirche, in deren Namen sie auftraten, im Laufe der Jahrhunderte eine furchtbare und äußerst kompromittierende Belastung geworden sind. Noch heute, nach vielen Generationen und Jahrhunderten, ist die Bezeichnung „Krzyżak“ (Kreuzritter) Schimpfwort und Schreckgespenst für jeden Polen und wird leider nur allzuoft von alters her mit dem Deutschtum identifiziert. – Aus dem Siedlungsgebiet der „Kreuzritter“ sind später jene Preußen hervorgegangen, die alles Deutsche in polnischen Landen in allgemeinen Verruf brachten. Sie sind in der geschichtlichen Entwicklung repräsentiert durch folgende Namen: jener Albrecht von Preußen, Friedrich der sog. Große, Bismarck und schließlich Hitler als Endpunkt.

Friedrich II. wird seit jeher vom ganzen polnischen Volke als der Hauptturheber der Teilung Polens angesehen, und zweifellos nicht ganz zu Unrecht. Hundertfünfzig Jahre lebte das polnische Millionenvolk aufgeteilt von den drei damaligen Großmächten: Preußen, Russland und Österreich, bis es 1918 am Ende des Ersten Weltkrieges langsam aus seinem Grabe hervorkommen konnte; bis zum äußersten geschwächt, begann es damals wieder unter größten Schwierigkeiten eine neue eigenstaatliche Existenz ...

Nach kurzer Unabhängigkeit von etwa 20 Jahren (1918 bis 1939) brach über das polnische Volk ohne seine Schuld das herein, was man euphemistisch einfach als Zweiten Weltkrieg bezeichnet, was aber für uns Polen als totale Vernichtung und Ausrottung gedacht war. Über unser armes Vaterland senkte sich eine furchtbare finstere Nacht, wie wir sie seit Generationen nicht erlebt hatten. Sie wird bei uns allgemein „deutsche Okkupationszeit“ genannt und ist unter diesem Namen in die polnische Geschichte eingegangen. Wir waren alle macht- und wehrlos. Das Land war übersät mit Konzentrationslagern, in denen die Schlote der Krematorien Tag und Nacht rauchten. Über sechs Millionen polnischer Staatsbürger, darunter der Großteil jüdischer Herkunft, haben diese Okkupationszeit mit ihrem Leben bezahlen müssen. Die führende polnische Intelligenzschicht wurde einfach weggefegt. Zweitausend polnische Priester und fünf Bischöfe (ein Viertel des damaligen Episkopats) wurden in Lagern umgebracht. Hunderte von Priestern und Zehntausende von Zivilpersonen wurden bei Ausbruch des Krieges an Ort und Stelle erschossen (778 Priester allein in der Diözese Kulm). Die Diözese Włocławek allein verlor im Kriege 48 Prozent ihrer Priester, die Diözese Kulm 47 Prozent. Viele andere waren ausgesiedelt. Alle Mittel- und höheren Schulen waren geschlossen. Die Priesterseminarien waren aufgehoben. Jede deutsche Uniform, nicht nur die SS, wurde für alle Polen nicht nur ein Schreckgespenst, sondern auch Gegenstand eines Deutschenhasses. Alle polnischen Familien hatten ihre Todesopfer zu beklagen. Wir wollen nicht alles aufzählen, um die noch nicht vernarbten Wunden nicht wieder aufzureißen. Wenn wir an diese polnische, furchtbare Nacht erinnern, dann nur deswegen, damit man uns heute einigermaßen versteht, uns selbst und unsere heutige Denkart ... Wir versuchen zu vergessen. Wir hoffen, dass die Zeit – der große göttliche Kairos – die geistigen Wunden langsam heilen wird.

Nach alledem, was in der Vergangenheit geschehen ist – leider erst in der allerneuesten Vergangenheit –, ist es nicht zu verwundern, dass das ganze polnische Volk unter dem schweren Druck eines elementaren Sicherheitsbedürfnisses steht und seinen nächsten Nachbarn im Westen immer noch mit Misstrauen betrachtet. Diese geistige Haltung ist sozusagen unser Generationsproblem, das, Gott gebe es, bei gutem Willen schwinden wird und schwinden muss. In den schweren politischen und geistigen Nöten des Volkes, in seiner jahrhundertelangen Zerrissenheit sind die katholische Kirche und die Heilige Jungfrau immer der Rettungsanker und das Symbol der nationalen Einheit des Volkes geblieben, zusammen mit der polnischen Familie. In allen Freiheitskämpfen während der Unterdrückungszeit gingen die Polen mit diesen Symbolen auf die Barrikaden, die weißen Adler auf der einen Seite – die Muttergottes auf der anderen der Freiheitsfahne. Die Devise war immer: „Für eure und unsere Freiheit."

Das ist etwa – in ganz allgemeinen Abrissen gezeichnet – die tausendjährige Entwicklung der polnischen Kulturgeschichte mit besonderer Berücksichtigung der deutsch-polnischen Nachbarschaft. Die Belastung der beiderseitigen Verhältnisse ist immer noch groß und wird vermehrt durch das sogenannte „heiße Eisen" dieser Nachbarschaft. Die polnische Westgrenze an Oder und Neiße ist, wie wir wohl verstehen, für Deutschland eine äußerst bittere Frucht des letzten Massenvernichtungskrieges – zusammen mit dem Leid der Millionen von Flüchtlingen und vertriebenen Deutschen (auf interalliierten Befehl der Siegermächte – Potsdam 1945! – geschehen). Ein großer Teil der Bevölkerung hat diese Gebiete aus Furcht vor der russischen Front verlassen und war nach dem Westen geflüchtet. – Für unser Vaterland, das aus den Massenmorden nicht als Siegerstaat, sondern bis zum äußersten geschwächt hervorging, ist eine Existenzfrage (keine Frage „größeren Lebensraumes"!); es sei denn, dass man ein über 30-Millionen-Volk in den engen Korridor eines „Generalgouvernements" von 1939 bis 1945 hineinpressen wollte – ohne Westgebiete; aber auch ohne Ostgebiete, aus denen seit 1945 Millionen von polnischen Menschen in die „Potsdamer Westgebiete" hinüberströmen mussten. Wo sollten sie auch damals hin, da ja das sogenannten Generalgouvernement zusammen mit der Hauptstadt Warschau in Schutt und Trümmern lag. Die Vernichtungswellen des letzten Krieg sind nicht nur einmal, wie in Deutschland, sondern seit 1914 mehrere Male über die polnischen Lande hinweggebraust, und zwar hin und zurück wie apokalyptische Reiter, und haben jedesmal Schutt und Trümmer, Armut, Krankheit, Seuchen und Tränen und Tod und wachsen Vergeltungs- und Hasskomplexe hinterlassen.

Seid uns wegen dieser Aufzählung dessen, was im letzten Abschnitt unserer tausend Jahre geschehen ist, liebe deutsche Brüder, nicht gram! Es soll weniger eine Anklage als vielmehr eine eigene Rechtfertigung sein! Wir wissen sehr wohl, wie ganz große Teile der deutschen Bevölkerung jahrelang unter übermenschlichem nationalsozialistischem Gewissensdruck standen, wir kennen die furchtbaren inneren Nöte, denen seinerzeit rechtschaffene und verantwortungsvolle deutsche Bischöfe ausgesetzt waren, um nur die Namen Kardinal von Faulhaber, von Galen, von Preysing zu erwähnen. Wir wissen um die Märtyrer der weißen Rose, die Widerstandskämpfer des 20. Juli, wir wissen, dass viele Laien und Priester ihr Leben opferten (Lichtenberg, Metzger, Klausener und viele andere). Tausende von Deutschen teilten als Christ und Kommunisten in den Konzentrationslage das Los unserer polnischen Brüder ...

Und trotz alledem, trotz dieser fast hoffnungslos mit Vergangenheit belasteten Lage, gerade aus dieser Lage heraus, hochwürdige Brüder, rufen wir Ihnen zu: Versuchen wir zu vergessen! Keine Polemik, kein weiterer kalter Krieg, aber der Anfang eines Dialogs, wie er heute vom Konzil und von Papst Paul VI. überall angestrebt wird. Wenn echter guter Wille beiderseits besteht – und das ist wohl nicht zu bezweifeln –, dann muss ja ein ernster Dialog gelingen und mit der Zeit gute Früchte bringen – trotz allem, trotz heißer Eisen. – Es scheint uns gerade im Ökumenischen Konzil ein Gebot der Stunde zu sein, dass wir diesen Dialog auf bischöflicher Hirtenebene beginnen, und zwar ohne Zögern, dass wir einander näher kennenlernen, unsere gegenseitigen Volksbräuche, den religiösen Kult und Lebensstil, in der Vergangenheit verwurzelt und gerade durch diese Kulturvergangenheit bedingt.

Wir haben versucht, uns mit dem gesamten polnischen Gottesvolk auf die Tausendjahrfeier durch die sogenannte große Novene unter dem hohen Patronat der allerseligsten Jungfrau

Maria vorzubereiten. Neun Jahre hindurch (1957 bis 1965) haben wir im Sinne des „per Mariam ad Jesum" die Kanzel in Polen, aber auch die gesamte Seelsorge auf wichtige moderne Seelsorgsprobleme und soziale Aufgaben eingesetzt: Jugendseelsorge, sozialer Aufbau in Gerechtigkeit und Liebe, soziale Gefahren, nationale Gewissenserforschung, Ehe und Familienleben, katechetische Aufgaben und ähnliche.

Das ganze gläubige Volk nahm auch geistig regsamsten Anteil am Ökumenischen Konzil durch Gebet, Opfer und Bußwerke. Während der Konzilssitzungen fanden jeweils in allen Pfarrgemeinden Bittandachten statt, und das heilige Bild der Muttergottes sowie die Beichtstühle und Kommunionbänke in Częstochowa waren wochenlang belagert von Pfarrdelegationen aus ganz Polen, die durch persönliches Opfer und Gebet helfen wollten.

Schließlich haben wir uns in diesem Jahr, dem letzten der großen Novene, alle der Mutter Gottes geweiht, Bischöfe, Priester, Ordensleute sowie alle Stände unseres gläubigen Volkes. Vor den ungeheuren Gefahren moralischer und sozialer Art, welche die Seele unseres Volkes, aber auch seine biologische Existenz bedrohen, kann uns nur die Hilfe und Gnade unseres Erlösers retten, die wir durch die Vermittlung seiner Mutter, der allerseligsten Jungfrau, herabflehen wollen. Voll kindlichen Vertrauens werfen wir uns in ihre Arme. Nur so können wir innerlich frei werden als dienende und zugleich freie Kinder – ja sogar als „Sklaven Gottes", wie es der heilige Paulus nennt.

Wir bitten Sie, katholische Hirten des deutschen Volkes, versuchen Sie auf Ihre eigene Art und Weise, unser christliches Millennium mitzufeiern, sei es durch Gebet, sei es durch einen besonderen Gedenktag. Für jede Geste dieser Art werden wir Ihnen dankbar sein. Überbringen Sie auch, wir bitten Sie darum, unsere Grüße und unseren Dank den deutschen evangelischen Brüdern, die sich mit uns und mit Ihnen abmühen, Lösungen für unsere Schwierigkeiten zu finden.

In diesem allerchristlichsten und zugleich sehr menschlichen Geist strecken wir unsere Hände zu Ihnen hin in den Bänken des zu Ende gehenden Konzils, gewähren Vergebung und bitten um Vergebung. Und wenn Sie, deutsche Bischöfe und Konzilsväter, unsere ausgestreckten Hände brüderlich erfassen, dann erst können wir wohl mit ruhigem Gewissen in Polen auf ganz christliche Art unser Millennium feiern. Wir laden Sie dazu herzlichst nach Polen ein.

Das walte der barmherzige Erlöser und die Jungfrau Maria, die Königin Polens, die Regina Mundi und Mater Ecclesiae.

Rom, 18. November 1965

2. Wir ergreifen die dargebotenen Hände

Das Antwortschreiben der deutschen Bischöfe an die polnischen Bischöfe vom 5. Dezember 1965

Hochwürdigste Mitbrüder im bischöflichen Amt!

Mit Bewegung und Freude haben wir Ihre Botschaft vom 18. November dieses Jahres und Ihre freundliche Einladung zur Tausendjahrfeier der Christianisierung des polnischen Volkes empfangen. Wir betrachten es als eine kostbare Frucht unserer gemeinsamen Konzilsarbeit, dass Sie dieses Wort an uns richten konnten. Dankbar greifen wir es auf und hoffen, den begonnenen Dialog in Polen und in Deutschland miteinander fortsetzen zu können. Mit Gottes Hilfe wird dieses Gespräch die Brüderlichkeit zwischen dem polnischen und dem deutschen Volk fördern und festigen.

Wir sind uns bewusst, wie schwer es für viel Christen in Europa war und noch ist, nach den Schrecken des Zweiten Weltkrieges die fundamentale Wahrheit unseres Glaubens mit ganzen Herzen festzuhalten, dass wir Kinder des himmlischen Vaters und Brüder in Christus sind. Diese christliche Brüderlichkeit fand im Jahre 1948 beim Kölner Domjubiläum durch den Besuch französischer und englischer Kardinale und Bischöfe ihren ersehnten Ausdruck. So möge auch im kommenden Jahr das Millennium der Taufe Polens ein solches Zeichen werden.

Sie haben uns in Ihrem Schreiben, ehrwürdige Brüder, in Erinnerung gerufen, mit wie vielen Banden das polnische Volk seit Jahrhunderten an das christliche Europa gebunden ist und welche Rolle es in der Geschichte dieses christlichen Europa gespielt hat – und so, so hoffen wir, auch weiterhin spielen wird. Sie hatten dabei die Großherzigkeit, aus all diesen Jahrhunderten zunächst und vor allem Beispiele zu erwähnen, die sowohl Ihrem wie auch unserem Volke zur Ehre gereichen, Beispiele gemeinsamer Arbeit, aufrichtiger Achtung, fruchtbaren Austausches und gegenseitiger Förderung, obwohl dies alles hätte zurücktreten können angesichts des Unrechts und des Leides, das das polnische Volk im Laufe der Geschichte zu tragen hatte. Es ist ein tröstlicher Hinweis auf die von uns erhoffte und mit allen Mitteln zu erstrebende Zukunft, wenn Sie uns daran erinnern, wie die polnische Kirche im Mittelalter über alle Grenzen hinweg mit deutschen Städten, Gemeinden und Orden in vielfältigem Austausch gestanden hat. Es berührt uns tief, dass wir in der Verehrung der heiligen Hedwig vereint sind, die deutschen Geblütes und doch – wie Sie schreiben – die größte Wohltäterin des polnischen Volkes im 13. Jahrhundert war. Diese hellen Seiten des polnisch-deutschen Verhältnisses in der Geschichte verdanken wir ohne Zweifel unserem gemeinsamen christlichen Glauben. Wir sind daher überzeugt und mit Ihnen, ehrwürdige Brüder, darin einig: Wenn wir über alle Unterschiede hinweg Brüder Christi sein wollen, wenn wir Bischöfe, wie es bei diesem Konzil deutlich wurde, zuerst und vor allem das Kollegium der Hirten sein wollen, die dem einen Volke Gottes dienen, und wenn wir so auch unsere Teilkirchen führen, dann müssen die Schatten weichen, die leider noch immer über unseren beiden Völkern liegen.

Furchtbares ist von Deutschen und im Namen des deutschen Volkes dem polnischen Volke angetan worden. Wir wissen, dass wir Folgen des Krieges tragen müssen, die auch für unser Land schwer sind. Wir verstehen, dass die Zeit der deutschen Besatzung eine brennende Wunde hinterlassen hat, die auch bei gutem Willen nur schwer heilt. Um so mehr sind wir dankbar, dass Sie angesichts dieser Tatsache mit wahrhaft christlicher Großmut anerkennen, wie in der Zeit des Nationalsozialismus auch ein großer Teil der deutschen Bevölkerung unter schwerem Gewissensdruck gestanden hat. Wir sind dankbar, dass Sie auch angesichts der Millionen polnischer Opfer jener Zeit sich an die Deutschen erinnern, die dem Ungeist widerstanden und zum Teil ihr Leben dafür hingegeben haben. Es ist uns ein Trost, dass viele unserer Priester und Gläubigen in jener Nacht des Hasses betend und opfernd für das entrechtete polnische Volk eingetreten sind und für diese christliche Liebe Gefängnis und Tod auf sich genommen haben. Wir sind dankbar, dass Sie neben dem unermesslichen Leid des polnischen Volkes auch des harten Loses der Millionen vertriebener Deutscher und Flüchtlinge gedenken.

Eine Aufrechnung von Schuld und Unrecht – darin sind wir einer Meinung – kann uns freilich nicht weiterhelfen. Wir sind Kinder des gemeinsamen himmlischen Vaters. Alles menschliche Unrecht ist zunächst eine Schuld vor Gott, eine Verzeihung muss zunächst von ihm erbeten werden. An ihn richtet sich zuerst die Vaterunserbitte „Vergib uns unsere Schuld!" Dann dürfen wir auch ehrlichen Herzens um Verzeihung bei unseren Nachbarn bitten. So bitten auch wir zu vergessen, ja wir bitten zu verzeihen. Vergessen ist eine menschliche Sache. Die Bitte um Verzeihung ist ein Anruf an jeden, dem Unrecht geschah, dieses Unrecht mit den barmherzigen Augen Gottes zu sehen und einen neuen Anfang zuzulassen.

Dieser Anfang ist besonders belastet durch die bitteren Folgen des von Deutschland begonnenen und verlorenen Krieges. Millionen von Polen mussten aus dem Osten in die ihnen zugewiesenen Gebiete übersiedeln. Wir wissen wohl, was darum für das heutige Polen diese Gebiete bedeuten. Aber auch Millionen Deutsche mussten ihre Heimat verlassen, in der ihre Väter und

Vorfahren lebten. Diese waren nicht als Eroberer in das Land gezogen, sondern im Laufe der Jahrhunderte durch die einheimischen Fürsten gerufen worden. Deshalb müssen wir Ihnen in Liebe und Wahrhaftigkeit sagen: Wenn diese Deutschen von „Recht auf Heimat“ sprechen, so liegt darin – von einigen Ausnahmen abgesehen – keine aggressive Absicht. Unsere Schlesier, Pommern und Ostpreußen wollen damit sagen, dass sie Rechtens in ihrer alten Heimat gewohnt haben und dass sie dieser Heimat verbunden bleiben. Dabei ist ihnen bewusst, dass dort jetzt eine junge Generation heranwächst, die das Land, das ihren Vätern zugewiesen wurde, ebenfalls als ihre Heimat betrachtet. Christliche Liebe versucht, sich jeweils in die Sorgen und Nöte des anderen hineinzuversetzen und so Spannungen und Grenzen zu überwinden. Sie will den Ungeist des Hasses, der Feindschaft und des Revanchismus ausmerzen. So wird sie dazu beitragen, dass alle unseligen Folgen des Krieges in einer nach allen Seiten befriedigenden und gerechten Lösung überwunden werden. Sie dürfen überzeugt sein, dass kein deutscher Bischof etwas anderes will und jemals etwas anderes fördern wird als das brüderliche Verhältnis beider Völker in voller Aufrichtigkeit und ehrlichem Dialog.

Zu solcher Brüderschaft des guten Willens kann uns die Erfahrung des Konzils Mut machen. Auch beim Konzil waren die Wege nicht immer überschaubar. Nicht immer leuchtete das Ziel klar und deutlich, und oft standen die Väter zögernd an Wegkreuzungen, aber dann wurde uns durch Gottes Gnade ein Weg gezeigt und manchmal eine überraschende Lösung geschenkt. So hoffen wir mit Ihnen, dass Gott auch unseren beiden Völkern in Zukunft Lösungen zeigen wird, wenn wir ihm Beweise unseres guten Willens geben. Als Zeichen unseres guten Willens, ehrwürdige Brüder, wollen wir, in aufrichtiger Dankbarkeit für Ihre Einladung, als Pilger zu Ihrem Marienheiligtum nach Tschenstochau kommen und Anteil nehmen an Ihrer und

Ihres ganzen Volkes Freude. Wir wollen mit Ihnen an den Heiligtümern beten, wo das polnische Volk sich oft und besonders in der heutigen Zeit Kraft und Segen von Gott erbittet. Wir versprechen, unsere Gläubigen aufzufordern, sich im kommenden Marienmonat mit unserem und Ihrem Gebet zu vereinen.

Wir wollen alles tun, dass diese Verbindung nicht mehr abreißt. Im Jahr 1968 wird der Deutsche Katholikentag in Essen stattfinden. Im gleichen Jahr begeht das Bistum Meißen die Tausendjahrfeier seiner Gründung. Es wäre für uns und unsere Gläubigen eine große Freude, bei diesen Gelegenheiten polnische Bischöfe begrüßen zu dürfen. Bei unseren Einladungen haben wir mit Ihnen den Wunsch, dass die Begegnung der Bischöfe und der begonnene Dialog sich fortsetzen möge in allen Lebensbereichen unserer beiden Völker. Alle Schritte, die diesem Ziel dienen können, werden wir von Herzen begrüßen. Darum erfüllen wir auch mit Freude Ihre Bitte, Ihren besonderen Gruß unseren evangelischen Brüdern in Deutschland zu übermitteln. Darüber hinaus dürfen wir uns in unseren Bemühungen um gegenseitiges Verständnis einig wissen mit allen Menschen guten Willens.

Hochwürdigste Brüder! Das Konzil hat uns zusammengeführt an heiliger Stätte zu gemeinsamer Arbeit und gemeinsamem Gebet. Die Grotten von St. Peter bergen die kleine Kapelle der Tschenstochauer Madonna. Dort fanden wir auch das Bild der heiligen Hedwig, die Ihr Volk besonders verehrt und die Sie „als den besten Ausdruck eines christlichen Brückenbaues zu sehen Polen und Deutschland" ansehen.

Von dieser großen Heiligen wollen wir lernen, uns in Ehrfurcht und Liebe zu begegnen. Am Schluss Ihres Schreibens stehen die kostbaren Worte, die für unsere beiden Völker ein neue Zukunft eröffnen können: „Wir strecke unsere Hände zu Ihnen hin in den Bänken des zu Ende gehenden Konzils, gewähren Vergebung und bitten um Vergebung." Mit brüderlicher

Ehrfurcht ergreifen wir die dargebotenen Hände. Der Gott des Friedens gewähre uns auf die Fürbitte der „regina pacis“, dass niemals wieder der Ungeist des Hasses unsere Hände trenne!

Rom, 5. Dezember 1965

3. Predigt von Bischof Alfons Nossol bei der Versöhnungsmesse in Kreisau am 12. November 1989

„Gemeinsam gehen in Wahrheit und in Liebe versöhnt"

I

Bevor wir vor Gott unseren Lobes- und Dankeshymnus für diese unsere eucharistische Begegnung in Kreisau anstimmen, sollten wir im Geiste – wenn auch noch skizzenhaft – einen Blick auf die Außergewöhnlichkeit und die wahrhaft historische Dimension dieses Treffens werfen. Eigentlich ist jede Eucharistiefeier außergewöhnlich, weil sie ein „großes Geheimnis des Glaubens“ ist, bei dem sich das Werk der Versöhnung des Menschen mit Gott, mit sich selbst und den anderen sowie mit der gesamten Schöpfung auf sakramentale Weise vergegenwärtigt.

Ist es daher so sehr verwunderlich, dass die beiden christlichen Regierungschefs auf dem Wege, bzw. während dieses Besuchs, der vor allem zur Vertiefung der Versöhnung zwischen unseren Völkern beitragen soll, in der gemeinsamen Teilnahme an der Sonntagsmesse gewissermaßen den Höhepunkt dieses Besuches erkennen wollen?

Wir alle wissen nur zu gut, wie schwierig dieser Besuch aus politischen Gründen ist, denn er bezieht sich doch auf die Nachbarn mitten im Herzen Europas. Wir können das Bewusstsein darüber, dass die Geschichte schwer auf uns lastet, nicht einfach beiseiteschieben und uns vollkommen davon lösen.

Gerade deshalb ist die Eucharistiefeier für diesen Besuch nicht nur so etwas wie ein „göttlicher Katalysator", sondern ganz unmittelbar eine unerlässliche Struktur, wenn wir nur bereit sind, dieses Ereignis mit den Augen eines reifen christlichen Glaubens ernsthaft zu betrachten. Denn niemand und nichts ist in der Lage, das Dunkel in unserer gemeinsamen Geschichte zu erhellen. In diesem Fall muss uns unbedingt das Licht leuchten, das uns durch das Kind geschenkt wurde, das uns geboren wurde als Sohn, den wir empfangen haben und den man genannt hat: „Wahrer Ratgeber, starker Gott, Vater von Ewigkeit und Friedensfürst" (vgl. Jes 9,5).

II

Christus ist das Licht der Völker, *lumen gentium est Christus*, sagt das Zweite Vatikanische Konzil sogleich zu Beginn seines wichtigsten Dokuments (in der Dogmatischen Konstitution über die Kirche), Christus ist unser einziger Herr und gemeinsamer Herrscher, dessen Kommen als Friedensfürst der Prophet Jesajas vorausgesagt hat.

Es stimmt, dass kein vernünftiger Menschen von uns verlangen kann, alles zu vergessen, vor allem was das grausame Kapitel unserer Geschichte in Gestalt des Zweiten Weltkrieges betrifft. Diese geschichtliche Zäsur zahlreicher Verbrechen, die durch das Naziregime des Dritten Reiches an der Menschheit begangen wurden, wie auch andere später ebenfalls damit verbundene schmerzhafte Konsequenzen (die manchmal sogar eine Art Racheakt waren), sind deshalb in den letzten Tagen schon des Öfteren benannt worden. Das verlangt die historische Wahrheit, unabhängig davon, wie schmerzhaft sie ist. Während das Vergessen eine Frage der Psychologie ist, so ist die Versöhnung dagegen ein unerlässliches Erfordernis eines echten radikalen Glaubens und einer christlichen Existenz. Wenn wir zu unserem gemeinsamen Vater ehrlich rufen: „Vergib uns unsere Schuld, wie auch wir vergeben unseren Schuldigern“, müssen wir in Richtung eines neuen Anfangs schreiten, der sich aus dem echten Willen zur Versöhnung ergibt.

Ganz gewiss ließen sich auch die polnischen Bischöfe von diesem Glauben leiten, die in ihrer Botschaft am Ende des Konzils am 18. November 1965 an ihre Amtsbrüder in Christo darüber sprechen und zunächst das aufzählten, was sich im Laufe unseres Jahrtausends bis hin zum unmenschlichen nationalsozialistischen Druck ereignet hatte und sagten: „Wir vergeben und bitten um Vergebung“.

Mein Gott, wie viel Unruhe hat es damals deswegen bei uns gegeben, vor allem im politischen Bereich, vor allem in Form von ideologischen Protesten, die von den Gläubigen nicht selten schriftlich erzwungen wurden. Doch wenn ein Christ nicht ehrlichen Herzens hätte vergeben können, dies nicht gewollte hätte, dann wäre er auch nicht in der Lage gewesen, richtig zu lieben. Der Völkerapostel erinnert uns daran, dass wir als „Auserwählte Gottes“ uns „mit dem aufrichtigen Erbarmen bekleiden...., einander ertragen und gegenseitig vergeben“ (Kol 3,12f). Vor allem aber sollen wir uns mit der „Liebe bekleiden, die alles zusammen hält und vollkommen macht“, denn nur dann kann der Friede Christi in uns herrschen (Kol 3,15).

Klar, das Geschenk des gegenseitigen Vergebens kann an Heroismus grenzen, aber gerade deshalb wurde diese heilige Kraft uns ja in der Eucharistie geschenkt und sie wurde uns durch unseren Versöhner aufgetragen als „Dienst an der Versöhnung“ (vgl. 2 Kor 5,8f). Dank dieser Gnade, das heißt gestützt auf sie, kann unsere Generation ganz sicher von hier aus, gerade von Kreisau aus, ein neues Kapitel in der Geschichte unserer beiden Völker schreiben. Ohne eine deutliche Bezugnahme auf das in der Eucharistie vergegenwärtigte Werk der christlichen Versöhnung, wäre diesbezüglich ein Durchbruch wohl kaum denkbar. Mit ausschließlich menschlicher Kraft, mit Diplomatie und Taktik, lässt sich das nicht bewerkstelligen. Nur die Macht Christi, des Versöhners, kann das bewirken.

Das Evangelium, das tagtäglich verwirklicht wird, ist natürlich kein Schlafmittel, sondern es wirkt wie Dynamit der heilsbringenden Wahrheit und Liebe, die wirklich „alles neu machen" kann. Deshalb verlangt das Evangelium manchmal auch das Risiko des Glaubens, und dieser Glaube muss nach menschlichem Ermessen auch nicht Erfolg versprechend aussehen, wenn er wirklich helfen soll, dass sich das echte Wunder der Versöhnung zwischen den in der Geschichte so lange entzweiten Völkern ereignet.

III

Wir müssen aber auch betonen, dass sich der historische Charakter unserer Eucharistiefeier durch den Ort auszeichnet, an dem sie stattfindet, das heißt hier im niederschlesischen Kreisau, das ein Symbol für den antifaschistischen Widerstand ist, an dem man schon damals an ein besseres Deutschland dachte, und dem die Idee von einem christlichen Staat vorschwebte, der auf festen ethischen Grundlagen basieren sollte.

„Im Christentum erblicken wir die wertvollsten Kräfte für eine ethisch-religiöse Erneuerung des Volkes, für eine Überwindung von Hass und Lüge und den Aufbau des Westens für eine friedvolle Zusammenarbeit der Völker" – so hieß es in einer Erklärung des Zentrums, das uns als „Kreisauer Kreis" bekannt ist, der aus einer Gruppe von jungen Menschen mit unterschiedlichen gesellschaftlichen und konfessionellen Überzeugungen bestand. Die Seele dieses konspirativen Kreises war der hier geborene und hier lebende Helmut James Graf von Moltke, der am 23. Januar 1945 wegen „Hochverrats" hingerichtet wurde, denn die Mehrzahl der am Attentat in Rastenburg am 20. Juli

1944 beteiligten Personen gehörte jenen Idealisten an, die an ein „besseres Deutschland“ glaubten.

Diesem Kreis gehörten auch evangelische und katholische Geistliche an, von denen viele das Schicksal des Grafen von Moltke teilen mussten, wie z.B. der berühmte Jesuit Alfred Delp und viele andere. Deshalb verdient auch die ökumenische Dimension der Angehörigen des „Kreisauer Kreises“ besondere Aufmerksamkeit. Sie waren sich voll und ganz darüber im Klaren, dass sie nur zusammen und getragen von der zentrifugalen Kraft eines authentisch erlebten Christentums in der Lage sein würden, sich dem sich ausbreitenden Bösen entgegen zu stellen.

Graf von Moltke selbst wollte allerdings Gewalt in seinem Vorhaben ausschließen. Gemäß seiner Überzeugung konnte „kein Mensch ein Mensch“ sein, ohne das Kapitel 13 des ersten Korintherbriefes zu beachten, in dem wir den Hymnus über die Liebe finden. Deshalb fürchtete er den Tod auch nicht und erachtete „seine Aufgabe als erfüllt“, als er sich von seiner Frau Freya, den Kindern und Angehörigen mit den Worten verabschiedete: „Die Gnade unseres Herrn Jesus Christus, die Liebe Gottes, des Vaters und die Gabe des Heiligen Geistes sei mit Euch allen“.

Denn nur diese Liebe, die in der Fülle des Erlösungswerkes Jesu Christi voll zum Ausdruck kommt, weil wir durch das am Kreuz vergossene Blut schon längst richtig miteinander verwandt und versöhnte Schwestern und Brüder in Christus sind, können wir jetzt gemeinsam in die Zukunft schreiten, und in Europa eine Zivilisation der Liebe und des Friedens aufbauen. So wollen wir denn alle, die wir hier heute versammelt sind, Christus, unseren Herrn und Versöhner, inständig anflehen, damit er uns die Gnade einer echter Bekehrung schenkt und wir ehrlich verzeihen können, und dass wir einer wirklichen und dauerhaften Versöhnung zwischen unseren Völkern teilhaftig werden.

4. Ansprache von Bundeskanzler Helmut Kohl

zum Abschluss der Versöhnungsmesse in Kreisau am 12. November 1989

Liebe Freunde aus Polen, liebe Freunde aus Deutschland, sehr geehrter Herr Ministerpräsident.

Wir haben hier im Hof des Gutes Kreisau gemeinsam die heilige Messe gefeiert. Ein jeder von uns spürt, dass dies ein wichtiger Augenblick im Leben unserer beiden Völker ist. Wir sind uns der Geschichte bewusst, die sich hier in Kreisau ereignet, und die im Herzen Europas gegenwärtig ist. In der Predigt des Bischofs haben wir gehört, dass wir die Geschichte nicht vergessen dürfen, aber auch dass wir zusammen aus der Geschichte lernen müssen. Dieser Augenblick, an dem wir gerade teilgenommen haben, ist eine solche Lehre für uns.

Der Herr Ministerpräsident und ich haben gerade miteinander den Friedensgruß ausgetauscht. Dabei begleiteten uns die Worte: Der Herr segne Dich, und er segne Dein Volk. Wir hätten kein Recht, das so auszusprechen, wenn dies nicht auch unsere Völker betreffen würde. Deshalb machen wir uns von diesem Altar aus auf den Weg und schreiten einer guten Zukunft unserer Völker entgegen, die erfüllt ist von Frieden und Gottes Segen, für Polen und Deutsche, und für uns alle in Europa.

5. Ansprache von Ministerpräsident Tadeusz Mazowiecki

zum Abschluss der Versöhnungsmesse in Kreisau am 12. November 1989

Liebe Freunde, sehr geehrter Herr Bundeskanzler, hochwürdigste Herren Bischöfe,

Ernst und brüderlich haben wir diese heilige Messe miterlebt. Dieses Gefühl der zwischenmenschlichen Brüderlichkeit wollen wir von hier mitnehmen, damit wir niemals vergessen, dass wir vor allem Menschen und Brüder sind. Zu dieser Brüderlichkeit verpflichten uns besonders jene, die um einer besseren Brüderlichkeit zwischen den Menschen und zwischen unseren Völkern willen einst an diesem Ort zusammen kamen. Lasst uns somit einen so gestärkten Willen und das Gefühl der Brüderlichkeit von dieser heiligen Messe mitnehmen. Dieses Gefühl möge sich unter unseren Völkern und auch bei uns selbst entwickeln. Ich denke, dass wäre sehr viel. Das wird, Herr Bundeskanzler, eine große Sache, wenn wir mit diesem Gefühl aus dieser heiligen Messe nach Hause zurückkehren, und wir diese Messe immer in Erinnerung behalten.

6. Hirtenbrief zur österlichen Bußzeit 1990

Bischof Alfons Nossol

Notwendigkeit der Versöhnung heute

Liebe Schwestern, liebe Brüder,
geliebte Mitbekenner Jesu Christi – der unsere Versöhnung ist!

Für die Zeit, in der wir auf besondere Weise das Geheimnis unserer Erlösung am Kreuz miterleben und die österliche Buße praktizieren, soll dieses Jahr das Wort des „Petrus unserer Zeit" in Erinnerung gerufen werden, das er während seines Besuchs in unserer Diözese, auf dem St. Annaberg, am 21. Juni 1983, gesprochen hat: „Bemüht euch, Versöhnung (aus dem Schatz der Kirche) zu schöpfen: Vor allem eine zunehmend tiefere Versöhnung mit Gott selbst in Jesus Christus und durch den Hl. Geist, gleichzeitig die Versöhnung mit den Menschen, mit den nahen und fernen – mit den anwesenden und den nicht anwesenden in diesem Land. Dieses Land bedarf immer neu der vielfältigen Versöhnung".

In letzter Zeit haben in Mittel- und Osteuropa wichtige soziale Veränderungen stattgefunden, vor allem der grundlegende Umbruch in unserem Land und die mit ihm verbundenen Folgen, alles – auch die Atmosphäre der zurückliegenden Wahlkämpfe (um den Senatorensitz) im Oppelner Schlesien – überzeugt uns von der tiefen Wahrheit der Worte unseres Papstes. Wir wollen die drängende Notwendigkeit der vielfältigen Versöhnung in unserem Land in vier grundlegenden Dimensionen überdenken, in denen das erlösende Geschenk der Versöhnung wirksam wird: In der Beziehung zu Gott (I), zu sich selbst (II), zum Mitmenschen (III) und zur ganzen Schöpfung (IV).

I. Die Versöhnung des Menschen mit Gott

1. Der Mensch, nach Gottes Ebenbild erschaffen (vgl. Gen 1,27), wurde mit der Gabe der Freiheit beschenkt, deren höchste Frucht die Liebe ist. Aus der Erlösungsgeschichte wissen wir, dass dieser „Funke Gottes", die Freiheit, am Anfang der Menschheit gegen die von Gott erstellte Ordnung eingesetzt wurde. Durch die Ursünde übertrat der Mensch Gottes Gesetz und führte in die Schöpfungsordnung den Zwiespalt ein. Auf diese Weise hatte er das göttliche Geschenk der Liebe verworfen und verfiel in Feindschaft zu Gott, mit der ein Entmenschlichungsprozess begann.

2. Die Feindschaft gegenüber Gott, die im Widerspruch zur menschlichen Natur steht, wird seitdem durch jede Todsünde erneuert. Gott, der den Menschen aus Liebe erschuf und für die Liebe bestimmte, wollte ihn aufgrund seiner unendlichen Güte aufs neue mit sich versöhnen. Er tat es durch eine gewissermaßen ‚zweite' Schöpfung, nämlich durch sein Werk der Erlösung und Heiligung. „Als die Zeit erfüllt war, sandte Gott seinen Sohn, geboren von einer Frau" (Gal 4,4). Er sandte ihn, „damit die Welt durch ihn gerettet wird" (Joh 3,17). Er hat den Menschen aus der Sklaverei der Sünde und Satans befreit und „uns durch Christus mit sich versöhnt und uns den Dienst der Versöhnung aufgetragen" (2 Kor 5,18). Nur der Mensch, der mit Gott versöhnt ist, vermag seine große Würde der Gotteskindschaft zu bewahren.

3. Daher ist die Versöhnung mit Gott die Grundlage der Wiedergeburt und des Neubeginns der Menschheit. Die Versöhnung

findet jetzt in der Kirche – der Gemeinschaft des Gottesvolkes – durch das Wort Gottes statt, durch die hl. Sakramente und die liturgische Versammlung. Gott verweigert niemandem die Gnade der Versöhnung mit ihm. Die Arme seines Sohnes sind am Holz des Kreuzes breit ausgestreckt; stets erschallt sein erlösender Ruf: „Kommt alle zu mir, die ihr euch plagt und schwere Lasten zu tragen habt, ich werde euch Ruhe verschaffen“ (Mt 11,28), denn er will, „dass alle Menschen gerettet werden“ (1 Tim 2,4).

II. Die Versöhnung mit sich selbst

1. Das Geschenk der Versöhnung mit Gott bewirkt auch die Heilung der Wunden, die der Person durch die Sünde zugefügt wurden. Die Sünde ruft nämlich den Zwiespalt des Herzens hervor, sowie die Selbstentfremdung des Menschen, und drängt ihn nicht selten in eine verhängnisvolle Vereinsamung. Der Mensch aber ist von Natur aus ein familiäres, soziales Lebewesen, das für andere dasein will. Dem steht der Egoismus entgegen, das Sicheinschließen in sich selbst, sowie der Hass gegenüber anderen.

2. Die Versöhnung besteht somit darin, dass Gott uns von den unheilvollen Folgen der Sünde befreit. Er schenkt uns die ursprüngliche Harmonie wieder und öffnet uns für die Früchte des Geistes, nämlich für „Liebe, Freude, Friede, Langmut, Freundlichkeit, Güte, Treue, Sanftmut und Selbstbeherrschung“ (Gal 5,22). Durch diese Früchte gestärkt, finden wir zum gesunden Glauben an uns selbst zurück, der durch die Sünde verloren ging, zum Glauben an unsere Würde, der uns erlaubt, unsere Pflichten stets wahrzunehmen und ihnen im sozialen und persönlichen Bereich nachzukommen.

3. Der mit sich selbst versöhnte Mensch muss zu einem frohen Menschen werden. Nicht ohne Grund wird uns Christen

vorgeworfen, dass wir so „wenig erlöst" aussehen. Wir sollten nicht vergessen, dass das Grundgesetz des christlichen Lebens, nämlich das Evangelium, eine frohe Botschaft ist, die uns stets an das Geschenk der göttlichen Versöhnung im Geheimnis Jesu Christi erinnert.

III. Versöhnung mit anderen

1. Jesus Christus warnt uns, dass der frömmste Ruf „Herr, Herr" nichts nützt, wenn wir den Willen Gottes nicht erfüllen (vgl. Mt 7,21), und er forderte uns eindeutig auf, uns zuerst mit unserem Bruder zu versöhnen, bevor wir unsere Gabe zum Altar bringen (vgl. Mt 5,24). Es ist der Wille seines Vaters, dass wir eins sind und uns gegenseitig lieben (vgl. Joh. 17,22 f.). Seitdem das ewige Wort Gottes Fleisch geworden ist und unter uns Wohnung nahm, ist der Mensch der konkreteste Ort Gottes (Locus theologicus) auf Erden. Daher besteht das „Neue" am Gebot Jesu Christi, in dem der gesamte Neue Bund zusammengefasst ist, darin, Gott im Mitmenschen zu lieben (vgl. Joh 13,34).

2. Das göttliche Geschenk der Versöhnung bewährt sich also im Alltag in unserer Versöhnung mit anderen. Um diese Versöhnung sollten wir allezeit bemüht bleiben. Uns allen, die wir die Kirche – die Gemeinschaft des Gottesvolkes – sind, wurde durch Christus selbst der „Dienst der Versöhnung" (2 Kor 5,18) aufgetragen. Daran sollten wir insbesondere heute denken, weil wir durch tiefgreifende Veränderungen das Geschenk der vollen, bürgerlichen Freiheit wiedererlangt haben und damit auch viele Arten und Formen des Pluralismus auf uns zukommen, von denen früher nicht einmal laut geredet werden durfte. Und so lebte in Mittel- und Osteuropa, und auch außerhalb, „plötzlich" die Vielfalt ethnischer, völkischer, kultureller und religiöser Minderheiten auf, besser gesagt: Sie erinnerten an ihre Existenz, wobei mancherorts einige auf ungestüme Art ihre

Anerkennung und Achtung fordern. Dieser Tatbestand hat auch uns überrascht und manchmal sogar erschüttert. Jedenfalls viele unter uns neigten dazu anzunehmen, dass in unserem Land diese Art von Konflikten schon erloschen sei. Indessen wird offenbar, dass es keiner Diktatur gelingt, problemgeladene Wirklichkeiten dieser Art einer Lösung näher zu bringen. Ihr Wiedererwachen und Aufscheinen ist unter anderem auch ein Zeichen und der Preis für die wiedergewonnene Freiheit. Statt beiderseits einer Panik sowie nationalistischen, wenn nicht gar chauvinistischen Reaktionen zu erliegen, sollten wir diese neue Erscheinung im Rahmen der unerläßlichen Versöhnung mit anderen zu lösen versuchen.

3. Rufen wir uns in Erinnerung, wie viele ungute Gefühle geweckt wurden im letzten Herbst, durch die Diskussion um den St. Annaberg, und später um den „Versöhnungsgottesdienst" in Kreisau. Unser franziskanisches und zugleich diözesanes Sanktuarium und Wallfahrtsziel, dessen 500jähriges Jubiläum wir 1980 feierten, war stets berühmt als schlesischer Berg des vertrauensvollen Gebets, als Berg der Versöhnung zwischen Generationen, Kulturen und Sprachen in Oberschlesien. Bis zu Beginn des Zweiten Weltkrieges wurden hier die Hauptgottesdienste für die Wallfahrer parallel in beiden Sprachen des oberschlesischen Landes abgehalten. Erst das Naziregime stellte sich dem in den Weg und raubte auch der Bezeichnung dieses Berges das Eigenschaftswort „Sankt – heilig"; ähnliches tat noch 1945 das stalinsche Regime. Totalitäre Regime hatten es immer an sich, durch Angst und Gewalt den natürlich gegebenen, kulturellen Pluralismus zu ersticken und damit auch eine der ‚Herzenssprachen', in der das Volk dieses Landes gewöhnlich betete. Die Zeit des Umbruchs, der wirklichen Erneuerung und Freiheit, sollte auch in dieser Hinsicht großzügiger und humaner sein, kurz – evangeliumsgerechter.

4. Denken wir daran, dass sich die Zusammensetzung der Bevölkerung im Oppelner Schlesien der Nachkriegszeit radi-

kal veränderte durch Zwangsaussiedlungen der einheimischen Bevölkerung und Umsiedlungen der Bewohner des früheren Ostpolen. Die einen wie die anderen erlitten Unrecht, denn sie mussten ihre geliebte Heimat verlassen, das Land ihrer glücklichen Kindheit, sowie ihres späteren, schöpferischen Wirkens. Diese Tragödie sollte sich daher nicht nochmals wiederholen.

Liebe Diözesanen, Ihr alle, die ihr aus der eingewanderten Bevölkerung abstammt, ihr seid eine große und meinem Herzen teure Bereicherung unseres schönen schlesischen Landes. Es wurde inzwischen auch Euer Land und wahres „kleines Vaterland“, aus dem Euch niemand mehr entfernen kann. Schmiegt Euch fest an dieses Land an, lauscht auf den spezifischen Pulsschlag dieser Erde und gewinnt sie lieb ohne Vorbehalt. Aber helft mir gleichzeitig – darum bitte ich Euch inständig – den übriggebliebenen Rest der einheimischen schlesischen Bevölkerung an dieses Land zu binden und als ursprünglich ihres mehr zu schätzen. Niemand sollte es wagen hervorzuheben, die einheimische Bevölkerung möge unsere Diözese verlassen und rausfahren, da sie „anders“ denkt und fühlt. Ähnlich, wie ohne Euch, so wäre auch ohne sie unsere Diözese sicher ärmer, und Schlesien würde aufhören, Schlesien zu sein. Daher bitte und beschwöre ich auch Euch, liebe Diözesanen „ einheimische Schlesier: Harrt aus im Land euerer Väter, verlasst es nicht, denn heute wartet wohl niemand mehr irgendwo auf Euch mit ausgebreiteten Armen; wirtschaftliche Gründe allein sollten nicht ausschlaggebend sein für eine so risikoreiche Lebensentscheidung.

5. Mit einem besonderen Apell wende ich mich an die Jugend unserer Lokalkirche. Liebe junge Freunde! Dringend bitte ich Euch: Erlaubt es nicht, dass man Euch entzweit. Ihr sollt die bessere Zukunft aufbauen, die Zukunft ohne Hass. Ihr sollt das gemeinsame „Haus Europa“ erbauen. Lasst Euch nicht zum Nationalismus und Chauvinismus verführen. Ihr seid Kinder des einen Vaters im Himmel. Unsere Diözese kann zum ech-

ten Vorbild der Versöhnung werden, sie kann sich zur kulturell und wirtschaftlich reichsten Region unseres Vaterlandes entwickeln. Wertet Sachen und Menschen nicht gemäß den Kategorien „wir" und „die anderen", „die schlechteren" und „die besseren", denn wir gehören der einen Gemeinschaft des Gottesvolkes an. Freilich unterscheiden wir uns, sind anders, aber dieses „Anderssein" sollten wir achten und annehmen, denn es ist unser Reichtum, der jedem zugute kommt.

6. Eine unabkömmliche Bedingung für das Zustandekommen der christlichen Versöhnung aller Oppelner Diözesanen in der neu entstandenen Situation ist das aufrichtige Streben nach Integration bei gleichzeitiger Verwirklichung des Pluralismus. Der Widerstand gegen den Totalitarismus und das Reden von der Notwendigkeit des Pluralismus reichten nicht mehr aus. Die Zeit ist gekommen, um diesen christlichen Pluralismus im Alltag zu verwirklichen, und zwar am besten gemäß den Weisungen der berühmten päpstlichen Friedensbotschaft zum XXII. Weltfriedenstag (1.1.1989), die den Titel trägt: „Minderheitenschutz als Voraussetzung des Friedens". Das wird uns alle vor der Gefahr bewahren, den Dämon eines ungesunden Nationalismus und verderblichen Chauvinismus loszulassen. Versöhnt mit Gott, mit uns selbst und mit anderen, befreit vom Totalitarismus und von der uns aufgezwungenen Uniformität, sollten wir, als Kinder des gemeinsamen Vaters im Himmel, in Freude die Zukunft unseres gemeinsamen und sich allseits erneuernden Vaterlandes aufbauen, das auf der Grundlage der edelsten evangelischen Werte, öffentlich und offiziell eine gerechte Mutter aller sein will.

IV. Versöhnung mit der ganzen Schöpfung

1. Zur integralen, ganzheitlichen Gabe der skizzierten Versöhnung gehört zweifelsohne auch das rechte Verhältnis des Men-

schen zur natürlichen Umwelt, ihrer Erhaltung, und überhaupt zur ganzen Schöpfung. Der bisher mehrheitlich betriebene „Raubbau“ der Weltwirtschaft hat die menschliche Umwelt in den Zustand einer gefährlichen und oft unumkehrbaren Verwüstung versetzt.

2. Sofern ist es nicht verwunderlich, dass Papst Johannes Paul II. für seine Botschaft zum diesjährigen XXIII. Weltfriedenstag das Thema gewählt hat: „Friede mit Gott dem Schöpfer – Friede mit der ganzen Schöpfung“. Er schreibt u.a.: „Angesichts der verbreiteten Verschlechterung der Umwelt wird sich die Menschheit nunmehr dessen bewusst, dass sie nicht fortfahren kann, die Güter der Erde so zu gebrauchen, wie sie es in der Vergangenheit getan hat. Die öffentliche Meinung wie die verantwortlichen Politiker sind darüber in Sorge, Wissenschaftler der verschiedenen Fachbereiche erforschen die Ursachen. Es bildet sich so ein ökologisches Bewusstsein, das nicht unterdrückt werden darf, sondern vielmehr gefördert werden muss, so dass es sich weiterentwickelt und ausreift, indem es in konkreten Programmen und Initiativen einen angemessenen Ausdruck findet“.

3. Im Licht biblischer Aussagen erkennt der Christ umfassender die „Beziehung zwischen dem menschlichen Handeln und der Integrität der Schöpfung“, daher erkennt er die „ökologische Krise“ als moralisches Problem, das als solches dringend einer zwischenmenschlichen, „neuen Solidarität“ bedarf, sowie einer „allgemeinen ökologischen Verantwortung“. Für den gläubigen Menschen entspringt der Einsatz für eine gesunde Umwelt „unmittelbar aus seinem Glauben an Gott, den Schöpfer, aus der Wertung der Folgen der Erbsünde und der persönlichen Sünden sowie aus der Gewissheit, von Christus erlöst zu sein“.

Wir beschließen unsere Betrachtungen mit der Feststellung, dass der erlöste Mensch ein Mensch ist, der im Bereich dieser vier Dimensionen versöhnt ist. Und obwohl die vierte, ökologische Dimension heute zum dringlichsten Gebot der Stunde geworden ist, dürfen wir als Christen nicht die drei grundlegenden Dimensionen vergessen, aus denen die vierte folgerichtig hervorgeht.

Im Gedenken an die Wichtigkeit und bleibende Aktualität der Worte des hl. Vaters: „Dieses Land bedarf immer neu der vielfältigen Versöhnung", die er zu uns auf dem St. Annaberg gesprochen hat, wollen wir dem Evangelium tiefes Vertrauen entgegenbringen und umkehren. Möge der Glaube, durch Werke der Frömmigkeit in der österlichen Bußzeit belebt, dazu beitragen, dass die erlösende Gabe der Versöhnung in unseren Herzen wirksam wird als Tat Gottes des Vaters, durch den Sohn, in der Kraft des heiligen Geistes. Amen.

Oppeln, am Aschermittwoch 1990
Euer Bischof + A. Nossol

7. Hirtenbrief für die Fastenzeit 1991

Bischof Alfons Nossol

Versöhnung in Wahrheit und Liebe

Liebe Schwestern, liebe Brüder, geliebte Mitbekenner Jesu Christi – des Ursprungs und Gebers der Versöhnung!

Im Nahen Osten, wo vor 2000 Jahren das „Licht der Völker", des Friedensfürsten, für alle Menschen aufleuchtete, entbrannte jetzt die unheilvolle Flamme des Kriegsbrandes, die die Wahrheit und Liebe Gottes verdecken möchte, die mit jenem Licht verbunden bleibt, das die lebensspendende Quelle der Versöhnung aller Menschen ist. Ähnlich verhält es sich mit der Fackel der Zwietracht in den Baltischen Staaten und in anderen Teilen der Welt, in denen die Freiheit aufs neue erstickt wird, dieser fundamentale Wert, der die Würde eines jeden Menschen und ganzer Völker zum Ausdruck bringt.

In diesem Zusammenhang – an der Schwelle zur vorösterlichen Fastenzeit, der Zeit der österlichen Buße, der Zeit der Bekehrungsgnade und der Lebensumkehr – drängt sich förmlich die Fortführung unseres vorjährigen Themas auf: „Über die Notwendigkeit der Versöhnung heute", in Ausweitung auf den – uns zutiefst berührenden – Bereich der wahren Versöhnung zweier Nachbarvölker, einer Versöhnung, die vor 25 Jahren, am Ende des Zweiten Vatikanischen Konzils, in einer speziellen Botschaft der polnischen Bischöfe an „ihre deutschen Mitbrüder im bischöflichen Amt- zum Ausdruck kam.

Beseelt von diesem Geist der heiligen Synode und gestärkt durch den Hl. Geist riefen unsere Bischöfe damals aus: „In diesem allerchristlichsten und zugleich sehr menschlichen Geist strecken wir unsere Hände zu Ihnen hin in den Bänken des zu Ende gehenden Konzils, *gewähren Vergebung und bitten um Vergebung.*“ Sie baten die deutschen Bischöfe und Konzilsväter, die „ausgestreckten Hände brüderlich zu erfassen“. Darauf antworteten die deutschen Bischöfe entschlossen: *„Mit brüderlicher Ehrfurcht ergreifen wir die dargebotenen Hände.* Der Gott des Friedens gewähre uns, auf die Fürbitte der ‚regina pacis‘ (Königin des Friedens), dass niemals wieder der Ungeist des Hasses unsere Hände trenne!“

Die Älteren unter euch, liebe Schwestern und Brüder, haben wohl noch in Erinnerung, wie die Kirche damals allseits durch Angriffe bedrängt wurde, die durch die Machthaber unserer ideologisch-politischen Nachkriegsordnung organisiert waren. Der Primas, Kardinal Jozef Glemp, hat in seiner Ansprache zu Beginn der Festveranstaltung anlässlich der Begegnung von Abordnungen beider Bischofskonferenzen, im November vorigen Jahres, sehr zutreffend hervorgehoben: „Der Gedanke der Vergebung im Namen Christi, den beide Bischofsgremien zur *versöhnenden Kraft beider Völker* erklärten, verwunderte damals die Völker. Die Verwunderung kam nicht nur daher auf, weil die Völker geistig darauf noch nicht vorbereitet waren, im internationalen Bereich die *radikalen Grundsätze der christlichen Liebe* einzuführen, sondern vor allem daher, weil Bischöfe zweier Völker ihre Hände über die politische Mauer der Völkertrennung, die den Hass nähren sollte, zueinander ausgestreckt hatten“.

Heute, da sich die Zeit geändert hat, und unser Volk, zusammen mit anderen Völkern des östlichen Mitteleuropas, die Freiheit und Selbständigkeit wiedererlangte, können wir bereits gelassener das Thema aufgreifen, das bei uns politisch immer noch nicht populär ist. Wir können es um so mehr, da wir uns auf die pastoralen Aspekte konzentrieren wollen, sofern sie notwendige Folgerungen unseres Glaubens sind, d.h. eines radikal verstandenen, christlichen Lebens, das von uns allen heute besonders eine Versöhnung in Wahrheit und Liebe verlangt.

I. Die Macht und die Kraft der Versöhnung Christi

1. Die Ideologie des Hasses und die Klassenfeind-Theorie haben in den menschlichen Gehirnen und Herzen eine große Verwüstung angerichtet. Heute bedarf es einer großen Anstrengung und einer besonderen, wahrhaft evangelischen Umerziehung, damit die Menschen endlich einsehen, dass der Haß den einzelnen immer seiner Menschlichkeit beraubt und zersetzend wirkt auf ganze Völker. Unseren Lebensbeginn verdanken wir der schöpferischen Gottesliebe, in enger Einheit mit der elterlichen Liebe. Diese Liebe ist es, die unser Sein, unser Leben, vollkommen macht und uns Menschlichkeit verleiht. Auf die Liebe hin – als unserem letzten Ziel – ist unser Streben ausgerichtet. Die *menschliche Liebe* ist die höchste Frucht der Freiheit. Die Freiheit aber, in ihrer doppelwertigen Macht, kann sich auch auf das Böse ausrichten und damit gleichzeitig gegen Gott erheben, gegen das höchste Gut. Auf diese Weise ist die Entstehung der Sünde zu begreifen, deren Wesen stets eine Abwandlung des Hasses ist. Von dem Moment an, da das Wort Fleisch geworden ist und unter uns gewohnt hat – so lehrt uns der Glaube – ist der wichtigste Ort Gottes auf Erden der andere Mensch. Daher ist der Hass, die Wurzel jeder Sünde, vor allem gegen den Sünder selbst gerichtet, indem er seine Freiheit eingrenzt, seine Würde verletzt und nicht selten ihn selber zugrunde richtet.

2. Der unheilvollen Macht der Sünde vermag sich nur die erlösende Macht Gottes wirksam zu widersetzen, die sich im Geheimnis Jesu Christi offenbart hat. Es handelt sich hier um

Versöhnung, denn sie ist nur der andere Name für *Erlösung*. Das erlösende Mittlertum Christi bewirkt es, dass Menschen, die durch das Böse und die Sünde zerstreut und voneinander getrennt waren, wieder den Weg zueinander finden, denn dank der Aussöhnung mit Gott versöhnen sie sich auch miteinander. Der Preis der Aussöhnung ist das *Kreuz Jesu Christi* und letztlich sein ganzes österliches Geheimnis.

3. Der göttliche Heilsplan Christi in Bezug auf uns Menschen, verwirklicht im Erlösungsgeheimnis, wird heute in der *Kirche* wirksam. Daher besteht die Berufung und Sendung der Kirche im Aufruf zur Umkehr, zur Änderung der Denkungsart und zur Versöhnung. Also ist die Versöhnung, sowohl die sakramentale wie auch die zwischenmenschliche, für uns gegenwärtig eine Chance wahrhafter Mitgliedschaft in der Kirche und Kircheseins überhaupt. Der Völkerapostel erinnert uns eindeutig daran: „Aber das alles kommt von Gott, der uns durch Christus mit sich versöhnt und uns den Dienst der Versöhnung aufgetragen hat" (2 Kor 5,18). Aus der Theologie des hl. Paulus geht hervor, dass die in der Kirche sich vollziehende Versöhnung eine Macht darstellt, die den Zustand der Zerwürfnis, der Zerstreuung, der gegenseitigen Entfremdung und Feindschaft verwirft und eine neue Lebensqualität anbietet, die vor allem in der *Vergebung* und der *gegenseitigen Annäherung* der Menschen besteht. Es geht hier nicht nur um die Zurückstellung der Feindschaft, sondern um eine wahrhaft neue Qualität zwischenmenschlicher Beziehungen, die auf *Gleichheit, Ehrfurcht* und *Liebe* aufbauen. Solche Beziehungen, wie auch die praktische Versöhnung, sind nicht möglich ohne die gänzliche Preisgabe der alttestamentlichen ‚Gerechtigkeit': „Aug' um Aug', Zahn um Zahn" und der Zuwendung zum Christlichen: „Vergib uns unsere Sünden, denn auch wir vergeben jedem, was er uns schuldig ist" (Lk 11,4).

II. Versöhnung in Wahrheit

1. Die *Versöhnung* ist für die Kirche so sehr unentbehrlich, dass ihr Wesen ohne diese nicht zu begreifen ist. Der mit Gott versöhnte Mensch wird zum Schuldner Gottes; er begleicht seine Schuld in der Kirche am anderen Menschen. Man darf sogar sagen, dass die Kirche, und mit ihr die Christen, von Gott berufen wurden, um diese gegenwärtige Welt zu erlösen. Wenn also ein Christ an diesem Prozess nicht teilnimmt, dann bedeutet dies, dass er seine Rolle nicht verstanden hat. Ohne die Verwirklichung der Idee der Versöhnung wäre die Kirche nicht glaubwürdig. Zur Sendung der Kirche Christi gehört die *Förderung der Einheit und der Versöhnung*; Feindschaft und Gewalt müssen überwunden werden im Geist der Gerechtigkeit, der Vergebung und der Barmherzigkeit. Papst Johannes Paul II. unterstreicht in diesem Zusammenhang deutlich: Versöhnend ist die Kirche, weil sie die Frohe Botschaft von der Versöhnung verkündet, wie sie es in ihrer Geschichte immer getan hat. . . Das Besondere an dieser Verkündigung liegt darin, dass die Versöhnung für die Kirche eng mit der Bekehrung des Herzens verbunden ist: diese ist der notwendige Weg zu einer Verständigung zwischen den Menschen" (Versöhnung und Buße, Nr. 8).

2. Die Bekehrung des Herzens, die Änderung der inneren Einstellung und der bisherigen Denkschemata in der gegenseitigen Einschätzung der Beziehungen unserer Völker, sind folglich unerlässlich; das fordert geradezu die mit der Versöhnung verbundene *Wahrheit*. Es gibt in unseren gegenseitigen, historischen Beziehungen ohne Zweifel viel „Dunkelheit", die notwendigerweise durch das wahre *Licht* erhellt werden muss, das vom Kind ausstrahlt, das uns geborgen wurde, vom Sohn, der uns geschenkt ist und dem man den Namen gab: „Wunderbarer Ratgeber, starker Gott, Vater in Ewigkeit, Fürst des Friedens" (Jes 9,5). Man kann die blutigen, in der Geschichte

bisher unbekannten Menschheitsverbrechen nicht vergessen, die hauptsächlich in Polen durch das Naziregime Deutschlands, begangen wurden. Daher hat Bischof Karl Lehmann, während der Begegnung von Abordnungen beider Bischofskonferenzen, im November in Gnesen, hervorgehoben, dass es „in der Geschichte unserer gegenseitigen Beziehungen viele dunkle Seiten gibt, für die wir uns heute schämen, und für die wir immer wieder Gott, aber auch euch Geliebte, Schwestern und Brüder, und letztlich auch die vielen Verstorbenen, um Verzeihung bitten". Er sagte ebenfalls, dass auch jetzt, da unsere westliche Grenze aufgehört hat ein Problem zu sein, noch vieles zu regeln bleibt, zum Beispiel „die Hilfe für diejenigen, die heute noch an den Folgen des Unrechts leiden, das durch Deutsche begangen wurde".

3. Versöhnung in Wahrheit muß jede Schuld in den Bereich aufrichtiger Reue und Bitte um Vergebung hineinnehmen, unabhängig davon, auf welcher Seite sie sich befindet. Die Massentötungen in den Konzentrationslagern kann – menschlich gesprochen – nichts rechtfertigen und noch weniger „ausgleichen". Beim *Versöhnungswerk* kann man nicht arithmetisch verfahren. Aber man sollte doch auf die schmerzliche, weil geradezu „racheartige" Gründung eines Vernichtungslagers nach 1945 in Lamsdorf, also auf dem Gebiet unserer Diözese Oppeln, hinweisen, das für die benachbarte, schlesische Bevölkerung bestimmt war, hauptsächlich für Kinder, Frauen und Greise. Diese Opfer des Verbrechens verdienen ebenfalls unser Gedenken. Zudem verlangt die Tatsache der Vertreibung einiger Millionen Menschen eine neue Sicht. Durchgeführt wurde die Vertreibung zwar auf Befehl der Allierten, um für diejenigen „Repatrianten" Platz zu schaffen, die aus den polnischen Ostgebieten zwangsweise ausgesiedelt wurden, aber die Zwangsaussiedlung der einen wie der anderen dürfen Christen nicht mit der lapidaren Feststellung quittieren, dass auf diese

Weise „der geschichtlichen Gerechtigkeit Genüge getan" wurde. Man hat sie nämlich ihrer Heimat beraubt, d.h. aus dem Land ihrer Väter und ihrer Jugend verjagt. Unabhängig von den sog. rein objektiven Argumenten „rechtlicher" Art der Nachkriegszeit, könnte man die Betroffenen selbst über ihre persönlichen Empfindungen befragen. Bei allen menschlichen Vorgängen darf man nämlich die stets wichtigen, subjektiven Argumente des Betroffenen nicht außer acht lassen. Daher gehört zum Werk echter Versöhnung – neben der Wahrheit – notwendigerweise auch die *Liebe*. Diese Liebe gebietet uns, die gängige Parole aufzugeben, die leider heute noch oft wiederholt wird: „Solange die Welt besteht, wird der Pole dem Deutschen niemals Bruder sein". Ebenso ist die Überzeugung aufzugeben von der angeblich ewigen „Erbfeindschaft" zwischen unseren Völkern. Das ist um so notwendiger, da wir heute direkte Nachbarn des vereinigten Deutschlands geworden sind, das tatkräftig bewiesen hat, dass es gewillt ist, in *Freundschaft und Frieden* zu leben. Unser Primas hat das in der erwähnten Ansprache hervorgehoben: „An dieser Stelle sei (beispielsweise) die große karitative Opferbereitschaft des ganzen deutschen Volkes zugunsten des polnischen Volkes in den Jahren der Krise erwähnt, angefangen im Jahr 1980".

III. Versöhnung in Liebe

1. In der diesjährigen Botschaft zum Weltfriedenstag, die thematisch der Achtung des Gewissens jedes Menschen als Bedingung des Friedens gewidmet ist, stellt Papst Johannes Paul II. fest: „Merkmal dessen, der in der Wahrheit ist, ist demütig zu lieben. So lehrt das Göttliche Wort: Die Wahrheit wird in der Liebe aufgebaut. Durch die dieselbe Wahrheit, die wir bekennen, sind wir daher aufgerufen, die *Einheit* und nicht die Spaltung, die *Versöhnung* und nicht den Hass oder die Intoleranz

zu fördern“ (VIII.). Der hl. Paulus ermahnt uns, als „auserwählte Heilige“, uns mit *„aufrichtigem Erbarmen“* zu bekleiden: „Ertragt euch gegenseitig und vergebt einander“ (Kol 3,12f). Vor allem aber „liebt einander, denn die *Liebe* ist das Band, das alles zusammenhält und vollkommen macht“; nur dann wird in unseren Herzen „der Friede Christi“ herrschen (Kol 3,15). Aus christlicher Sicht geht es aber nicht an erster Stelle um das Vergessen erfahrenen Unrechts und Verbrechens, sondern um den aufrichtigen Willen *aufzuhören*, dies *immer wieder vorzuwerfen*, denn dadurch wird echter Heroismus der Verzeihung und wahrer Versöhnung verhindert. Es ist nicht einfach, eine Brücke zu bauen vom vorwerfenden zum *verzeihenden* Gedenken, vom schmerzlichen zum *großherzigen* Gedenken, vom ausgleichende Gerechtigkeit fordernden zum *„christlichen Gedenken“*, das innig verbunden ist mit dem Gewissen, dessen Achtung in jedem Menschen – in der Vision des Papstes – die „Bedingung des Friedens“ darstellt.

2. Uns Christen reicht also die Wahrheit allein nicht aus, denn erst die mit ihr organisch verbundene Liebe, die barmherzige Liebe, ist die Quelle des Verzeihens, das die Versöhnung bringt. In unserer Lokalkirche, in der Diözese Oppeln, in der immer noch die kulturellen Traditionen beider Völker lebendig sind, sollten wir das einfacher verstehen können. In gewisser Sicht sind wir sogar dazu bestimmt und befähigt, für das ganze Land ein *Modell echter deutsch-polnischer Versöhnung* auszuarbeiten; das um so mehr, da in Schlesien diesem delikaten Problem etwas von seiner Schärfe dadurch genommen werden könnte, dass wir eine Tradition mährischer Kultur, als integralen Teil der schlesischen Kultur, besitzen. Zudem besitzen wir, die Oppelner Diözesanen, alle heutigen Bewohner des schönen, schlesischen Landes, sehr enge Beziehungen sowohl zum Westen, wie auch zum Osten; wir kennen somit besser den *Geist* beider Völker! Daher sollten wir alles tun, was uns unser christlicher Glaube

nahe legt, damit diese Völker zur wahren Versöhnung gelangen. Ohne die wahre *deutsch-polnische Versöhnung*, im Zentrum Europas, wird es auch kein gemeinsames Haus Europa geben, kein vereintes Europa mit durchlässigen Grenzen, ein Europa, das aufgrund einer tiefgreifenden Reevangelisierung entstehen und zum *Bethlehem* der Welt werden könnte, wie 1978 Primas Wyszinski hervorhob, während seines denkwürdigen Besuchs in Deutschland, mit dem damaligen Krakauer Metropoliten Kardinal Karol Wojtyla.

3. Immer wieder hob er in seinen Aussagen hervor, dass wir „die am Ende des Konzils ausgestreckte Hand niemals zurückgezogen haben und im Namen Christi wünschen, dass in den Beziehungen unserer Völker ein neuer und tiefer Fortschritt sich anbahnt: in Liebe und Vertrauen". Patronin und Fürsprecherin in diesem Anliegen soll uns die in der „Versöhnungsbotschaft" von 1965 schon erwähnte, heilige *Hedwig von Schlesien* sein, Tochter des deutschen Volkes und Herzogin des Schlesischen Landes, Ehefrau des damaligen schlesischen Piastenherrschers. Sie ist zurecht als „das beste Vorbild für den Bau einer christlichen Brücke zwischen Polen und Deutschland" bezeichnet worden. In dieser Rolle hat auf sie mehrmals der hl. Vater, Johannes Paul II., während seiner Polenbesuche hingewiesen. Wir schließen daher unsere Betrachtung mit den Worten des Gebets, das 1980 polnische und deutsche Bischöfe an ihrem Grab in Trebnitz vorgetragen haben:

„Heilige Hedwig, als junges Mädchen aus bayrischem Adel kamst Du ins schlesische Land. Im Geist Jesu Christi, unseres Herrn, sorgtest und mühtest Du dich um die Menschen deiner Zeit. ALLE hast Du gleich behandelt. Du kanntest keinen Unterschied zwischen polnischen Adeligen und Bauern, sowie deutschen Siedlern, die miteinander bestrebt waren, in christlicher Gesinnung eine GEMEINSCHAFT aufzubauen, in der sie friedlich ZUSAMMEN leben wollten. Du hast durch Dein leben-

diges Beispiel der Versöhnung und dem Frieden gedient. Du ermahnst uns, DAS GLEICHE ZU TUN. Stehe uns bei mit Deiner Fürsprache, damit wir im Geist Jesu Christi jede Ungerechtigkeit, sowie alle Mißverständnisse und Vorurteile, die zwischen unseren Völkern bestehen, überwinden und alle unsere Kräfte gemeinsam einsetzen für den Bau eines NEUEN EUROPAS, das der Welt Deine Botschaft und Deinen Frieden bringt". – Wir fügen hinzu: die Botschaft und den Frieden, die wirksam dazu beitragen, dass eine wahre Zivilisation der Liebe erbaut werden kann.

Für diese schwierige Aufgabe segne uns alle der Dreieinige Gott: der Vater, der Sohn und der Heilige Geist. Amen!

Oppeln, am Aschermittwoch, den 13. Februar 1991
Euer Bischof Alfons Nossol

8. Ansprache im Konzentrationslager Auschwitz-Birkenau am 28. Mai 2006

Papst Benedikt XVI.

An diesem Ort des Grauens, einer Anhäufung von Verbrechen gegen Gott und den Menschen ohne Parallele in der Geschichte, zu sprechen, ist fast unmöglich – ist besonders schwer und bedrückend für einen Christen, einen Papst, der aus Deutschland kommt. An diesem Ort versagen die Worte, kann eigentlich nur erschüttertes Schweigen stehen – Schweigen, das ein inwendiges Schreien zu Gott ist: Warum hast du geschwiegen? Warum konntest du dies alles dulden? In solchem Schweigen verbeugen wir uns inwendig vor der ungezählten Schar derer, die hier gelitten haben und zu Tode gebracht worden sind; dieses Schweigen wird dann doch zur lauten Bitte um Vergebung und Versöhnung, zu einem Ruf an den lebendigen Gott, dass er solches nie wieder geschehen lasse.

Vor 27 Jahren, am 7. Juni 1979, stand hier Papst Johannes Paul II. Er sagte damals: „Heute komme ich hierher als Pilger. Es ist bekannt, dass ich viele Male hierher gekommen bin... Wie oft! Und oft bin ich hinabgestiegen in die Todeszelle von Maximilian Kolbe und bin stehengeblieben vor der Todesmauer, durch die Trümmer der Krematorien von Birkenau gegangen. Ich konnte als Papst unmöglich nicht hierherkommen.“ Papst Johannes Paul II. stand hier als Kind des Volkes, das neben dem jüdischen Volk am meisten an diesem Ort und überhaupt im Laufe des Krieges hat leiden müssen: „6 Millionen Polen haben ihr Leben während des Zweiten Weltkriegs verloren, ein Fünftel der Nation", sagte der Papst damals erinnernd. Er hat hier den Mahnruf zur Achtung der Rechte des Menschen und der Nationen erhoben, den zuvor seine Vorgänger Johannes XXIII. und Paul VI. vor der Welt erhoben hatten, und hat hinzugefügt: „Ich verkündige diese Rechte als Sohn der Nation, die in ihrer entfernten und jüngeren Geschichte vielfältige Qualen durch andere erlitten hat. Ich sage dies nicht, um anzuklagen, sondern um zu erinnern. Ich spreche im Namen aller Nationen, deren Rechte verletzt und vergessen werden..."

Papst Johannes Paul II. stand hier als Sohn des polnischen Volkes. Ich stehe hier als Sohn des deutschen Volkes, und gerade deshalb muß ich, darf ich wie er sagen: Ich konnte unmöglich nicht hierherkommen. Ich mußte kommen. Es war und ist eine Pflicht der Wahrheit, dem Recht derer gegenüber, die gelitten haben, eine Pflicht vor Gott, als Nachfolger von Johannes Paul II. und als Kind des deutschen Volkes hier zu stehen – als Sohn des Volkes, über das eine Schar von Verbrechern mit lügnerischen Versprechungen, mit der Verheißung der Größe, des Wiedererstehens der Ehre der Nation und ihrer Bedeutung, mit der Verheißung des Wohlergehens und auch mit Terror und Einschüchterung Macht gewonnen hatte, so dass unser Volk zum Instrument ihrer Wut des Zerstörens und des Herrschern gebraucht und missbraucht werden konnte. Ja, ich konnte unmöglich nicht hierherkommen. Am 7. Juni 1979 hatte ich als Erzbischof von München und Freising unter den vielen Bischöfen hier gestanden, die den Papst begleiteten, auf ihn hörten und mit ihm beteten. 1980 war ich dann noch einmal mit einer Delegation deutscher Bischöfe an diese Stätte des Grauens gegangen, erschüttert ob des Bösen und dankbar dafür, dass über dieser Finsternis der Stern der Versöhnung aufgegangen war. Dazu bin ich auch heute hier: die Gnade der Versöhnung zu erbitten – von Gott zuerst, der allein unsere Herzen auftun und reinigen kann; von den Menschen, die hier gelitten haben und schließlich die Gnade der Versöhnung für alle, die in dieser unserer Stunde der Geschichte auf neue Weise unter der Macht des Hasses und der vom Haß geschürten Gewalt leiden.

Wie viele Fragen bewegen uns an diesem Ort! Immer wieder ist da die Frage: Wo war Gott in jenen Tagen? Warum hat er geschwiegen? Wie konnte er dieses Übermaß von Zerstörung, diesen Triumph des Bösen dulden? Die Worte des Psalm 44 kommen uns in den Sinn, die Klage des leidenden Israel: „... Du hast uns verstoßen an den Ort der Schakale und uns bedeckt mit Finsternis... Um deinetwillen werden wir getreten Tag für Tag, behandelt wie Schafe, die man zum Schlachten bestimmt hat. Wach auf, warum schläfst du, Herr? Erwache, verstoß uns nicht für immer! Warum verbirgst du dein Gesicht, vergißt unsere Not und Bedrängnis? Unsere Seele ist in den Staub hinabgebeugt, unser Leib liegt am Boden. Steh auf- hilf uns! In deiner Huld erlöse uns!“ (Ps 44,20.23-27). Dieser Notschrei des leidenden Israel an Gott in Zeiten der äußersten Bedrängnis ist zugleich der Notruf all derer in der Geschichte - gestern, heute und morgen -, die um Gottes willen, um der Wahrheit und des Guten willen leiden, und das sind viele, auch heute.

Wir können in Gottes Geheimnis nicht hineinblicken - wir sehen nur Fragmente und vergreifen uns, wenn wir uns zum Richter über Gott und die Geschichte machen wollen. Dann würden wir nicht den Menschen verteidigen, sondern zu seiner Zerstörung beitragen. Nein - im letzten müssen wir bei dem demütigen, aber eindringlichen Schrei zu Gott bleiben: Wach auf! Vergiss dein Geschöpf Mensch nicht! Und unser Schrei an Gott muss zugleich ein Schrei in unser eigenes Herz hinein sein, dass in uns die verborgene Gegenwart Gottes aufwache - dass seine Macht, die er in unseren Herzen hinterlegt hat, nicht in uns vom Schlamm der Eigensucht, der Menschenfurcht und der Gleichgültigkeit, des Opportunismus verdeckt und niedergehalten werde. Wir stoßen diesen Ruf an Gott, diesen Ruf in unser eigenes Herz hinein, gerade auch in dieser unserer gegenwärtigen Stunde aus, in der neue Verhängnisse drohen, in der neu alle dunklen Mächte aus dem Herzen des Menschen aufzusteigen scheinen - auf der einen Seite der Missbrauch Gottes zur Rechtfertigung blinder Gewalt gegen Unschuldige, auf der anderen Seite der Zynismus, der Gott nicht kennt und den Glauben an ihn verhöhnt. Wir rufen zu Gott, dass er die Menschen zur Einsicht bringe, damit sie erkennen, dass Gewalt keinen Frieden stiftet, sondern nur wieder Gewalt hervorruft – eine Spirale der Zerstörungen, in der alle am Ende nur Verlierer sein können. Der Gott, dem wir glauben, ist ein Gott der Vernunft – einer Vernunft, die freilich nicht neutrale Mathematik des Alls, sondern eins mit der Liebe, mit dem Guten ist. Wir bitten Gott, und wir rufen zu den Menschen, dass diese Vernunft, die Vernunft der Liebe, der Einsicht in die Kraft der Versöhnung und des Friedens die Oberhand gewinne inmitten der uns umgebenden Drohungen der Unvernunft oder einer falschen, von Gott gelösten Vernunft.

Der Ort, an dem wir stehen, ist ein Ort des Gedächtnisses, ist der Ort der Schoah. Das Vergangene ist nie bloß vergangen. Es geht uns an und zeigt uns, welche Wege wir nicht gehen dürfen und welche wir suchen müssen. Wie Johannes Paul II. bin ich die Steine entlanggegangen, die in den verschiedenen Sprachen an die Opfer dieses Ortes erinnern: in weißrussisch, tschechisch, deutsch, französisch, griechisch, hebräisch, kroatisch, italienisch, jiddisch, ungarisch, niederländisch, norwegisch, polnisch, russisch, roma, rumänisch, slowakisch, serbisch, ukrainisch, jüdisch-spanisch und englisch. All diese Gedenksteine künden von menschlichem Leid, lassen uns den Zynismus der Macht ahnen, die Menschen als Material behandelte und sie nicht als Personen anerkannte, in denen Gottes Ebenbild aufleuchtet. Einige Steine laden zu einem besonderen Gedenken ein. Da ist der Gedenkstein in hebräischer Sprache.

Die Machthaber des Dritten Reiches wollten das jüdische Volk als ganzes zertreten, es von der Landkarte der Menschheit tilgen; auf furchtbare Weise haben sich da die Psalmworte bestätigt: „Wie Schafe werden wir behandelt, die zum Schlachten bestimmt sind." Im tiefsten wollten jene Gewalttäter mit dem Austilgen dieses Volkes den Gott töten, der Abraham berufen, der am Sinai gesprochen und dort die bleibend gültigen Maße des Menschseins aufgerichtet hat. Wenn dieses Volk einfach durch sein Dasein Zeugnis von dem Gott ist, der zum Menschen gesprochen hat und ihn in Verantwortung nimmt, so sollte dieser Gott endlich tot sein und die Herrschaft nur noch dem Menschen gehören – ihnen selber, die sich für die Starken hielten, die es verstanden hatten, die Welt an sich zu reißen. Mit dem Zerstören Israels, mit der Schoah, sollte im letzten auch die Wurzel ausgerissen werden, auf der der christliche Glaube beruht und endgültig durch den neuen, selbstgemachten Glauben an die Herrschaft des Menschen, des Starken, ersetzt werden. Da ist dann der Stein in polnischer Sprache: Man wollte zunächst und zuerst die geistige Führung Polens auslöschen und damit das Volk als eigenes geschichtliches Subjekt austilgen, um es, soweit es weiter bestand, zu einem Volk von Sklaven zu erniedrigen. Dann lädt besonders der Stein zum Nachdenken ein, der in der Sprache der Sinti und Roma geschrieben ist. Auch hier sollte ein ganzes Volk verschwinden, das quer durch die einzelnen Völker wandert und lebt. Es wurde zu den unnützen Elementen der Weltgeschichte gerechnet, in einer Weltanschauung, in der nur noch der meßbare Nutzen zählen sollte; alles andere wurde nach deren Vorstellungen als lebensunwertes Leben eingestuft. Da ist dann der Gedenkstein in russisch, der uns an die ungeheuren Blutopfer der russischen Soldaten im Kampf gegen das nationalsozialistische Terror-Regime erinnert und freilich zugleich an die tragische Doppelbedeutung ihres Einsatzes denken lässt: Während sie Völker von der einen

Diktatur befreiten, haben sie doch auch dieselben Völker einer neuen Diktatur, derjenigen Stalins und der kommunistischen Ideologie, unterworfen. Auch alle anderen Steine in den vielen Sprachen Europas sprechen uns von dem Leiden der Menschen aus diesem ganzen Kontinent; sie würden erst vollends zu unserem Herzen sprechen, wenn wir nicht mehr nur der Opfer im großen und ganzen gedächten, sondern die einzelnen Gesichter von Menschen sehen würden, die hier im Dunkel des Terrors endeten. Es war mir eine innere Pflicht, auch vor dem Gedenkstein in deutscher Sprache besonders innezuhalten. Von dort tritt das Gesicht von Edith Stein, Theresia Benedicta vom heiligen Kreuz, auf uns zu – Jüdin und Deutsche, die zusammen mit ihrer Schwester im Grauen der Nacht des nazideutschen Konzentrationslagers verschwunden ist, die als Christin und als Jüdin mit ihrem Volk und für ihr Volk sterben wollte. Die Deutschen, die damals nach Auschwitz-Birkenau verbracht wurden und hier gestorben sind, wurden als Abschaum der Nation hingestellt. Aber nun erkennen wir sie dankbar als die Zeugen der Wahrheit und des Guten, das auch in unserem Volk nicht untergegangen war. Wir danken diesen Menschen, dass sie sich der Macht des Bösen nicht gebeugt haben und so als Lichter in einer dunklen Nacht vor uns stehen. Wir beugen uns in Ehrfurcht und Dankbarkeit vor all denen, die wie die drei Jünglinge angesichts der Drohung des babylonischen Feuerofens geantwortet haben: „Wenn überhaupt jemand, so kann nur unser Gott... uns retten. Tut er es aber nicht, so sollst du, König, wissen: Auch dann verehren wir deine Götter nicht und beten das goldene Standbild nicht an, das du errichtet hast“ (Dan 3,17f).

Ja, hinter diesen Gedenksteinen verbirgt sich das Geschick von unzähligen Menschen. Sie rütteln unser Gedächtnis auf, sie rütteln unser Herz auf. Nicht zum Hass wollen sie uns bringen: Sie zeigen uns, wie furchtbar das Werk des Hasses ist. Sie wollen uns zur Einsicht bringen, die das Böse als Böses erkennt und verneint; sie wollen den Mut zum Guten, zum Widerstand gegen das Böse in uns wecken. Sie wollen uns zu jener Gesinnung bringen, die sich in den Worten ausdrückt, die Sophokles der Antigone angesichts des Grauens um sie herum in den Mund gelegt hat: „Nicht mitzuhassen, mitzulieben bin ich da."

Gottlob wachsen im Umkreis dieser Stätte des Grauens mit der Reinigung des Gedächtnisses, zu der sie uns drängt, vielfältige Initiativen, die dem Bösen eine Grenze setzen, dem Guten Kraft geben wollen. Eben durfte ich das Zentrum für Dialog und Gebet segnen. Ganz nah dabei vollzieht sich das verborgene Leben der Karmelitinnen, die sich besonders dem Geheimnis des Kreuzes Christi verbunden wissen und uns an den Glauben der Christen erinnern, dass Gott selbst in die Hölle der Leiden abgestiegen ist und mit uns leidet. In Oswiecim besteht das Zentrum des heiligen Maximilian und das Internationale Zentrum für die Erziehung über Auschwitz und den Holocaust. Es gibt das Internationale Haus für Jugendbegegnungen. Bei einem der alten Gebetshäuser besteht das Jüdische Zentrum. Schließlich ist die Akademie für die Menschenrechte im Aufbau begriffen. So dürfen wir hoffen, dass aus dem Ort des Grauens Besinnung wächst und dass das Erinnern hilft, dem Bösen zu widerstehen und der Liebe zum Sieg zu verhelfen.

Die Menschheit hat in Auschwitz-Birkenau eine „finstere Schlucht" durchschritten. So möchte ich gerade an dieser Stelle mit einem Gebet des Vertrauens schließen – einem Psalm Israels, der zugleich ein Gebet der Christenheit ist: „Der Herr ist mein Hirte, nichts wird mir fehlen. Er lässt mich lagern auf grünen Auen und führt mich zum Ruheplatz am Wasser. Er stillt mein Verlangen; er leitet mich aufrechten Pfaden, treu seinem Namen. Muß ich auch wandern in finsterer Schlucht, ich fürchte kein Unheil; denn du bist bei mir, dein Stock und dein Stab geben mir Zuversicht... Im Haus des Herrn darf ich wohnen für lange Zeit" (Ps 23,1-4.6).

9. Predigt am 12. November 2009 in Kreisau zum 20. Jahrestag der Versöhnungsmesse

Erzbischof Alfons Nossol

„Christus – unsere Versöhnung und unser Friede"

Liebe Schwestern und liebe Brüder,

Liebe Mitbrüder im priesterlichen Dienst mit dem Herrn Kardinal, dem hiesigen Metropoliten und Bischof, an der Spitze.

Ebenso herzlich begrüße ich Euch, verehrte Mitbrüder der orthodoxen Kirche und der evangelisch-augsburgischen Kirche mit dem Breslauer Bischof an der Spitze.

Ich begrüße Euch alle, die genannten und ungenannten Vertreter, besonders jene aus dem brüderlichen Nachbarvolk aus Deutschland.

Vor allem aber grüße ich Dich, lieber Freund Tadeusz, den ersten nichtkommunistischen Ministerpräsidenten nach dem Zweiten Weltkrieg.

Und noch jemanden möchte ich hier besonders begrüßen, nämlich den Sohn James von Moltke, der immer dort anwesend ist, wo seines heroischen Vaters gedacht wird, sei es in Deutschland oder bei uns in Polen.

Vor zwanzig Jahren fand hier in diesem Hof der damals völlig vernachlässigten und herunter gekommenen Residenz des ehemaligen Mitglieds des deutschen Widerstandes, der auch der Kopf des sog. Kreisauer Kreises war, der historische Versöhnungsgottesdienst in der höchsten liturgischen Form, nämlich der Feier der Eucharistie, statt.

Anlass war damals die politische Begegnung der Versöhnung zwischen den beiden christlich-demokratischen Regierungschefs, unserem ersten nichtkommunistischen Ministerpräsidenten Tadeusz Mazowiecki und dem Bundeskanzler der Bundesrepublik Deutschland Helmut Kohl.

Das Ziel dieser besonderen Begegnung bestand darin, dem Werk der Versöhnung zwischen unseren beiden Völkern einen neuen Anfang zu geben. Wir Christen sind nämlich zutiefst geprägt von der Glaubensüberzeugung, dass sich in jeder Eucharistiefeier das Ereignis der Versöhnung mit Gott, dem Vater, durch den Sohn Jesus Christus vergegenwärtigt, der unsere Versöhnung und unser Friede ist. Das vollzieht sich auf sakramentale Weise durch die Kraft des Heiligen Geistes. Hier geht es um die von der Gnade getragene Versöhnung des Menschen mit Gott, mit sich selbst und mit anderen sowie mit der ganzen Schöpfung.

Angesichts der damals noch schwierigen und belasteten Beziehungen zwischen unseren Ländern, wollten wir mit der Stille des Herzens eine kreative und neue ethische Dimension in die politischen Beziehungen und Bemühungen einbringen. Und jetzt, da wir nach 20 Jahren wiederum eine „denkwürdige Eucharistie" feiern, können wir in Ruhe darauf verweisen, dass das Wort „Eucharistie" aus dem griechischen „eucharistiein" stammt und so viel wie „danken" heißt.

Ja, nach zwei Jahrzehnten wollen wir heute Gott freudig dafür Dank sagen, dass sich unser damals - sagen wir – „ausgetüftelter Glaube" tatsächlich erfüllt hat. Schließlich basiert das Christentum auf dem Evangelium, auf der Frohen Botschaft. Unsere Breslauer Heilige und Märtyrerin, Edith Stein, die Schwester Benedikta vom Kreuz, pflegte gewöhnlich zu sagen: „Die Freude ist ein Zeichen dafür, dass wir in der Nähe des Lichts sind".

I. Versöhnung und Friede im Lichte der liturgischen Texte

Es scheint, dass dieselben biblischen Texte, die damals ausgewählt wurden, richtig waren. Hier nur einige ihrer Akzente.

Das Buch Jesajas (Jes 9,1-6) spricht vom Volk, das im Dunkel wandelt, aber dieses Volk hat ein großes Licht erblickt. „Das Volk, das im Dunkeln lebt, sieht ein helles Licht", das ein Grund für Freude und Frohsinn ist. Denn, jeder Stiefel, der dröhnend daher stampft, jeder Mantel, der mit Blut befleckt ist, wird verbrannt, wird ein Fraß des Feuers". Die entscheidende Bedeutung kommt jedoch der prophetischen Vision von der Geburt des Kindes zu, das der „Friedensfürst" sein wird, der sein Reich durch Recht und Gerechtigkeit stützt.

Dagegen spricht der Brief an die Kolosser (Kol 3,12-15) direkt deutlich von unserem auserwählten Volk, und ermahnt uns, dass wir uns mit aufrichtigem Erbarmen bekleiden, mit Güte, Demut, Milde, Geduld. Wir sollen uns gegenseitig ertragen und einander vergeben. Vor allem aber sollen wir einander lieben, denn die Liebe ist das Band der Vollkommenheit. Und in unseren Herzen soll der Friede Christi wohnen. Und wir sollen „dankbar sein".

Das heutige Evangelium (Joh 20,19-23) verweist auf den Auferstandenen, auf Christus, der seinen Jüngern den Frieden bringt. Indem er sie als Träger und Bewirker des Friedens in die Welt sendet, stärkt er sie im Heiligen Geist zur Vergebung der Sünden.

Jeder Versuch, das theologisch zu präzisieren, muss unbedingt zwischen sich miteinander Vertragen, sich Verständigen und echter Versöhnung unterscheiden. Im ersten Fall gelingt dies durch Verhandlungen, Diskussionen und politische Verträge sowie verschiedene Erklärungen und stellt deshalb einen mehr horizontalen Akt zwischen den Partnern dar. Die Versöhnung ist dagegen ein zutiefst vertikaler Vorgang und kann nicht ohne die Gnade auskommen. Davon waren schon unsere Bischofskonferenzen überzeugt, als sie am 18. November 1965 gegen Ende des Zweiten Vatikanischen Konzils in Rom ihre historischen Hirtenbriefe mit einander austauschten. Von polnischer Seite ruhte der Hauptakzent auf dem berühmten und politisch ungemein mutigen Satz: „Wir vergeben und bitten um Vergebung“. Die deutschen Bischöfe unterstrichen dagegen die Entschlossenheit, dass sie die ausgestreckten Hände ihrer polnischen Mitbrüder mit Freude ergreifen und versprachen, diese nicht mehr loszulassen.

Dank dieser erlösenden Geste unserer Hirten, die im Namen des Gottesvolkes beider Seiten unternommen wurde, erfuhr auch die konkrete Sorge um den Frieden zwischen unseren Völkern und Ländern eine neue, tiefe Dimension. Diese Dimension spricht deutlich an, aufweiche Weise der Friede in der Welt zwischen uns gestärkt werden muss. Dieser Friede kann nämlich nicht erkämpft werden, er muss schlicht und einfach getan werden. Erkämpfen kann man nämlich nur die „Friedhofsruhe“. Das Bewirken des Friedens kann sich dagegen nicht nur auf die Wegbereitung für die Gerechtigkeit beschränken. Denn die Seele eines wahren Friedens ist und bleibt immer die Vergebung als ganz besondere Form der Liebe.

Wir wollen uns heute erneut bewusst machen, dass in dem heiligsten Geschehen auf Erden, nämlich der Feier der Eucharistie, uns der Friede nicht nur verkündet, sondern auch konkret zugesagt wurde, damit wir ehrlich seine Träger und Schöpfer sind, das heißt in unseren Familien, Gemeinden und in allen Ländern der Welt. „Gesegnet sind, die Frieden stiften, denn sie werden Söhne Gottes genannt werden“ (Mt. 5,9).

Seit 1967 liegt der Weltfriede besonders unseren Päpsten am Herzen. Seitdem verkünden sie nämlich jeweils am 1. Januar, dem Neujahrstag, ihre Botschaften zum Weltfrieden. In diesem Kontext bekommt die Botschaft von Johannes Paul II. aus dem

Jahre 2002 eine besondere Bedeutung, die den Titel trägt: „Es gibt keinen Frieden ohne Gerechtigkeit. Es gibt keine Gerechtigkeit ohne Vergebung". Hier kommt der Papst zu der Überzeugung, dass es heute in der zerbrochen Weltordnung nicht möglich ist, die Ordnung wiederherzustellen, ohne die Verbindung von Gerechtigkeit und Vergebung. Die Säulen, die den Frieden sichern, sind nämlich Gerechtigkeit und jene besondere Liebe, die die Versöhnung ausmacht. „Opus iustitiae pax" – Der Friede ist ein Werk der Gerechtigkeit. Da die menschliche Gerechtigkeit aber an die Grenzen des Egoismus von Menschen und Gruppen stößt, ist sie immer wieder auch Fehlerhaftigkeit und der Zerbrechlichkeit ausgesetzt und somit unvollkommen. Deshalb muss sie weiterhin im Akt der Versöhnung praktiziert werden, der die menschlichen Wunden heilt und den zwischenmenschlichen Beziehungen zum Gleichgewicht verhilft. Unter diesem Aspekt hat Johannes Paul II. schon 1997 in seiner Friedensbotschaft die ausdruckvolle Formulierung gebraucht: „Biete Versöhnung an, und empfange Frieden".

In diesem Kontext muss auch sofort auf die Bedeutung des Dialogs verwiesen werden, der die „Muttersprache der Menschheit" ist. Der Dialog ist nämlich im Stande, Feinde in Gegner, und Gegner in Freunde zu verwandeln. Ohne einen breiten und erlösenden Dialog kann es nie zu einem dauerhaften und echten Frieden kommen. Wenn wir nicht miteinander reden, dann suchen wir bei den Waffen Hilfe, wobei wir heutzutage nicht einmal die Massenvernichtungsmittel ausschließen.

II. Die Versöhnung ist die Seele und die Begründung einer wahren Zivilisation der Liebe und des Lebens

„Gehe eine Meile, um einen Freund zu treffen, gehe zwei Meilen, um einen Kranken zu besuchen, gehe drei Meilen, um Frieden zwischen Menschen zu stiften" – sagt ein arabisches Sprichwort. Den Frieden unter den Menschen zu stiften – dazu verpflichtet sich Jesus als Bote des nahen Reiches Gottes. Schalom ist das Herz dieses Gottesreiches. Schalom beutet Versöhnung, Vergebung, ein gutes Zusammenleben in der Gemeinschaft. Die Vergebung ist eine innere Haltung, die die Menschen von Gott selbst erlernen können. Was bedeutet eigentlich Vergebung? Und was ist sie nicht? Jemandem etwas vergeben, bedeutet nicht, einen geistigen oder materiellen Schaden zu bagatellisieren. Vergeben ist nicht Vergessen, und auch nicht, etwas ins Unterbewusstsein zu verdrängen. Der, der vergibt, stellt jenem, der ihn beleidigt oder ihm einen Schaden zugefügt hat, keinen Freibrief für die Zukunft aus. Vergebung heißt nicht: „Kleinigkeit! Eigentlich war es nicht so schlimm".

Vergebung setzt Distanz und Freiheit voraus. Der Wille, dem anderen zu vergeben, muss wachsen. Vergebung kann man nicht erzwingen oder befehlen, auch unter Christen nicht. Wer verletzt wurde, dem darf man nicht nochmals Schmerzen zufügen, auch nicht durch geistigen Druck. Den Weg zur Vergebung muss jeder selbst und auf seine Weise zurücklegen und er muss dies im Einklang mit seinem Lebensrhythmus tun. Erst dann ist die Vergebung in der Lage, den Menschen zu befreien, und zwar den, dem vergeben wird wie auch dem, der vergibt.

Die Vergebung ist, einfach ausgedrückt, die „Genesung der Erinnerung". Und so etwas braucht Zeit. Lediglich Gott verzeiht sofort, weil es bei ihm keine Zeit gibt, es gibt bei ihm nur Ewigkeit – nunc aeternum, immer im Heute. „Das Leben ist eine Gemeinschaft immerwährender Liebe".

Wenn wir diese ganzen ethischen Nuancen von Gerechtigkeit, Vergebung und Frieden bedenken, dann sollten wir heute auch die entstehende Einheit Europas als „Gemeinschaft des Geistes" vor Augen haben, d.h. die Gemeinschaft von Werten und Kultur. Es geht schließlich um die Umgestaltung des früheren tragischen Lebens der Völker gegen einander oder ihrer traurigen Existenz neben einander in ein freudiges Miteinander und für sich selbst. Als Christen müssen wir immer wieder daran erinnern, dass die christliche Existenz eine „pro-Existenz“ ist, ein freudiges Sein und ein Leben für andere. Ihr, liebe Eltern, und Ihr, verehrte Politiker, wisst, was es heißt, gegenüber anderen unnachgiebig zu sein. Wir Geistlichen bemühen uns, dies ebenfalls zu tun, aber weil wir alle nur Menschen sind, gelingt dies unterschiedlich, genauso wie es auch bei Euch Politikern ist. Aber niemand zweifelt an Eurem guten Willen, und Ihr, so bitten wir Euch, zweifelt bitte auch nicht an unserem guten Willen. Möge dieses Bemühen eine ökumenische Dimension haben, wo die konfessionellen Grenzen überschritten werden, und lasst uns in Richtung einer heiligen, allgemeinen und apostolischen Kirche schreiten. Die europäische Gemeinschaft des Geistes schließt nach der Vision von Johannes Paul II. und Benedikt XVI. den Patriotismus keineswegs aus. Die aufrichtige Liebe gegenüber dem eigenen Volk, der eigenen Heimat und der Jahrhunderte alten Kulturen, ist ohne Zweifel ein hohes Gut. Der Patriotismus sollte aber eine „Gestalt der Liebe“, nicht des Hasses, sein. Wenn das nicht so ist, dann kann der Patriotismus zum gefährlichen mit chauvinistischen Neigungen verbundenen Nationalismus werden. Für diesen Fall ist die Europäische Union das wirksamste Antidotum.

Genau das hat sich in den gegenwärtigen deutsch-französischen Beziehungen in hohem Maße bewahrheitet, die früher von der „Erbfeindschaft“ geprägt waren. Weshalb sollte es zwischen unseren beiden Völkern anders sein? Wir können uns die Nachbarn nicht aussuchen, genauso wie wir uns unsere Geschwister nicht aussuchen können, sie sind uns von Gott mittelbar vorgegeben. Weshalb sollten wir also nicht dem deutsch-französischen Beispiel folgen? Gerade jetzt, da es nach dem April 2005 „dem Heiligen Geist gefallen hat“, dass im Vatikan nach einem Papst aus Polen nun ein Papst aus Deutschland das Steuer übernommen hat. Was für ein luxuriöser Einfall von

Gottes Geist, der sowohl bei den Konzilsversammlungen der Kirche als auch beim Konklave gegenwärtig ist. Wir hätten uns das ohne den Geist Gottes vermutlich nicht leisten können.

Das sind besondere Zeichen der Zeit, damit wir in unserem zusammen wachsenden Europa und überhaupt in der globalen Welt endlich aufhören, die Menschheit materiell und mental durch Mauern einzuschränken, sondern uns vor allem auf die intensive Errichtung von Brücken in Richtung des Testaments Christi konzentrieren: *Ut unum sint*, damit alle ein seien! Solche Brücken tragen dazu bei, den Hass gänzlich zu überwinden, der immer schon die „größte Massenvernichtungswaffe" unter den Menschen war und ist.

Und sagen wir es noch einmal: Sieger ist immer der, der als erster vergibt. Lasst uns nun den heutigen Dank- und Bittgottesdienst mit dem so großartigen Schluss aus der Erklärung beider Bischofskonferenzen aus Anlass des 70. Jahrestages des Ausbruchs des Zweiten Weltkriegs beschließen.

„Die Versöhnung zwischen unseren Nationen ist ein Geschenk, das wir in das Werden des vereinten Europas einbringen. Auch wenn hier und da Spannungen und Missverständnisse diese Völkerfamilie nicht verschonen, dürfen wir den fundamentalen Fortschritt der Geschichte nicht vergessen, der durch die europäische Integration erreicht wurde. Die Chance eines Friedens, die der Vereinigung der europäischen Völker entspringt, darf nicht verpasst werden.

Wir wenden uns an alle, nicht darin nachzulassen, im Beten und Handeln an der europäischen Einheit mitzuwirken. Nur so werden wir uns weiterhin am Frieden erfreuen können.

Unsere Hoffnung auf eine letztliche Versöhnung unserer Völker im Rahmen der europäischen Gemeinschaft liegt bei Gott, der uns in Jesus Christus den Frieden geschenkt hat. Wir wollen auf dieses Geschenk antworten, indem wir Friedensbringer werden. Seien wir Zeugen des Friedensfürsten!

Auf unserem gemeinsamen Weg begleitet uns Maria, die Königin des Friedens, der wir das Los von Deutschen und Polen, das Los Europas und der Welt anvertrauen".

10. VERTRAG zwischen der Bundesrepublik Deutschland und der Republik Polen über gute Nachbarschaft und freundschaftliche Zusammenarbeit

Die Bundesrepublik Deutschland und die Republik Polen –

IN DEM BESTREBEN, die leidvollen Kapitel der Vergangenheit abzuschließen und entschlossen, an die guten Traditionen und das freundschaftliche Zusammenleben in der jahrhundertelangen Geschichte Deutschlands und Polens anzuknüpfen,

ANGESICHTS der historischen Veränderungen in Europa, insbesondere der Herstellung der Einheit Deutschlands und des tiefgreifenden politischen, wirtschaftlichen und sozialen Wandels in Polen,

ÜBERZEUGT von der Notwendigkeit, die Trennung Europas endgültig zu überwinden und eine gerechte und dauerhafte europäische Friedensordnung zu schaffen,

IM BEWUSSTSEIN ihrer gemeinsamen Interessen und ihrer gemeinsamen Verantwortung für den Aufbau eines neuen, durch Menschenrechte, Demokratie und Rechtsstaatlichkeit vereinten und freien Europa,

IN DER FESTEN ÜBERZEUGUNG, dass sie durch die Verwirklichung des lang gehegten Wunsches ihrer beiden Völker nach Verständigung und Versöhnung einen gewichtigen Beitrag für die Erhaltung des Friedens in Europa leisten,

IN DER ERKENNTNIS, dass die wirtschaftliche Zusammenarbeit ein notwendiges Element der Entwicklung umfassender beiderseitiger Beziehungen auf einer stabilen und festen

Grundlage sowie beim Abbau des Entwicklungsgefälles und bei der Stärkung des Vertrauens zwischen beiden Ländern und ihren Völkern ist, sowie in dem Wunsch, diese Zusammenarbeit in der Zukunft wesentlich auszubauen und zu vertiefen,

IM BEWUSSTSEIN der Bedeutung, welche die Mitgliedschaft der Bundesrepublik Deutschland in der Europäischen Gemeinschaft und die politische und wirtschaftliche Heranführung der Republik Polen an die Europäische Gemeinschaft für die künftigen Beziehungen der beiden Staaten haben,

EINGEDENK des unverwechselbaren Beitrags des deutschen und des polnischen Volkes zum gemeinsamen kulturellen Erbe Europas und der jahrhundertelangen gegenseitigen Bereicherung der Kulturen beider Völker sowie der Bedeutung des Kulturaustausches für das gegenseitige Verständnis und für die Aussöhnung der Völker,

ÜBERZEUGT, dass der jungen Generation bei der Neugestaltung des Verhältnisses beider Länder und Völker und der Vertrauensbildung zwischen ihnen eine besondere Rolle zukommt,

IN WÜRDIGUNG des Vertrags vom 14. November 1990 zwischen der Bundesrepublik Deutschland und der Republik Polen über die Bestätigung der zwischen ihnen bestehenden Grenze –

SIND wie folgt ÜBEREINGEKOMMEN:

Artikel 1

(1) Die Vertragsparteien werden ihre Beziehungen im Geiste guter Nachbarschaft und Freundschaft gestalten. Sie streben eine enge friedliche und partnerschaftliche Zusammenarbeit auf allen Gebieten an. In europäischer Verantwortung werden sie ihre Kräfte dafür einsetzen, den Wunsch ihrer beiden Völker nach dauerhafter Verständigung und Versöhnung in die Tat umzusetzen.

(2) Die Vertragsparteien streben die Schaffung eines Europa an, in dem die Menschenrechte und Grundfreiheiten geachtet

werden und die Grenzen ihren trennenden Charakter auch dadurch verlieren, dass wirtschaftliche und soziale Unterschiede überwunden werden.

Artikel 2

Die Vertragsparteien bekennen sich bei der Gestaltung ihrer Beziehungen und in Fragen des Friedens, der Sicherheit und Zusammenarbeit in Europa und in der Welt insbesondere zu folgenden Grundsätzen:

Oberstes Ziel ihrer Politik ist es, den Frieden zu wahren und zu festigen und jede Art von Krieg zuverlässig zu verhindern.

Sie handeln in Übereinstimmung mit dem Völkerrecht, insbesondere der Charta der Vereinten Nationen, sowie mit der Schlußakte von Helsinki vom 1. August 1975, der Charta von Paris für ein neues Europa vom 21. November 1990 sowie der Dokumente der KSZE-Folgetreffen.

Sie achten gegenseitig ihre souveräne Gleichheit, ihre territoriale Integrität, die Unantastbarkeit ihrer Grenzen, ihre politische Unabhängigkeit sowie den Grundsatz des Verbots der Drohung mit oder Anwendung von Gewalt.

Sie bekräftigen das Recht aller Völker und Staaten, ihr Schicksal frei und ohne äußere Einmischung zu bestimmen und ihre politische, wirtschaftliche, soziale und kulturelle Entwicklung nach eigenen Wünschen zu gestalten.

Sie stellen den Menschen mit seiner Würde und mit seinen Rechten, die Sorge für das Überleben der Menschheit und die Erhaltung der natürlichen Umwelt in den Mittelpunkt ihrer Politik.

Sie verurteilen klar und unmissverständlich Totalitarismus, Rassenhass und Hass zwischen Volksgruppen, Antisemitismus, Fremdenhass und Diskriminierung irgendeines Menschen sowie die Verfolgung aus religiösen und ideologischen Gründen.

Sie betrachten Minderheiten und gleichgestellte Gruppen als natürliche Brücken zwischen dem deutschen und dem polnischen Volk und sind zuversichtlich, dass diese Minderheiten und Gruppen einen wertvollen Beitrag zum Leben ihrer Gesellschaften leisten.

Sie bekräftigen die unmittelbare Geltung der allgemeinen Regeln des Völkerrechts im innerstaatlichen Recht und in den internationalen Beziehungen und sind entschlossen, ihre vertraglichen Verpflichtungen gewissenhaft zu erfüllen. Sie werden die Schlussakte von Helsinki, die Charta von Paris für ein neues Europa und die anderen KSZE-Dokumente in allen Bereichen verwirklichen.

Artikel 3

(1) Die Vertragsparteien werden regelmäßige Konsultationen abhalten, um eine Weiterentwicklung und Vertiefung der bilateralen Beziehungen sicherzustellen und ihre Haltung zu internationalen Fragen abzustimmen.

(2) Konsultationen auf der Ebene der Regierungschefs finden so oft wie erforderlich, mindestens einmal jährlich statt.

(3) Die Außenminister tragen für die Durchführung dieses Vertrags in seiner Gesamtheit Sorge. Sie werden mindestens einmal jährlich zu Konsultationen zusammentreffen. Leitende Beamte der beiden Außenministerien, denen politische, wirtschaftliche und kulturelle Angelegenheiten obliegen, treffen regelmäßig, mindestens einmal jährlich, zu Konsultationen zusammen.

(4) Die Minister anderer Ressorts, darunter die Verteidigungsminister, werden regelmäßig miteinander in Kontakt treten. Das gleiche gilt für die leitenden Beamten dieser Ressorts.

(5) Die bereits bestehenden gemeinsamen Kommissionen werden ihre Arbeit nach Möglichkeit intensivieren. Neue gemischte Kommissionen werden bei Bedarf nach gegenseitiger Absprache gebildet.

Artikel 4

Die Vertragsparteien unterstützen die Kontakte und den Erfahrungsaustausch zwischen den Parlamenten zur Förderung der bilateralen Beziehungen und im Hinblick auf die internationale parlamentarische Zusammenarbeit.

Artikel 5

(1) Die Vertragsparteien bekräftigen, dass sie sich der Drohung mit oder Anwendung von Gewalt enthalten werden, die gegen die territoriale Integrität oder die politische Unabhängigkeit der jeweils anderen Vertragspartei gerichtet oder auf irgendeine andere Art und Weise mit den Zielen und Prinzipien der Charta der Vereinten Nationen oder mit der Schlussakte von Helsinki unvereinbar ist.

(2) Die Vertragsparteien werden ihre Streitigkeiten ausschließlich mit friedlichen Mitteln lösen und keine ihrer Waffen jemals anwenden, es sei denn zur individuellen oder kollektiven Selbstverteidigung. Sie werden niemals und unter keinen Umständen als erste Streitkräfte gegeneinander einsetzen.

(3) Die Vertragsparteien werden den Frieden durch den Aufbau kooperativer Strukturen der Sicherheit für ganz Europa festigen. Sie werden dementsprechend in voller Verwirklichung der Schlussakte von Helsinki, der Charta von Paris für ein neues Europa sowie der anderen KSZE-Dokumente den Prozess der Sicherheit und Zusammenarbeit in Europa nach Kräften unterstützen und unter Mitwirkung aller Teilnehmerstaaten der KSZE weiter stärken und entwickeln.

Artikel 6

(1) Die Vertragsparteien haben in einem sich wandelnden politischen und militärischen Umfeld in Europa das gemeinsame Ziel, auf eine Stärkung der Stabilität und Erhöhung der Sicherheit hinzuwirken. Sie werden insbesondere zusammenarbeiten,

um die sich ergebenden neuen Möglichkeiten gemeinsamer Anstrengungen im Bereich der Sicherheit zu nutzen.

(2) Die Vertragsparteien treten dafür ein, dass Streitkräfte und Rüstungen durch verbindliche und wirksam überprüfbare Vereinbarungen auf ein möglichst niedriges Niveau reduziert werden, das zur Verteidigung ausreicht, aber nicht zum Angriff befähigt.

(3) Die Vertragsparteien werden sich, auch gemeinsam, für den multilateralen und bilateralen Ausbau vertrauensbildender und stabilisierender sowie anderer rüstungskontrollpolitischer Maßnahmen einsetzen, die Stabilität und Vertrauen stärken und zu größerer Offenheit führen.

Artikel 7

Falls eine Situation entsteht, die nach Meinung einer Vertragspartei eine Bedrohung für den Frieden oder eine Verletzung des Friedens darstellt oder gefährliche internationale Verwicklungen hervorrufen kann, so werden beide Vertragsparteien unverzüglich miteinander Verbindung aufnehmen und bemüht sein, ihre Positionen abzustimmen und Einverständnis über Maßnahmen zu erzielen, die geeignet sind, die Lage zu verbessern oder zu bewältigen.

Artikel 8

(1) Die Vertragsparteien messen dem Ziel der Europäischen Einheit auf der Grundlage der Menschenrechte, Demokratie und Rechtsstaatlichkeit höchste Bedeutung bei und werden sich für die Erreichung dieser Einheit einsetzen.

(2) Mit dem Abschluß eines Assoziierungsabkommens zwischen den Europäischen Gemeinschaften und der Republik Polen legen die Europäischen Gemeinschaften, ihre Mitgliedstaaten und die Republik Polen die Grundlage für eine politische und wirtschaftliche Heranführung der Republik Polen an die

Europäische Gemeinschaft. Die Heranführung wird von der Bundesrepublik Deutschland im Rahmen ihrer Möglichkeiten nach Kräften gefördert.

(3) Die Bundesrepublik Deutschland steht positiv zur Perspektive eines Beitritts der Republik Polen zur Europäischen Gemeinschaft, sobald die Voraussetzungen dafür gegeben sind.

Artikel 9

(1) Die Vertragsparteien werden sich für die Ausweitung und Diversifizierung ihrer wirtschaftlichen Beziehungen in allen Bereichen einsetzen. Sie werden im Rahmen ihrer innerstaatlichen Gesetzgebung und ihrer Verpflichtungen aus internationalen Verträgen, darunter den Verpflichtungen der Bundesrepublik Deutschland aus der Mitgliedschaft in der Europäischen Gemeinschaft, die günstigsten Rahmenbedingungen, insbesondere auf wirtschaftlichem, rechtlichem und organisatorischem Gebiet, für natürliche und juristische Personen für wirtschaftliche, darunter unternehmerische Tätigkeiten schaffen.

(2) Die Vertragsparteien sind sich einig darüber, dass der in der Republik Polen eingeleitete wirtschaftliche Umgestaltungsprozess durch internationale Zusammenarbeit gefördert werden soll. Die Bundesrepublik Deutschland ist bereit, sowohl bilateral wie auch multilateral auf die Unterstützung der wirtschaftlichen Entwicklung Polens im Rahmen einer voll entwickelten sozialen Marktwirtschaft hinzuwirken. Damit sollen auch die Bedingungen für eine wesentliche Verringerung der Entwicklungsunterschiede geschaffen werden.

(3) Die Vertragsparteien werden insbesondere die Entwicklung der Zusammenarbeit in den Bereichen Investitionen und Kapitalanlagen sowie industrieller Kooperationen zwischen deutschen und polnischen Unternehmen unter voller Ausnutzung aller verfügbaren Förderungsinstrumente unterstützen.

Dabei wird der Zusammenarbeit zwischen kleinen und mittleren Firmen und Betrieben besondere Aufmerksamkeit gelten.

(4) Die Vertragsparteien messen der Zusammenarbeit in der Aus- und Weiterbildung von Fach- und Führungskräften der Wirtschaft eine wichtige Bedeutung für die Ausgestaltung der bilateralen Beziehungen bei und sind bereit, sie wesentlich auszubauen und zu vertiefen.

Artikel 10

(1) Die Vertragsparteien erkennen die Bedeutung normaler Finanz- und Kreditbeziehungen als einen Faktor für den Prozess der wirtschaftlichen Umgestaltung in der Republik Polen sowie für die Festigung und Belebung ihrer Gesamtbeziehungen an. Sie werden im Rahmen ihrer Verpflichtungen aus internationalen Übereinkünften und im Rahmen ihrer innerstaatlichen Regeln ihre Anstrengungen fortsetzen, um günstige Voraussetzungen für die weitere Entwicklung ihrer finanziellen Zusammenarbeit zu schaffen. In diesem Zusammenhang sind sie sich der Bedeutung bewusst, die den Exportkreditgewährleistungen für die Stärkung ihrer Wirtschaftsbeziehungen zukommt.

(2) Die Vertragsparteien bestätigen ihre Bereitschaft, unter Berücksichtigung der beiderseitigen Interessen und der beiderseits bestehenden Zusammenarbeit mit anderen Ländern, im Rahmen der Europäischen Bank für Wiederaufbau und Entwicklung sowie anderer multilateraler Finanzinstitutionen, insbesondere des Internationalen Währungsfonds und der Weltbank, zusammenzuarbeiten.

(3) Die Vertragsparteien sind der Auffassung, dass die Lösung des Problems der polnischen Verschuldung eine wichtige Voraussetzung für den Erfolg der in der Republik Polen eingeleiteten Wirtschaftsreformen ist. Dementsprechend werden sie in diesem Bereich weiter zusammenarbeiten.

Artikel 11

Die Vertragsparteien sind sich einig über die besondere Bedeutung ihrer Zusammenarbeit bei der Produktion landwirtschaftlicher Erzeugnisse, bei deren Verarbeitung, Transport und Lagerung sowie der Schaffung und Förderung moderner, hochleistungsfähiger landwirtschaftlicher Betriebe, die Kooperationsbeziehungen mit der Nahrungsmittel- und Verarbeitungsindustrie sowie dem Handel unterhalten.

Artikel 12

(1) Die Vertragsparteien messen der partnerschaftlichen Zusammenarbeit zwischen Regionen, Städten, Gemeinden und anderen Gebietskörperschaften, insbesondere im grenznahen Bereich, hohe Bedeutung bei.

(2) Die Vertragsparteien werden diese Zusammenarbeit, insbesondere die Tätigkeit der Regierungskommission für regionale und grenznahe Zusammenarbeit, auf allen Gebieten erleichtern und fördern.

(3) Die Vertragsparteien lassen sich in der regionalen und grenznahen Zusammenarbeit insbesondere von den entsprechenden Konventionen des Europarats leiten. Sie streben die Einbeziehung dieser Zusammenarbeit in die Tätigkeit der entsprechenden europäischen Gremien an.

Artikel 13

Die Vertragsparteien stimmen darin überein, dass in einem zusammenwachsenden Europa die Abstimmung der Raumordnungspolitik der einzelnen Staaten, insbesondere zwischen unmittelbaren Nachbarstaaten, notwendig ist. Sie werden deshalb in der Raumordnung und der räumlichen Planung auf allen Ebenen grenzüberschreitend zusammenarbeiten.

Artikel 14

(1) Die Vertragsparteien werden auf der Grundlage ihrer Übereinkünfte im Bereich der sozialen Sicherung und der arbeits- und sozialpolitischen Zusammenarbeit ihre Beziehungen ausbauen und vertiefen.

(2) Die Bundesrepublik Deutschland wird der Republik Polen bei der Umgestaltung der Systeme der sozialen Sicherung, der Arbeitsförderung und der Arbeitsbeziehungen beratende Hilfestellung leisten.

Artikel 15

(1) Die Vertragsparteien werden die wirtschaftliche und technische Zusammenarbeit zwischen beiden Staaten nach den Prinzipien der Gleichberechtigung und des gegenseitigen Nutzens unter Berücksichtigung der Möglichkeiten moderner Wissenschaft und Technologie zum Wohl der Menschen, zu friedlichen Zwecken und zur Mehrung des Wohlstands entwickeln und erleichtern.

(2) Die Vertragsparteien werden auf der Grundlage bestehender Übereinkünfte die Zusammenarbeit auf diesen Gebieten erweitern und ihre Ergebnisse in gemeinsamen Vorhaben umsetzen.

(3) Die Vertragsparteien werden Initiativen von Wissenschaftlern und Forschungseinrichtungen unterstützen, die auf eine dynamische, harmonische und umfassende Entwicklung dieser Zusammenarbeit gerichtet sind.

(4) Die Vertragsparteien werden den intensiven Austausch von Informationen und wissenschaftlich-technischer Dokumentation unterstützen und den Zugang zu wissenschaftlichen Forschungsinstituten, Archiven, Bibliotheken und ähnlichen Einrichtungen erleichtern.

Artikel 16

(1) Die Vertragsparteien messen der Abwehr drohender Gefahren für die Umwelt und der Erhaltung der natürlichen Lebensgrundlagen auch im Interesse künftiger Generationen große Bedeutung bei. Sie bekräftigen ihre Entschlossenheit, die Zusammenarbeit auf dem Gebiet des Umweltschutzes auf der Grundlage bestehender Übereinkünfte fortzusetzen und auch vertraglich weiter auszubauen.

(2) Im Vordergrund der Zusammenarbeit soll die Erfassung und Beseitigung von Umweltbelastungen in der Grenzregion, insbesondere im Einzugsgebiet der Oder, stehen.

(3) Die Vertragsparteien werden sich darüber hinaus für die Entwicklung abgestimmter Strategien für eine regionale und internationale Umweltpolitik einsetzen, mit dem Ziel einer dauerhaften und umweltverträglichen Entwicklung in Europa.

Artikel 17

Die Vertragsparteien werden zusammenwirken, um sich gegenseitig bei Katastrophen und schweren Unglücksfällen Hilfe zu leisten.

Artikel 18

(1) Die Vertragsparteien streben eine Erweiterung der Transportverbindungen im Luft-, Eisenbahn- und Straßenverkehr sowie in der See- und Binnenschiffahrt unter Nutzung modernster Technologien an.

(2) Die Vertragsparteien bemühen sich, günstige Rahmenbedingungen für die Nutzung ihrer Verkehrswege bei Beförderungen zwischen ihren Hoheitsgebieten und im Durchgangsverkehr zu schaffen.

(3) Die Vertragsparteien streben eine Erweiterung, Verbesserung und Harmonisierung der Kommunikationsverbindungen unter Berücksichtigung der europäischen und internationalen

Entwicklung in Normung und Technologie an. Das gilt insbesondere für Telefon-,Telex- und Datenverbindungen.

Artikel 19

(1) Die Vertragsparteien werden alle geeigneten Maßnahmen treffen, um den Reise- und Fremdenverkehr zu fördern und zu erleichtern.

(2) Die Vertragsparteien werden sich bemühen, die Zoll- und Grenzabfertigung auf der Grundlage der Gegenseitigkeit zu verbessern und zu beschleunigen sowie die Zusammenarbeit der jeweiligen Verwaltungen weiter zu entwickeln.

(3) Die Vertragsparteien beabsichtigen, bestehende Grenzübergänge entsprechend dem Verkehrsaufkommen auszubauen und zu modernisieren sowie neue erforderliche Grenzübergänge einzurichten.

Artikel 20

(1) Die Angehörigen der deutschen Minderheit in der Republik Polen, das heißt Personen polnischer Staatsangehörigkeit, die deutscher Abstammung sind oder die sich zur deutschen Sprache, Kultur oder Tradition bekennen, sowie Personen deutscher Staatsangehörigkeit in der Bundesrepublik Deutschland, die polnischer Abstammung sind oder die sich zur polnischen Sprache, Kultur oder Tradition bekennen, haben das Recht, einzeln oder in Gemeinschaft mit anderen Mitgliedern ihrer Gruppe ihre ethnische, kulturelle, sprachliche und religiöse Identität frei zum Ausdruck zu bringen, zu bewahren und weiterzuentwickeln; frei von jeglichen Versuchen, gegen ihren Willen assimiliert zu werden. Sie haben das Recht, ihre Menschenrechte und Grundfreiheiten ohne jegliche Diskriminierung und in voller Gleichheit vor dem Gesetz voll und wirksam auszuüben.

(2) Die Vertragsparteien verwirklichen die Rechte und Verpflichtungen des internationalen Standards für Minderheiten,

insbesondere gemäß der allgemeinen Erklärung der Menschenrechte der Vereinten Nationen vom 10. Dezember 1948, der Europäischen Konvention vom 4. November 1950 zum Schutz der Menschenrechte und Grundfreiheiten, des Internationalen Übereinkommens vom 7. März 1966 zur Beseitigung jeder Form von Rassendiskriminierung, des Internationalen Pakts vom 16. Dezember 1966 über bürgerliche und politische Rechten der Schlussakte von Helsinki vom 1. August 1975, des Dokuments des Kopenhagener Treffens über die menschliche Dimension der KSZE vom 29. Juni 1990 sowie der Charta von Paris für ein neues Europa vom 21. November 1990.

(3) Die Vertragsparteien erklären, dass die in Absatz 1 genannten Personen insbesondere das Recht haben, einzeln oder in Gemeinschaft mit anderen Mitgliedern ihrer Gruppe

– sich privat und in der Öffentlichkeit ihrer Muttersprache frei zu bedienen, in ihr Informationen zu verbreiten und auszutauschen und dazu Zugang zu haben.

– ihre eigenen Bildungs-, Kultur- und Religionseinrichtungen, -Organisationen oder -Vereinigungen zu gründen und zu unterhalten, die um freiwillige Beiträge finanzieller oder anderer Art sowie öffentliche Unterstützung im Einklang mit den nationalen Rechtsvorschriften ersuchen können und gleichberechtigten Zugang zu den Medien ihrer Region haben,

– sich zu ihrer Religion zu bekennen und diese auszuüben, einschließlich des Erwerbs und Besitzes sowie der Verwendung religiösen Materials, und den Religionsunterricht in ihrer Muttersprache abzuhalten,

– untereinander ungehinderte Kontakte innerhalb des Landes sowie Kontakte über Grenzen hinweg mit Bürgern anderer Staaten herzustellen und zu pflegen, mit denen sie eine gemeinsame ethnische oder nationale Herkunft, ein gemeinsames kulturelles Erbe oder religiöses Bekenntnis teilen,

– ihre Vor- und Familiennamen in der Form der Muttersprache zu führen,

– Organisationen oder Vereinigungen in ihrem Land einzurichten und zu unterhalten und in internationalen nichtstaatlichen Organisationen mitzuarbeiten,

– sich wie jedermann wirksamer Rechtsmittel zur Verwirklichung ihrer Rechte im Einklang mit den nationalen Rechtsvorschriften zu bedienen.

(4) Die Vertragsparteien bekräftigen, dass die Zugehörigkeit zu den in Absatz 1 genannten Gruppen Angelegenheit der persönlichen Entscheidung eines Menschen ist, die für ihn keinen Nachteil mit sich bringen darf.

Artikel 21

(1) Die Vertragsparteien werden die ethnische, kulturelle, sprachliche und religiöse Identität der in Artikel 20 Absatz 1 genannten Gruppen auf ihrem Hoheitsgebiet schützen und Bedingungen für die Förderung dieser Identität schaffen. Sie erkennen die besondere Bedeutung einer verstärkten konstruktiven Zusammenarbeit in diesem Bereich an. Diese soll das friedliche Zusammenleben und die gute Nachbarschaft des deutschen und des polnischen Volkes verstärken und zur Verständigung und Versöhnung zwischen ihnen beitragen.

(2) Die Vertragsparteien werden insbesondere

– im Rahmen der geltenden Gesetze einander Förderungsmaßnahmen zugunsten der Angehörigen der in Artikel 20 Absatz 1 genannten Gruppen oder ihrer Organisationen ermöglichen und erleichtern,

– sich bemühen, den Angehörigen der in Artikel 20 Absatz 1 genannten Gruppen, ungeachtet der Notwendigkeit, die offizielle Sprache des betreffenden Staates zu erlernen, in Einklang mit den anwendbaren nationalen Rechtsvorschriften entsprechende Möglichkeiten für den Unterricht ihrer Muttersprache oder in ihrer Muttersprache in öffentlichen Bildungseinrichtungen sowie, wo immer dies möglich und notwendig ist, für deren Gebrauch bei Behörden zu gewährleisten,

– im Zusammenhang mit dem Unterricht von Geschichte und Kultur in Bildungseinrichtungen die Geschichte und Kultur der in Artikel 20 Absatz 1 genannten Gruppen berücksichtigen,

– das Recht der Angehörigen der in Artikel 20 Absatz 1 genannten Gruppen achten, wirksam an öffentlichen Angelegenheiten teilzunehmen, einschließlich der Mitwirkung in Angelegenheiten betreffend den Schutz und die Förderung ihrer Identität,

– diesbezüglich die notwendigen Maßnahmen ergreifen, und zwar nach entsprechenden Konsultationen im Einklang mit den Entscheidungsverfahren des jeweiligen Staates, wobei diese Konsultationen Kontakte mit Organisationen oder Vereinigungen der in Artikel 20 Absatz 1 genannten Gruppen einschließen.

(3) Die Vertragsparteien werden im Hinblick auf die in diesem Artikel und in den Artikeln 20 und 22 angesprochenen Fragen die Bestimmungen von Artikel 3 anwenden.

Artikel 22

(1) Keine der Verpflichtungen aus den Artikeln 20 und 21 darf so ausgelegt werden, dass sie das Recht begründet, eine Tätigkeit auszuüben oder eine Handlung zu begehen, die in Widerspruch zu den Zielen und Prinzipien der Charta der Vereinten Nationen, anderen völkerrechtlichen Verpflichtungen oder den Bestimmungen der Schlussakte von Helsinki einschließlich des Prinzips der territorialen Integrität der Staaten steht.

(2) Jeder Angehörige der in Artikel 20 Absatz 1 genannten Gruppen in der Republik Polen beziehungweise in der Bundesrepublik Deutschland ist nach Maßgabe vorstehender Bestimmungen gehalten, sich wie jeder Staatsbürger loyal gegen-

über dem jeweiligen Staat zu verhalten, indem ersieh nach den Verpflichtungen richtet, die sich auf Grund der Gesetze dieses Staates ergeben.

Artikel 23

(1) Die Vertragsparteien werden auf der Grundlage der zwischen ihnen bestehenden Abkommen und Programme den Kulturaustausch in allen Bereichen und auf allen Ebenen intensivieren und ausbauen und damit zur europäischen kulturellen Identität beitragen. Sie werden insbesondere die Zusammenarbeit zwischen Vereinigungen von Künstlern, kulturellen Institutionen und Organisationen unterstützen sowie die direkten Kontakte zwischen deutschen und polnischen Künstlern fördern.

(2) Die bestehende Gemischte Kommission wird mindestens einmal jährlich zusammentreten, um den Stand des Kulturaustausches in allen Bereichen zu prüfen und Vereinbarungen über die nächsten Vorhaben zu treffen.

Artikel 24

Die Vertragsparteien werden das Abkommen über die Errichtung und die Tätigkeit von Kulturinstituten mit Leben erfüllen und voll ausschöpfen.

Artikel 25

(1) Die Vertragsparteien bekräftigen ihre Bereitschaft, allen interessierten Personen umfassenden Zugang zur Sprache und Kultur des anderen Landes zu ermöglichen, und sie unterstützen entsprechende staatliche und private Initiativen und Institutionen.

(2) Die Vertragsparteien werden die Verbreitung von klassischer und zeitgenössischer Literatur des anderen Landes in Originalsprache und Übersetzung verstärkt fördern.

(3) Die Vertragsparteien setzen sich nachdrücklich dafür ein, die Möglichkeiten auszubauen, in Schulen, Hochschulen und anderen Bildungseinrichtungen die Sprache des anderen Landes zu erlernen. Dabei wird auch die Gründung von Schulen angestrebt, in denen in beiden Sprachen unterrichtet wird. Weiterhin werden sie sich bemühen, die Möglichkeiten des Studiums der Germanistik und Polonistik an den Hochschulen des anderen Landes auszuweiten.

(4) Die Vertragsparteien werden bei der Entsendung von Lehrern, der Aus- und Fortbildung von Lehrkräften sowie der Entwicklung und Bereitstellung von Lehrmaterial, einschließlich des Einsatzes von Fernsehen, Hörfunk, Audio-, Video- und Computertechnik zusammenarbeiten.

(5) Die Arbeit der unabhängigen deutsch-polnischen Schulbuchkommission wird weiterhin gefördert.

Artikel 26

(1) Die Vertragsparteien unterstreichen die Notwendigkeit einer erheblichen Erweiterung der wissenschaftlichen und schulischen Zusammenarbeit. Sie werden insbesondere die direkte Zusammenarbeit und den Austausch zwischen Schulen, Hochschulen und wissenschaftlichen Forschungseinrichtungen fördern und weiter ausbauen, und zwar sowohl durch den Austausch von Schülern, Studenten, Lehrern und wissenschaftlichen Lehrkräften als auch durch gemeinsame Vorhaben.

(2) Die Vertragsparteien bekräftigen ihre Absicht, die Möglichkeiten gegenseitiger Anerkennung von Studienzeiten und Hochschulabschlüssen zu prüfen.

Artikel 27

Die Vertragsparteien messen der Zusammenarbeit in der beruflichen Bildung große Bedeutung bei und werden sie durch entsprechende Vereinbarungen wesentlich ausbauen und vertiefen.

Artikel 28

(1) Die Vertragsparteien werden bei der Erhaltung und Pflege des europäischen kulturellen Erbes zusammenarbeiten. Sie werden sich für die Denkmalpflege einsetzen.

(2) Die Vertragsparteien werden sich der auf ihrem Gebiet befindlichen Orte und Kulturgüter, die von geschichtlichen Ereignissen sowie kulturellen und wissenschaftlichen Leistungen und Traditionen der anderen Seite zeugen, besonders annehmen und zu ihnen freien und ungehinderten Zugang gewährleisten beziehungsweise sich für einen solchen Zugang einsetzen, soweit dieser nicht in staatlicher Zuständigkeit geregelt werden kann. Die genannten Orte und Kulturgüter stehen unter dem Schutz der Gesetze der jeweiligen Vertragspartei. Die Vertragsparteien werden gemeinsame Initiativen in diesem Bereich im Geiste der Verständigung und der Versöhnung verwirklichen.

(3) Im gleichen Geiste sind die Vertragsparteien bestrebt, die Probleme im Zusammenhang mit Kulturgütern und Archivalien, beginnend mit Einzelfällen, zu lösen.

Artikel 29

(1) Die Vertragsparteien werden in der Überzeugung, dass die Entwicklung zwischenmenschlicher Kontakte eine unerläßliche Voraussetzung für die Verständigung und Versöhnung beider Völker ist, umfassende persönliche Begegnungen zwischen ihren Bürgern fördern.

(2) Die Vertragsparteien unterstützen eine engere Zusammenarbeit zwischen den Parteien, Gewerkschaften, Kirchen und Glaubensgemeinschaften, Sportorganisationen, Stiftungen sowie anderen gesellschaftlichen Organisationen und Verbänden.

(3) Die Vertragsparteien unterstützen die Tätigkeit des Deutsch-Polnischen Forums. Sie begrüßen seine Bemühungen,

unter Einbeziehung aller repräsentativen politischen und gesellschaftlichen Kräfte in der Bundesrepublik Deutschland und der Republik Polen, Konzeptionen für die Weiterentwicklung der deutsch-polnischen Beziehungen zu entwerfen und entsprechende Initiativen zu ergreifen.

Artikel 30

(1) Die Vertragsparteien sind davon überzeugt, dass das gegenseitige Kennenlernen und das gegenseitige Verstehen der jungen Generation von grundlegender Bedeutung ist, um der Verständigung und der Versöhnung zwischen dem deutschen und polnischen Volk einen dauerhaften Charakter zu verleihen. Sie legen deshalb besonders großes Gewicht auf möglichst umfassende Kontakte und ein enges Zusammenwirken der deutschen und der polnischen Jugend. Die Vertragsparteien werden deshalb im Rahmen ihrer finanziellen Möglichkeiten die Begegnung und den Austausch von Jugendlichen in jeder Weise fördern. Allen Jugendlichen und Jugendorganisationen in beiden Ländern steht die Teilnahme an Begegnungen und gemeinsamen Vorhaben offen.

(2) Die Vertragsparteien errichten ein Deutsch-Polnisches Jugendwerk. Über seine Rechtsform, Aufgaben und Finanzierung schließen sie ein gesondertes Abkommen.

Artikel 31

(1) Die Vertragsparteien setzen sich für die Zusammenarbeit der Medien, insbesondere von Fernsehen, Hörfunk und gedruckten Medien, ein. Diese Zusammenarbeit soll vor allem der Verständigung und der Versöhnung zwischen Deutschen und Polen dienen.

(2) Die Vertragsparteien kommen überein, dass Publikationen sowie Beilagen zu Tages- und Wochenzeitungen in der Sprache des anderen Landes frei hergestellt, vertrieben und ge-

lesen werden können. Publikationen des anderen Landes können in Übereinstimmung mit den Artikeln 19 und 20 des Internationalen Paktes über bürgerliche und politische Rechte ungehindert eingeführt und vertrieben werden. Dies gilt auch für Geschenkabonnements und für Veröffentlichungen, die über ihre Auslandsvertretungen verteilt werden.

Artikel 32

(1) Die Bundesrepublik Deutschland erklärt, dass polnische Gräber in der Bundesrepublik Deutschland geachtet werden und ihre Pflege ermöglicht wird. Die Gräber polnischer Opfer der Kriege und der Gewaltherrschaft, die sich in der Bundesrepublik Deutschland befinden, stehen unter dem Schutz der deutschen Gesetze und werden erhalten und gepflegt.

(2) Die Republik Polen erklärt, dass deutsche Gräber in der Republik Polen geachtet werden und ihre Pflege ermöglicht wird. Die Gräber deutscher Opfer der Kriege und der Gewaltherrschaft, die sich in der Republik Polen befinden, stehen unter dem Schutz der polnischen Gesetze und werden erhalten und gepflegt.

(3) Die Vertragsparteien unterstützen die Zusammenarbeit der Organisationen und Institutionen, die auf beiden Seiten für die Gräber von Opfern der Kriege und der Gewaltherrschaft zuständig sind. Sie ermöglichen insbesondere diesen Organisationen und Institutionen die Erfassung, Instandsetzung und Pflege solcher Gräber.

Artikel 33

(1) Die Vertragsparteien werden die konsularischen und Rechtsbeziehungen, darunter den Rechtshilfeverkehr in Zivilsachen, Strafsachen sowie in Sozial- und Verwaltungsangelegenheiten unter Berücksichtigung ihrer Rechtsordnungen sowie bestehender multilateraler und bilateraler Übereinkünfte, insbesondere

der Konventionen des Europarats, weiterentwickeln, intensivieren und zum Nutzen ihrer Bürger vereinfachen.

(2) Die Vertragsparteien werden zusammenwirken bei der Bekämpfung des organisierten Verbrechens, des Terrorismus, der Wirtschaftskriminalität, der Rauschgiftkriminalität, des strafbaren Handels mit Kunstwerken, der rechtswidrigen Eingriffe in die Zivilluftfahrt und in die Seeschifffahrt sowie der Herstellung und Verbreitung von Falschgeld. Verfahren und Bedingungen für diese Zusammenarbeit werden gesondert vereinbart.

Artikel 34

(1) Die Vertragsparteien fördern eine umfassende Zusammenarbeit auf bestimmten Gebieten der Gesundheitsvorsorge und bei der gemeinsamen Bekämpfung von Seuchen sowie Krankheiten, wie zum Beispiel Herz-, Kreislauf- und Krebserkrankungen und Aids.

(2) Die Bundesrepublik Deutschland wird der Republik Polen Hilfestellung bei der Umstellung des staatlichen Gesundheitssystems auf ein Krankenversicherungssystem leisten.

Artikel 35

Die Vertragsparteien stiften einen gemeinsamen Preis für besondere Verdienste um die Entwicklung der deutsch-polnischen Beziehungen. Der Preis wird alljährlich von einem Komitee verliehen, über dessen Statut eine gesonderte Vereinbarung geschlossen wird.

Artikel 36

Die Vertragsparteien werden ihre Zusammenarbeit im Rahmen internationaler Organisationen, insbesondere europäischer Organisationen, verstärken. Sie werden einander behilflich sein, die Zusammenarbeit mit internationalen, insbesondere europäischen Organisationen und Institutionen, denen eine Vertragspartei als Mitglied angehört, zu entwickeln, falls die andere Vertragspartei ein entsprechendes Interesse bekundet.

Artikel 37
Dieser Vertrag richtet sich gegen niemanden. Er berührt nicht die Rechte und Verpflichtungen aus geltenden zweiseitigen und mehrseitigen Übereinkünften, die von den Vertragsparteien mit anderen Staaten geschlossen wurden.

Artikel 38
(1) Dieser Vertrag bedarf der Ratifikation; die Ratifikationsurkunden werden so bald wie möglich in Warschau ausgetauscht.

(2) Dieser Vertrag tritt am Tage des Austauschs der Ratifikationsurkunden in Kraft.

(3) Dieser Vertrag gilt für die Dauer von zehn Jahren. Danach verlängert er sich stillschweigend um jeweils weitere fünf Jahre, sofern nicht eine der Vertragsparteien den Vertrag unter Einhaltung einer Frist von einem Jahr vor Ablauf der jeweiligen Geltungsdauer schriftlich kündigt.

ZU URKUND DESSEN haben die Vertreter der Vertragsparteien diesen Vertrag unterzeichnet und mit Siegeln versehen.

GESCHEHEN zu Bonn am 17. Juni 1991
in zwei Urschriften, jede in deutscher und polnischer Sprache, wobei jeder Wortlaut gleichermaßen verbindlich ist.

Für die Bundesrepublik Deutschland
Helmut Kohl
Hans-Dietrich Genscher

Für die Republik Polen
Jan Krzysztof Bielecki
Krzysztof Skubiszcwski

Sieger ist immer der, der als erster vergibt – sagte Erzbischof Alfons Nossol am 12. November 2009 anlässlich des 20. Jahrestages der historischen Versöhnungsmesse in Kreisau.

Zwanzig Jahre nach der Versöhnungsmesse sandten Tadeusz Mazowiecki und Erzbischof Alfons Nossol Grüsse an den erkrankten Altkanzler Helmut Kohl. „Sie fehlen uns hier. Wir sind aber davon überzeugt, dass Sie geistig unter uns weilen" schrieben sie.

Am 23. Juli 2012 wurde Tadeusz Mazowiecki in Oppeln mit der Auszeichnung „Goldene Brücken des Dialogs" geehrt. Mit der Unterzeichnung der deutsch – polnischen Verträge ist die Zeit der Errichtung von Mauern zu Ende, und nun haben wir die Zeit des Brückenbauens. Ich freue mich, dass ich daran beteiligt war – sagte der ehemalige Ministerpräsident.

Eine Delegation der Woiwodschaft Oppeln überreichte Helmut Kohl den Preis „Goldene Brücken des Dialogs". Die Feier fand am 18. Oktober 2011 im Hause des ehemaligen Bundeskanzlers in Ludwigshafen statt.

Erzbischof Alfons Nossol gratuliert Helmut Kohl. Ich sah Tränen der Rührung in seinen Augen – erinnert er sich. Hinter Helmut Kohl seine Frau Maike Kohl. Im Hintergrund: Krzysztof Zyzik, der Chefredakteur der Zeitung „Nasza Trybuna Opolska", Norbert Rasch, der Vorsitzende des Vereins der Deutschen Minderheit und Bernard Gaida von der Deutschen Minderheit.

Benedikt XVI. ist ein Gelehrter, der mit den größten Philosophen unserer Zeit mithalten kann – sagt Erzbischof Nossol über Joseph Ratzinger. Auf dem Foto: Die beiden Kirchenführer auf den Stufen des Oppelner Ordinariats.

Erzbischof Nossol neben dem Grundstein der Kirche in Chorula (Steinfurt), der von Kardinal Joseph Ratzinger geweiht wurde. Das ist meine schlesische Kathedrale – sagt der Papst über diese Kirche.

Die beiden Ehrendoktoren der Universität Oppeln – Kardinal Walter Kasper und Hans-Gert Pöttering beim Besuch dieser Bildungseinrichtung in Begleitung von Erzbischof Nossol. Die Feier fand am 10. März 2007 statt.

Erzbischof Nossol schätzt Jerzy Buzek als einen wichtigen Brückenbauer der Versöhnung auf unserem Kontinent, der seinerzeit Vorsitzender des Europaparlaments war.

Der Erzbischof mit dem Sejmmarschall bei dessen Besuch im Ordinariat in Oppeln. Der verstorbene Marschall, Maciej Płażyński, ist ein selbständig denkender, kluger Politiker von Format gewesen, der frei von extremem Gedankengut war – sagt Nossol.

Mit Kardinal Józef Glemp beim Spaziergang in Groß Stein. Der Primas und die Polnische Bischofskonferenz waren vom 15. bis 17. Juni 2007 hier zu Gast.

Der Begriff „Grenze" betrifft Erzbischof Nossol nicht – meinte Hans-Gert Pöttering. Als Ökumeniker baut er Brücken – fügte Kardinal Walter Kasper hinzu. Beide erhielten 2007 die Ehrendoktorwürde der Universität Oppeln.

Für deutsche Politiker ist Erzbischof Nossol eine wichtige Auskunftsquelle über unsere Region. Auf dem Foto Dr. Christoph Berger (erster von links), der Bevollmächtigte der Bundesregierung für nationale Minderheiten.

Präsident Lech Kaczyński hat bei einer Feier in Brieg am 29. Mai 2009 Erzbischof Alfons Nossol mit dem Kommandeurskreuz des Ordens der Wiederherstellung Polens ausgezeichnet.

Die deutschen Schlesier danken Dir für Dein Gebet und die allseitige Hilfe – schrieben Vertreter der deutschen Minderheit aus Borki Wielkie (Brückendorf) aus Anlass der Wallfahrt der Minderheiten auf den Annaberg im Juni 2009 auf ihr Transparent.

Am 26.Juli 2009 konsekrierte Erzbischof Nossol eine Kirche im Oppelner Stadtteil Metalchem. Es ist die 84. Kirche, die er während seiner 32-jährigen Zeit als Ortsbischof geweiht hat, und die letzte vor seinem Einritt in den Ruhestand.

Fragen über die Diözese richten Sie bitte an meinen Nachfolger – sagte Nossol am 14. August 2009. Der Papst hatte seinen Rücktritt angenommen. Links Dr. Joachim Kobienia, der Sekretär des Erzbischofs.

Neuer Bischof von Oppeln wurde am selben Tage Professor Andrzej Czaja. Das Dekret von Papst Benedikt XVI. wurde in der Kepelle des Ordinariats verlesen.

Generationenwechsel in der Diözese Oppeln. Am 29. August 2009 übergab Erzbischof Alfons Nossol den Hirtenstab an seinen Schüler und Nachfolger Andrzej Czaja.

Der ehemalige und der neue Ordinarius trafen sich am 23. Januar 2011 bei einer Benefizveranstaltung des Erzbischofs im Oppelner Rundfunk. In Bezug auf ausgestellte Objekte liebe ich vor allem die Aussetzung des Allerheiligsten Altarsakraments. Sich selbst öffentlich auszustellen liegt mir eigentlich nicht – sagte Alfons Nossol.

Hans-Gert Pöttering erwartete die Autoren des Buches am 25. Juli 2009 vor seinem Haus in Bad Iburg. – Von hier aus ist es nicht weit bis nach Holland, somit bin auch ich – wie die Schlesier – ein Mensch aus einem Grenzgebiet – meinte der ehemalige Präsident des Europaparlaments.

Oppeln und Schlesien sind besondere Orte auf unserem Kontinent – sagte der Gastgeber, vor allem auch deshalb, weil hier ein überdurchschnittlicher Bischof lebt, ein authentischer Brückenbauer zwischen Polen und Deutschen.

An der Quelle im Wald von Mosacz, wo der Erzbischof als Kind Ziegen hütete. Hier haben die Einwohner von Broschütz einen Brunnen gebaut und ein Erinnerungskreuz aufgestellt. Am dritten Mai 2010 wurde hier die erste zweisprachige Maiandacht gefeiert.

Am Samstag, den 18. August 2012, hat Erzbischof Alfons Nossol den 35. Jahrestag seiner Bischofsweihe, den 55. Jahrestag seiner Priesterweihe und seinen 80. Geburtstag gefeiert.

Die heilige Messe zelebrierten zusammen mit dem Jubilar Erzbischof Wiktor Skworc (links) von Kattowitz, Weihbischof Paweł Stobrawa sowie der neue Ordinarius, Bischof Andrzej Czaja. Wir danken Dir für Deine Menschlichkeit sowie für Dein Zeugnis von Demut und Aufgeschlossenheit – sagte Bischof Czaja.

Am 19. August 2012 überbrachte der Marschall der Woiwodschaft, Józef Sebesta, während des Patroziniums des heiligen Jacek dem Erzbischof seine Glückwünsche. Achtzig Jahre sind ein schönes Alter – sagte er – aber der Erzbischof hat in dieser Zeit so viel getan wie in 200 Jahren.

Das Jugendorchester aus Leśnica (Bergstadt) gab am 7. September 2012 zu Ehren von Erzbischof Alfons Nossol in Groß Stein ein Konzert. Diese Feier zum 80. Geburtstag von Nossol wurde vom deutschen Konsul Peter Eck (links) aus Oppeln veranstaltet.